Liebe Leserinnen, liebe Leser!

*Vor allem das fast schon mediterrane Flair und die gelassene Freundlichkeit der Bewohner haben den Berliner Fotografen **Johann Scheibner** beeindruckt.*

*Die Autorin **Cornelia Tomaschko** aus Ettlingen trennen nur gut zwei Stunden Fahrtzeit vom Bodensee. Da lohnen sich Kurzurlaube immer wieder.*

Am liebsten nähere ich mich dem Bodensee von Norden her über schmale Landstraßen, vorbei an Heiligenberg und Salem stößt man dann bei Uhldingen auf den See – und gleich danach ist eine Pause Pflicht: Die Birnau lockt nicht nur mit herrlicher Barockpracht sondern auch mit einem grandiosen Blick auf den See und die Alpen.

Ein Meer der Möglichkeiten

Wohin es dann weitergeht, muss jeder für sich selbst entscheiden, denn der Möglichkeiten gibt es viele! Die Bodenseeregion ist eine der Top-Sehenswürdigkeiten in Deutschland, das ergibt regelmäßig eine Umfrage der Deutschen Zentrale für Tourismus – und wen wundert's? Das Schwäbische Meer bietet mit seiner Uferlänge von 273 km Sp Freizeitaktivitäten für jeden Geschmack u jede Menge beinahe schon mediterranes F Kaum eine Seepromenade, an der nicht sta Palmen in den blauen Himmel wachsen, ur nicht nur im Sommer! Vielerorts überstehe auch den meist milden Winter am See.

Von der Moderne zum Konstanzer Konzil

Das ist die Jahreszeit am Bodensee, in der nicht ganz so viel los ist, in der man in Ruhe die kulturellen Highlights besichtigen kann. Für mich hat das Kunsthaus Bregenz unbedingte Priorität, bei jedem Besuch am See bin ich gespannt, welche Ausstellung gerade auf dem Programm steht. Nicht minder bedeutend im Hinblick Moderne und Kunst der Gegenwart sind das Kunstmuseum Liechtenstein sowie das Forum Würth in Rorschach, dessen Kunstschätze sogar kostenlos zu besichtigen sind. Von dort ist es übrigens gar nicht mehr weit bis nach Konstanz, wo noch viele Sehenswürdigkeiten an das Konzil von 1414 bis 1418 erinnern, als die Stadt zum Zentrum der abendländischen Welt wurde. 2021 soll ein Asisi-Panorama in einem 50 Meter hohen Turm die Konzilgeschichte spannend erzählen.

Herzlich

Ihre

Birgit Borowski

Birgit Borowski
Programmleiterin DuMont Bildatlas

36 Die Gärtner auf der Blumeninsel Mainau haben das ganze Jahr über gut zu tun.

Impressionen

Überlinger See

Nordufer

76 Der St. Galler Stiftsbezirk hat eine 1200-jährige Geschichte. Heute dienen die klösterlichen Mauern im Sommer auch als Opernkulisse.

24 Auf der Meersburg residierten Konstanzer Bischöfe. Später ließ Annette von Droste-Hülshoff hier lyrische Gedanken schweifen.

Österreichisches Ufer

UNSERE FAVORITEN

BEST OF ...

94 Von 1414 bis 1418 war Konstanz der Nabel der (kirchlichen) Welt. Auf dem Konstanzer Konzil wurde ein Papst gewählt, der Reformator Jan Hus verbrannt – und viel Geld für Liebesdienste ausgegeben.

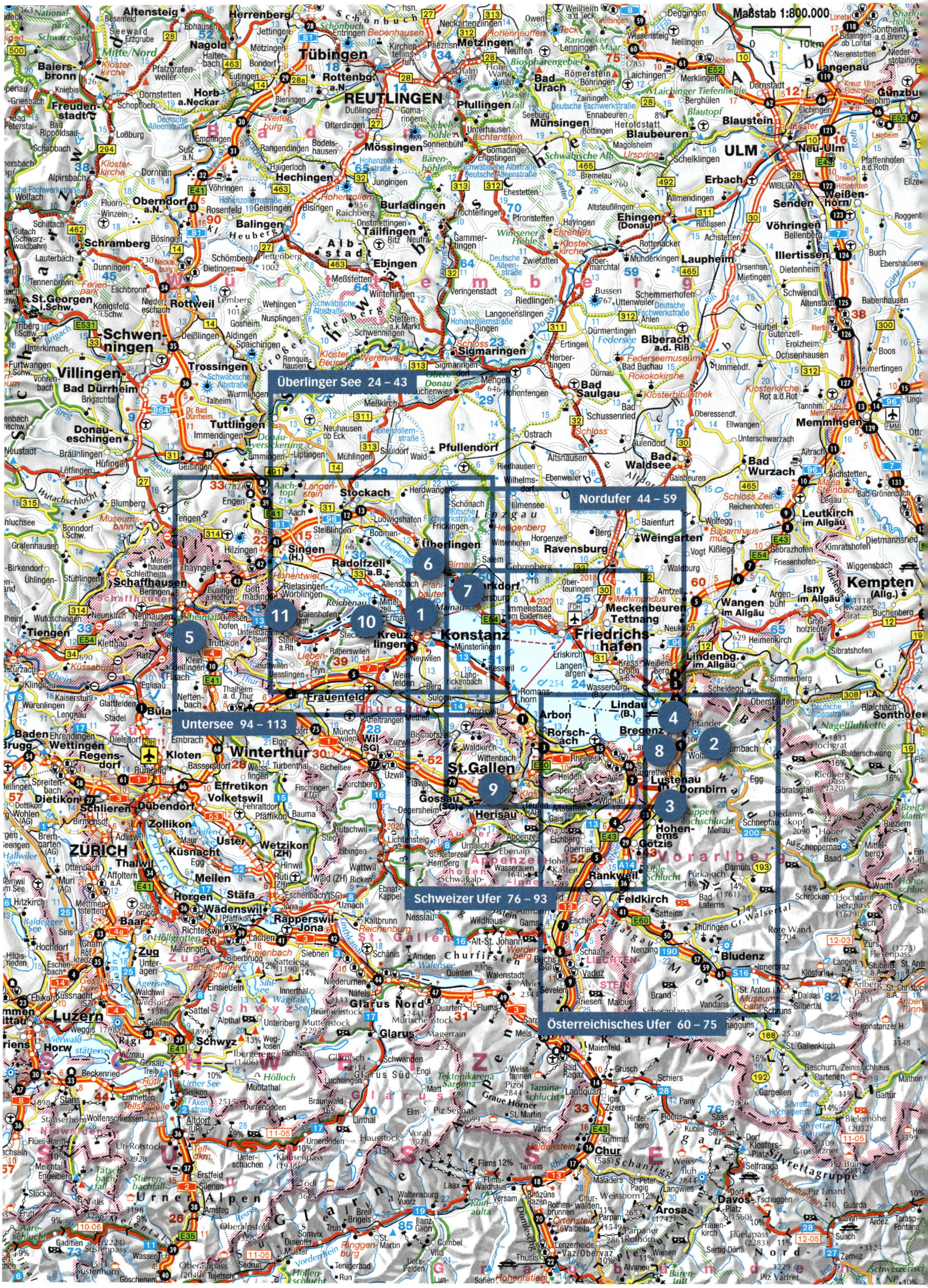
Maßstab 1:800.000
10km
Überlinger See 24 – 43
Nordufer 44 – 59
Untersee 94 – 113
Schweizer Ufer 76 – 93
Österreichisches Ufer 60 – 75
1
2
3
4
5
6
7
8
9
10
11
Tübingen
REUTLINGEN
ULM
Sigmaringen
Villingen
Schwenningen
Singen
Konstanz
Friedrichshafen
Lindau
Bregenz
St.Gallen
Winterthur
ZÜRICH
Luzern
Chur
Kempten
Memmingen
Ravensburg
Überlingen
Stockach
Radolfzell
Schaffhausen
Frauenfeld
Dornbirn
Feldkirch
Bludenz
Vaduz

Topziele

Die bedeutendsten Sehenswürdigkeiten und Erlebnisse, die keinesfalls versäumt werden sollten, haben wir auf dieser Seite zusammengestellt. Auf den Infoseiten sind sie jeweils als **TOPZIEL** *gekennzeichnet.*

NATUR

1 **Insel Mainau:** Von März bis Oktober zeigt die Blumeninsel ihre ganze Blütenpracht. **Seite 42**

2 **Pfänder:** Der Bregenzer Hausberg belohnt den Aufstieg (oder die Bergfahrt) mit einem herrlichen Bodenseepanorama. **Seite 74**

3 **Rappenlochschlucht:** Auf gesicherten Steigen geht es an Wasserfällen und Strudeltöpfen vorbei. **Seite 74**

2

ERLEBEN

4 **Bregenzer Festspiele:** Selbst ohne Sommerabend mit großer Oper lohnen die Bühnenbildinszenierungen einen Besuch. **Seite 73**

5 **Rheinfall:** Die bei Schaffhausen herabdonnernden Wassermassen haben noch jeden Besucher in ihren Bann gezogen. **Seite 112**

5

11

6

KULTUR

6 **Wallfahrtskirche Birnau:** Die Kloster- und Pfarrkirche Zur lieblichen Mutter von Birnau zeigt eindrucksvoll den Überschwang barocker Gestaltung. **Seite 42**

7 **Pfahlbauten Unteruhldingen:** Als UNESCO-Welterbestätte geben die Pfahlbauten Einblicke in beispielhafte Lebenswelten der Stein- und Bronzezeit. **Seite 43**

8 **Kunsthaus Bregenz:** Das Gebäude, das für sich schon ein Kunstwerk ist, bietet viel Raum für zeitgenössische Kunst. **Seite 73**

9 **Klosterbibliothek St. Gallen:** Die im 18. Jahrhundert errichtete Stiftsbibliothek hütet eine der wichtigsten Handschriftensammlungen der Welt. **Seite 92**

10 **Klosterinsel Reichenau:** Auf der „Gemüseinsel" im Untersee sind gleich drei romanische Kirchen zu finden – allesamt UNESCO-Welterbestätten. **Seite 112**

11 **Stein am Rhein:** Die Häuser am berühmten Rathausplatz beeindrucken mit ihrer reichen Fassadenmalerei. **Seite 112**

Wahrzeichen einer Region

„Ich steh' auf hohem Balkone am Turm ...", dichtete Annette von Droste-Hülshoff, die von 1841 bis zu ihrem Tod 1848 auf der Meersburg lebte. Von April bis November können Besucher es der berühmten Dichterin nachtun und den Turm der ältesten noch bewohnten deutschen Burg besteigen. Der Blick über die Stadt, den See und die Alpen ist einzigartig. Unten im Burgmuseum taucht man ins Mittelalter ein – mit Rittersaal, Burgverlies und Folterkammer. Aber auch das Arbeits- und Sterbezimmer der „Droste" gehört zum Rundgang.

DROSTE

Tourismus mit Tradition

Meersburg ist eine der schönsten Städte am Bodensee. Nicht nur die Uferpromenade lohnt einen Besuch – die gesamte Stadtanlage ist sehenswert. Von hier aus geht es per Schiff zur Insel Mainau oder ans gegenüberliegende Ufer nach Konstanz. Schon der württembergische König und der badische Großherzog schätzten den Bodensee als Urlaubsgebiet. 1824 legte das erste Dampfschiff ab und brachte die Ufer einander näher.

Wirtschaftliche Höhenflüge

Aus dem legendären Zeppelin genießt man atemberaubende Ausblicke auf den See, die Berge und Städte wie Lindau. Seit 2001 hebt das Luftschiff der neuen Generation fast täglich mit Passagieren in Friedrichshafen ab. Die Luft- und Raumfahrtindustrie ist bis heute ein bedeutender Arbeitgeber am Bodensee, was den meisten Urlaubern, die auf einer der Uferpromenaden flanieren und die Landschaft genießen, so nicht bewusst ist.

Wanderweg in den See hinein

Der Alpenrhein bringt nicht nur das meiste Wasser in den Bodensee ein, sondern auch jede Menge Sedimente und Geröll. Wenn man vom Pfänder auf den im Abendlicht liegenden See blickt, fallen die beiden Schutzdämme in der Fußacher Bucht auf. Seit 1972 leiten sie den Rhein und seine Fracht weit in den See hinaus, um so die Verlandung zu verlangsamen. Touristischer Nebennutzen: Man kann auf den Dämmen kilometerweit in den See hineinwandern – ohne jede Steigung, allerdings auch ohne Schatten spendende Bäume. Sommerliche Mittagsstunden sollte man für die Tour nicht gerade wählen.

Große Kulissen für hohe Kunst

Große Oper, Ballett, Musical und Operette bestimmen den Festspielsommer am Bodensee, ob in St. Gallen vor der imposanten Klosterkirche oder in Bregenz auf der spektakulären Seebühne. In Sachen Kultur hat der Bodenseeraum zahlreiche weitere Höhepunkte zu bieten. Moderne Kunst zeigen das Kunsthaus Bregenz und das Forum Würth in Rorschach. Zeugnisse vergangener Jahrhunderte sind in der Stiftsbibliothek St. Gallen, auf der Insel Reichenau und bei den Pfahlbauten in Unteruhldingen zu sehen.

Chaskee

Der Berg ruft – auch am See

Wer hoch hinaus will, wie hier am Säntis, oder etwas niedriger auf den Pfänder bei Bregenz, hat die beste Sicht auf den See und die grandiose Bergwelt auf Seiten der Schweiz und Österreichs. Wer will, kann mit dem Gleitschirm wieder hinabschweben oder nimmt einfach die Bergbahn. Am See selbst dominiert der Wassersport – hier kann man (fast) alles ausprobieren, was mit Wasser zu tun hat. Oder man setzt sich aufs Fahrrad und umrundet das Schwäbische Meer. Gigantische Ausblicke sind garantiert.

Verwurzelt in der Heimat

Schellenklänge verkünden das Ende des Alpsommers im Appenzeller Land. Von Mitte August bis Mitte September bringen die Senner nach und nach die Tiere zurück ins Tal und präsentieren sie stolz auf den Viehschauen.
Die schönsten und leistungsstärksten Kühe werden prämiert, als Preis winkt ein Kranz aus Papierblumen. Am Abend treffen sich Bauern und Bäuerinnen zur Schaukritik mit anschließendem Tanzvergnügen. Wie hier im schweizerischen Gais pflegen die Menschen überall am See alte Traditionen.

Die besten See-Feste

Mit Tradition und Feuerwerk

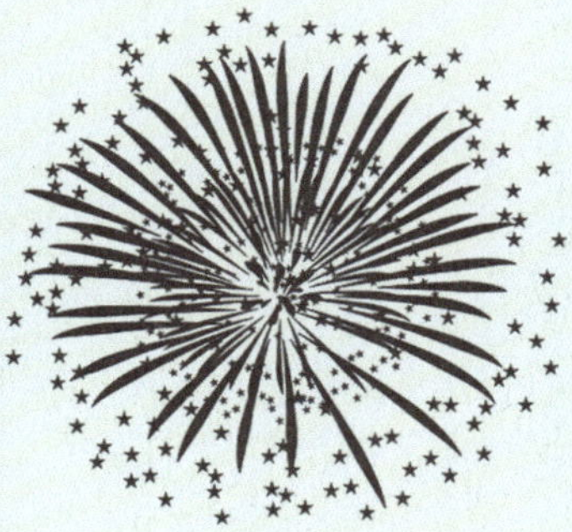

Am Bodensee wird gefeiert, und das rund ums Jahr. Hohe kirchliche Feste, die es nur am See gibt, Feste mit Tradition und solche mit Feuerwerk, Vereinsfeste, Weinfeste, jahreszeitliche Feste – ein Anlass findet sich immer. Schön, wenn man als Gast einmal mitfeiern kann.

1 Heilig-Blut-Fest Reichenau

Der höchste Feiertag auf der Insel Reichenau ist andernorts gar keiner. Am Montag nach dem Pfingstmontag feiern die Inselbewohner das Heilig-Blut-Fest. Im Jahr 925 ist das kleine vergoldete Silberkreuz auf die Reichenau gekommen. Nach der Überlieferung enthält es blutgetränkte Erde von Golgatha, Splitter vom Kreuz Christi und ein blutgetränktes seidenes Tuch. Seit 1738 wird zu Ehren der Reliquie ein Fest gefeiert mit Parade der Bürgerwehr, Pontifikalamt, Prozession, Musik und Bewirtung.

www.reichenau-tourismus.de

2 Gräfliches Inselfest Mainau

Die Chancen stehen gut, beim gräflichen Inselfest den Gräfinnen und Grafen Bernadotte af Wisborg persönlich zu begegnen, ganz sicher bei den Hutmodenschauen von Gräfin Diana. Von Fronleichnam bis zum darauffolgenden Sonntag ist auf der Mainau rund um das jeweilige Jahresmotto noch mehr zu sehen, zu hören, zu schmecken und zu erleben als sonst. Für Kinder gibt es ein eigenes Programm, und natürlich drehen sich ganz viele Programmpunkte um Blumen.

www.mainau.de

3 Seehasenfest Friedrichshafen

In Friedrichshafen stand nach dem Zweiten Weltkrieg kaum noch ein Stein auf dem anderen. Um den Kindern der Stadt eine Freude zu machen, erfand man das Seehasenfest, das seit 1949 mit unverändertem Ablauf an fünf Tagen im Juli gefeiert wird. Am Donnerstag geht es mit dem Antrommeln los, freitags stehen Sport und Kunst im Mittelpunkt, samstags wird der Seehas eingeholt, sonntags zieht ein Festumzug durch die Stadt, und am Montag wird der Seehas wieder verabschiedet. Es ist eine Ehre für junge Männer, einmal im Leben Seehas zu sein.

www.seehasenfest.de

4 Mooser Wasserprozession

Bis heute erfüllen die Mooser auf der Halbinsel Höri ein Gelübde, das ihre Vorfahren 1797 nach einer Viehseuche abgelegt haben. Am Montag nach dem dritten Juliwochenende machen sie sich in den frühen Morgenstunden in blumengeschmückten Ruderbooten auf den Weg nach Radolfzell, wo die Mooser Pilger feierlich zum Münster geleitet werden. Dort wird das Mooser Amt abgehalten, zugleich Höhepunkt der Radolfzeller Hausherrentage.

www.moos.de

5 Seenachtfest Konstanz

Bis zu 40 000 Menschen ziehen Mitte August an den Bodensee, um beim Konstanzer Seenachtfest mitzufeiern. Livemusik, Kleinkunst, Wasserskishows, vielfältige gastronomische Angebote – alles gut und schön. Aber das absolute Highlight startet um 22 Uhr mit einem Countdown: das gigantische Musikfeuerwerk, das auch vom schweizerischen Kreuzlingen aus gezündet wird. Wie lange das Fest in dieser Weise gefeiert werden kann, ist unklar, nachdem Konstanz 2019 den Klimanotstand ausgerufen hat.

www.konstanz-seenachtfest.de

6 Hafenfest Bregenz

Ende August sind die Schiffe, die im Bregenzer Hafen anlegen, übervoll. Tausende strömen zum Hafenfest, zu Kleinkunst und Kulinarik vor der Kulisse des gelben Postgebäudes, dem in seiner Fassadenfarbe changierenden Kunsthaus und den Betonblüten des Vorarlberg-Museums. Bevor dort mit Musik und Feuerwerk die Partynacht startet, sollte man den Sonnenuntergang auf den Stufen des „Molo" am Hafen genießen.

www.bregenz.travel

7 Weinfeste rund um den See

Einen hervorragenden Überblick über die Weingüter am See bekommt man beim Bodensee-Weinfest, das seit 1975 jeweils am zweiten September-Wochenende in Meersburg stattfindet. Am besten reist man mit Schiff, Bahn oder Bus an, um die Köstlichkeiten im Glas unbeschwert genießen zu können.

Anfang August feiert man den Wein in Hagnau, wo der älteste Winzerverein Badens beheimatet ist. Wer die Weine am schweizerischen Ufer kennen lernen will, kommt im Juli in Ermatingen auf seine Kosten.

www.bodenseewein.org
www.weinregion-bodensee.com

8 Büllefest Höri

Ein Fest zu Ehren der Zwiebel. Und die Bülle hat diese große Ehre auch verdient. Die Speisezwiebel mit der roten Haut ist eine einzigartige Spezialität, die nur auf der Halbinsel Höri angebaut wird. Wer sie verkosten will, sollte am ersten Sonntag im Oktober nach Moos kommen. Wer auf den Geschmack gekommen ist, kann sich einen traditionellen Büllezopf mitnehmen oder im Internet bei den Erzeugern bestellen.

www.höri-bülle.de

Kultur- und Naturschätze

An schönen Sommertagen, wenn Urlauber auf Tagestouristen treffen, kann es ganz schön voll werden rund um den Überlinger See. Kein Wunder bei der Fülle an kunsthistorischen und landschaftlichen Attraktionen. Da hilft nur eins: ruhigere Zeiten wählen. Die Insel Mainau beispielsweise öffnet bereits bei Sonnenaufgang. Manchmal lohnt es sich eben, ein bisschen früher aufzustehen.

Seit 1922 gibt es das Pfahlbaumuseum in Unteruhldingen – hier das Bronzezeitdorf 2, das Einblicke ins Leben vor 3000 Jahren gewährt.

Die Gärten auf der Insel Mainau erfreuen Besucher auch mit floralen Skulpturen.

Im Schmetterlingshaus auf der Mainau sorgen rund 120 Falterarten für Tropenflair.

Der Deutsche Orden errichtete im 18. Jahrhundert das barocke Schloss samt Kirche, heute Domizil der gräflichen Familie Bernadotte.

Im milden Bodenseeklima gedeihen die unterschiedlichsten Gehölze.

Die lange Metasequoia-Allee führt quer über die Insel zum Schloss und zur Schlosskirche.

Heute ist die Mainau der Touristenmagnet am Bodensee schlechthin, mit über einer Million Besuchern im Jahr.

Wer früh auf die Blumeninsel kommt, hat sie fast für sich allein. Fast – denn die Gartenteams sind natürlich schon unterwegs und mähen Rasen, schneiden Verblühtes ab oder reinigen Wege. Auf Fragen geben sie gern Antwort. Im Herbst fällt die Auskunft vielleicht ein bisschen kürzer aus, denn dann ist Hochsaison für die Gärtner. Die Zwiebeln der Frühjahrsblumen müssen in den Boden – nicht weniger als 600000 –, die teilweise noch in Blüte stehenden Dahlien und Astern werden entfernt. Dafür kommen dann Stiefmütterchen, damit man auch über den Winter farbige Beete sehen kann.

Die Insel blüht auf

Über 500 Jahre war die kleinste der drei Bodenseeinseln im Besitz des Deutschordens, der auch das Barockschloss bauen ließ. Damals wurde hier genauso Gemüse angebaut wie heute auf der Insel Reichenau. Statt Rosen wuchsen neben dem Schloss Kräuter. Als der Orden 1806 aufgelöst wurde, wechselten die Besitzer mehrfach, bis 1853 der badische Großherzog die Insel als Sommerresidenz erwerben konnte. Friedrich I. war ein Bäumesammler und ließ ein Arboretum mit mehr als 500 Laub- und Nadelbäumen anlegen. Seiner Leidenschaft fehlte allerdings ein wenig der Weitblick – die Bäume sind so dicht gepflanzt, dass sie sich heute zum Teil im Weg stehen, was den Gärtnern hin und wieder Kopfzerbrechen bereitet. Der Hang des Vaters zum Grünen fehlte Friedrich II. völlig. Er schenkte die Insel 1928 seiner Schwester Victoria, die zwischenzeitlich Königin von Schweden geworden war. Und so werden auf der Mainau bis heute schwedische Traditionen wie das Mittsommerfest oder Santa Lucia gefeiert.

Professionelles Management

Königin Victoria wollte ihren Lieblingsenkel, Prinz Lennart, auf der Insel sehen. Durch ein Studium der Land- und Forstwirtschaft bestens auf seine Aufgabe vorbereitet, übernahm Lennart Bernadotte 1932 als 23-Jähriger die Verwaltung der Mainau. Anfangs musste er viel Überzeugungsarbeit beim alten Obergärtner leisten, bis aus der verwilderten Insel wieder ein Park gestaltet war. Als Lennart Bernadotte das Werk für vorzeigbar hielt, öffnete er die Insel gegen Eintritt für Besucher. Heute ist die Mainau der Touristenmagnet am Bodensee schlechthin, mit 1,2 Millionen Besuchern jährlich. Längst sind die Geschäfte in die Hände der nächsten Generation übergegangen, die innovativ das Erbe der Eltern weiterentwickelt – zuletzt mit einem Erlebniswald auf dem Festland.

Überlingens Strandbad und die Bodensee-Therme bieten Wasserfreuden zu jeder Jahreszeit (links und oben rechts). Aus einem Lager- und Handelsplatz wurden Cafés und Restaurants: Greth-Haus an der Überlinger Seepromenade (unten rechts).

Überlingens Seepromenade: Manchem steht der Sinn nach einem Schiffsausflug, andere wollen lieber Enten und Schwäne füttern.

Früh übt sich, was ein erfolgreicher Straßenmusiker werden will.

Fast wie am Mittelmeer: Überlingens Palmenpracht an der Seepromenade

Anregungen für Zuhause

Mit zahlreichen Angeboten für Hobbygärtner möchten die Mainauprofis Mut machen, wieder selbst Hacke und Blumenschere in die Hand zu nehmen. Weitere Anregungen für das häusliche Grün finden Freunde des grünen Daumens rund um den See in öffentlichen wie privaten Gärten. So öffnet auch Wilderich Johannes Graf von und zu Bodman seinen als englischer Landschaftsgarten gestalteten Schlosspark für Interessierte. Streng komponierte Gartenkunst des Barock dagegen kann man im Park von Kloster und Schloss Salem bewundern oder vor dem Neuen Schloss in Meersburg.

Mit seinem Gartenkulturpfad gibt Überlingen schon jetzt eine Visitenkarte für die Landesgartenschau 2020 ab. Beginnend im Badgarten, der noch den Charme der 1950er-Jahre verbreitet, als der Tourismus am Bodensee wieder so richtig in Schwung kam, über das Arboretum am See, den Lärchenhain der Scheffelhöhe, den Stadtgarten, den noch jungen Kräutergarten bis zu den Menzinger Hausgärten, Kleingärten mitten in der Altstadt – überall blüht es, und das zu fast jeder Jahreszeit. Nicht weiter verwunderlich angesichts der riesigen Wasserfläche, die so ausgleichend auf die Temperaturen wirkt, dass sogar Palmen im Freien wachsen können.

Provozierende Kunst

Und dennoch war der See zwischen 875 und 1963 schon 33-mal zugefroren. Bei der „Seegfrörne" von 1963 fuhren Autos übers Eis, landeten Flugzeuge und spazierten Menschen über die gefrorene Wasseroberfläche. Gustav Schwabs Ballade „Der Reiter und der Bodensee" von 1826 schildert das tragische Ende eines solchen Ausflugs. In der Eile verwechselt ein Reiter den zugefrorenen See mit einer baumlosen, unbebauten Ebene und reitet darüber. Als ihn die Menschen auf der anderen Seite beglückwünschen, erschrickt der Mann so sehr über seinen ungeahnt mutigen Ritt, dass er tot vom Pferd fällt. Der Bildhauer Peter Lenk hat

Der Weg nach oben bedeutet Kampf – satirische Sicht des Lebens im Skulpturengarten des Bildhauers Peter Lenk in Bodman (oben links). Das Bodenseeufer ist eine Weinbauregion: Winzer Walter Kress beim Messen des Fruchtzuckergehalts der Trauben (unten links) und Weinlese bei Überlingen-Goldbach (rechts).

Idylle in einem Meersburger Privatgarten

Erdbeerernte bei Bodman

dem Bodenseereiter in Überlingen nahe der Schiffsanlegestelle ein Denkmal gesetzt und die Wogen am See damit einmal mehr hoch schlagen lassen. Auch die „Imperia" im Konstanzer Hafen, die eine Kurtisane zu Zeiten des Konzils darstellt, und das Triptychon „Ludwigs Erbe" am Rathaus von Ludwigshafen hatten die Gemüter bewegt. Dort stehen unter der Fahne „Global Players" fünf nackte Figuren, die offensichtlich viel Spaß haben und in denen man eindeutig die Politiker Hans Eichel, Gerhard Schröder, Angela Merkel, Edmund Stoiber und Guido Westerwelle erkennen kann. Der Schriftsteller Martin Walser fühlte sich ebenfalls alles andere als geschmeichelt, als er in Überlingen als Bodenseereiter, auf einem alten Gaul sitzend und von eher ältlichen Nixen umgeben, der Öffentlichkeit präsentiert wurde. Wer mehr von Lenks Bildhauerkunst sehen möchte, findet in der Kaiserpfalzstraße in Bodman eine Art Freilichtausstellung seiner Werke, die die Entwicklung des satirischen Gesellschaftskritikers zeigen.

Barocke Pracht

Ganz anders die barocken Figuren in der Wallfahrtskirche „Zur lieblichen Mutter von Birnau", die Joseph Anton Feuchtmayer aus Linz geschaffen hat. Von außen ist kaum zu ahnen, dass sich

Special

Campus Galli

Ein Kloster wächst im Wald

In vierzig Jahren sollen im Wald bei Meßkirch 45 Häuser und eine achtzig Meter lange Kathedrale für 2000 Menschen stehen – gebaut allein mit Muskelkraft und Ochsenkarren. Grundlage des außergewöhnlichen Projekts des Aachener Journalisten Bert M. Geurten und der Berner Kauffrau Verena Scondo ist der Klosterplan von St. Gallen, zwischen 819 und 826 auf der Insel Reichenau entstanden und heute in der Stiftsbibliothek in St. Gallen zu besichtigen. Wie zur Zeit der Karolinger üblich, soll die Klosteranlage aus dem Wald heraus entstehen. Acht Hektar stehen dafür zur Verfügung, fünf weitere werden für Weide- und andere Nebenflächen gerodet – auch für einen Parkplatz. Denn trotz allem Mittelalterfeeling leben wir im 21. Jahrhundert, und die Besucher reisen in der Regel mit dem Auto an, ebenso wie die freiwilligen Helfer. Wer will, kann als Handwerker oder Ackerbauer aktiv werden, in der Gastronomie oder als Gästeführer. Sechs Tage sollte man als Helfer für den einzigartigen Ausflug ins Mittelalter mindestens reservieren.

Handarbeit mit alten Werkzeugen

Natürlich kann man den Baumeistern auch einfach als (Eintritt zahlender) Besucher über die Schulter schauen. Fast 83 000 Menschen haben das in der Saison 2018 getan. Montags und während der Wintermonate herrscht allerdings Ruhe auf der faszinierenden Baustelle bei Langenhart.

Barocker Überschwang beherrscht jeden Winkel
der Wallfahrtskirche Birnau.

Auf dem Salemer Affenberg kommt man leicht in Kontakt –
vorausgesetzt, das Popcorn ist noch nicht alle.

Weithin sichtbar, will die Birnauer Wallfahrtskirche geistliche Dominanz demonstrieren.

Heute wie früher ein Ort der Bildung: Die einstige Reichsabtei, später Schloss Salem ist seit 1920 Sitz des wohl bekanntesten deutschen Internats.

hier, am Nordrand des Sees, der Inbegriff des Barocks in der Region befindet. Zwischen 1746 und 1749 schuf der Vorarlberger Peter Thumb ein bauliches Meisterwerk – an einem Ort, zu dem die Menschen vermutlich bereits Ende des 9. Jahrhunderts Wallfahrten unternahmen. Bauherr war die Reichsabtei Salem, eines der wohlhabendsten Zisterzienserklöster der Region. Der Neubau war eine Machtdemonstration gegenüber der Reichsstadt Überlingen, die wiederholt versucht hat, die geistlichen Herren in ihre Schranken zu weisen.

Thumb, damals der führende Baumeister in Süddeutschland, baute am Ende sogar bescheidener als geplant. Schließlich taten die eigentlich einem einfachen Leben verpflichteten Zister-

Weithin sichtbar steht die barocke Wallfahrtskirche Birnau über dem Überlinger See.

zienser gut daran, jedes schlossähnliche Erscheinungsbild zu vermeiden. Auf die übliche Ost-West-Ausrichtung der Kirche verzichteten sie allerdings, damit das Gotteshaus vom See aus gut sichtbar war. Umgekehrt erwartet den Besucher vor allem an klaren Tagen beim Verlassen der Basilika ein fantastischer Blick über den See, bis zu den Schweizer Bergen. Dann konkurriert die Natur mit der künstlerischen Pracht im Inneren, entstanden nach dem Vorbild römischer Barockkirchen. So hat die Birnau wie der Petersdom sieben Altäre, die Joseph Anton Feuchtmayer entwarf und in mehrfarbigem Stuckmarmor umsetzen ließ. Putten umrahmen die liturgischen Zentren. Die bekannteste Skulptur ist sicherlich die des Honigschleckers, der einen Bienenkorb im Arm hält. Mit ihm spielt der Künstler auf Bernhard von Clairvaux an, einen der bedeutendsten Zisterzienser, dem die Rede wie Honig aus dem Mund geflossen sein soll.

Zur Seeseite besitzt das Neue Schloss in Meersburg eine Gartenterrasse, zu der ein kleines Teehaus gehört.

Hinter dem Obertor liegt Meersburgs einladend hergerichteter Marktplatz.

Die Meersburg hat ihren Ursprung wohl im frühen Mittelalter, wurde aber immer wieder den Bedürfnissen ihrer Bewohner angepasst; bis zum Bau des Neuen Schlosses waren das die Konstanzer Bischöfe.

Platanen säumen die Meersburger Seepromenade, die entlang der Unterstadt zur Anlegestelle der Bodenseeschifffahrt führt.

Zentrum der Zisterzienser

Kein Wunder, dass sich auch in der Klosterkirche von Salem ein Honigschlecker findet. 1134 ließen sich die Zisterzienser dort nieder und schufen im Lauf der Jahre eine imposante Anlage. Im 17. Jahrhundert brannten die Gebäude bis auf die Klosterkirche komplett nieder und wurden 1697 bis 1706 neu errichtet. Dabei ließ der Abt auch hier die Gleichwertigkeit geistlicher und weltlicher Macht demonstrieren – in der Bibliothek, dem Kaisersaal und den Privat- und Empfangsräumen des Abtes beispielsweise. Durch die Säkularisation kam das Kloster 1804 an die Großherzöge von Baden, die zunächst nicht allzu viel mit der Anlage anzufangen wussten. Heute ist das einstige Kloster und Schloss Wohnsitz und Weingut der Markgrafenfamilie, auch nachdem 2009 das Land Baden-Württemberg den Besitz übernommen hat. Bei Führungen können Besucher die Räume kennenlernen oder Spaziergänge im Park unternehmen, den markgräflichen Wein verkosten und bei den Handwerkern vorbeischauen. Nicht wundern, wenn man immer wieder Gruppen junger Menschen begegnet. Sie besuchen die Schule Schloss Salem, das renommierte Internat, das Max von Baden 1920 nach reformpädagogischen Grundsätzen gegründet hat.

Stolze Städte

Die Oberstufenschüler des Internats wohnen und lernen in Überlingen. Die günstige geografische Lage an der engsten Stelle des Bodensees und die gute Erreichbarkeit über Land machten die Stadt rasch zu einem florierendem Handelszentrum. Doch mit dem Dreißigjährigen Krieg endete diese Blütezeit, und seit dem 19. Jahrhundert legen keine Handelsschiffe mehr im Hafen der ehemaligen Reichsstadt an, sondern Ausflugsdampfer. Der Tourismus wurde zum maßgeblichen Wirtschaftsfaktor – ebenso wie im benachbarten Meersburg.

> „Auf der Burg haus' ich am Berge, unter mir der blaue See …"
>
> Annette von Droste-Hülshoff

Wer mit der Fähre von Konstanz kommt und schon von Weitem das außerordentlich malerische Stadtbild sieht – mit Unter- und Oberstadt, der alles überragenden Burg und dem Neuen Schloss – dem wird auf den ersten Blick klar, weshalb die gesamte Stadt bereits seit 1954 als kulturelles Erbe unter Denkmalschutz steht.

Steinzeit am See

Gar zum Welterbe zählt die Pfahlbautensiedlung in Unteruhldingen. Mehr als zwanzig Gebäude aus der Zeit zwischen 4000 bis 850 vor Christus dokumentieren das Leben in der Stein- und Bronzezeit. Damals standen die Häuser am Ufer, nicht im See – sie sollten ja gerade vor dem Hochwasser schützen. Andererseits wollten die Menschen möglichst nah am Wasser sein, da das Fischen zu ihren Lebensgrundlagen gehörte. An 111 Stellen im Voralpenraum hat man diese Bautechnik bislang gefunden. Am Bodensee haben sich am Seegrund unter Luftabschluss zahlreiche Materialien erhalten, wie Werkzeuge, Knochen, Stoff- und sogar Speisereste. Durch die Bauteile, die sie fanden, konnten die Forscher rekonstruieren, wie die Pfahlbauten einst aussahen. Trotzdem sind noch viele Fragen offen. Diese präsentiert das Museum in Unteruhldingen ebenso wie die gesicherten Erkenntnisse.

GARTENARBEIT AUF DER MAINAU

Gut zu tun, auch wenn nichts blüht

Manchmal mischt sich Markus Zeiler einfach unter die Besucher. Und da kaum einer kommentarlos an der Blumenpracht auf der Mainau vorbeigeht, bekommt der Gartendirektor einiges zu hören – bewundernde, erstaunte und manchmal auch kritische Anmerkungen.

Mainau-Gärtnerin Jana Nüsseler im Italienischen Rosengarten, der bereits zur Zeit von Großherzog Friedrich I. angelegt wurde.

Jedes Jahr kommen 1,6 Millionen Menschen auf die Insel Mainau, vor allem während des Blumenjahrs von März bis Oktober. Jeden Monat erwartet die Besucher ein anderer Blütenschwerpunkt, angefangen bei Schneeglöckchen, Krokussen Tulpen und Narzissen im Frühjahr, über die Rosen und Rhododendren im Sommer bis zu den Dahlien im Herbst. Da fragt sich mancher, wie die Mainau-Gärtner das alles hinbekommen. Die Antwort: Das Geheimnis liegt vor allem in einer genauen und frühzeitigen Planung.

Stets die neuesten Züchtungen

Die Arbeit für das Frühjahr beginnt bereits mit der rechtzeitigen Bestellung der Zwiebeln im Jahr zuvor. Dabei sind die Gärtner immer darauf bedacht, den Besuchern aktuelle Züchtungen zu zeigen, die sie noch nirgendwo anders gesehen haben. 600 000 Blumenzwiebeln setzen die Gartenteams im Herbst. Nach der Blüte im Frühjahr landen alle auf dem Kompost – was Kopfschütteln bei den Besuchern hervorruft, die das beobachten. Am liebsten würden sie die Pflanzen einpacken und mit nach Hause nehmen, doch die Gärtner geben nichts ab. Vielleicht auch besser so, denn die Blumen sind darauf gezüchtet, ein Frühjahr lang wunderbar zu blühen. Die Kraft geht in die Blüte, weniger in die Zwiebel. Sollte man doch mal eine verblühte Tulpe ergattern, rät Markus Zeiler, auf alle Fälle das Grün an der Pflanze zu lassen, bis es vertrocknet ist, da dadurch die Zwiebel Energie für einen neuen Austrieb bekommt.

Gartentipps nicht nur am Beet

Wertvolle Tipps für Hobbygärtner geben die Mainau-Profis gern weiter, sei es direkt am Beet, in Workshops oder über das grüne Telefon. Wer es ganz genau wissen will, kann auch für ein, zwei oder drei Tage selbst zum Mainau-Gärtner werden, allerdings nicht unbedingt während der Hauptarbeitswochen im Herbst und Winter. Anfang Oktober, wenn die Dahlienkönigin gekrönt ist, verwandeln sich die Blumenbeete grundlegend. Gnadenlos werden die noch blühenden Sommerblumen herausgenommen. Schließlich kommen die

Tulpen und Narzissen säumen die Italienische Wassertreppe.

In den Gewächshäusern der Mainau wächst der Nachwuchs für die vielen Beete heran – hier von Peter Schober gepflegt.

Unten: Rosenbeete verlangen fast täglich nach gärtnerischer Betreuung.

Gartenfreunde auf die Mainau, um die Blüten zu bewundern und nicht deren Vergehen zu beobachten.

Spannung vor der Tulpenblüte

Wann sich im Frühling die gesetzten Zwiebeln entfalten, bleibt bei aller planerischen Kompetenz auch für Markus Zeiler und sein Team mit mehr als sechzig Mitarbeitern spannend. Ist der März sehr warm und lockt die Pflanzen früh aus dem Boden, sodass die Osterbesucher die Hauptblüte gar nicht mehr mitbekommen? Oder ist es so kalt, dass sich die Blütenkelche an Ostern noch in der Knospe verbergen? Da sind dann auch die versierten Mainau-Gärtner ganz vom Wetter abhängig. Das meint es aber meistens gut mit der rund 15000 Jahre alten Felseninsel. Dank des großen Wasserspeichers Bodensee gibt es keine extremen Temperaturschwankungen.

Im Frühjahr bedeutet das allerdings, dass der Austrieb zwei bis vier Wochen hinter dem der Oberrheinebene liegt, da der See durch das Schmelzwasser aus den Bergen noch relativ kühl ist. Spätestens Mitte Mai überholt die Mainau dann jedoch alle anderen Regionen, und im Herbst gibt der See noch lange Wärme ab, sodass die Dahlien ein wahres Farbenfeuerwerk entfalten können. Sie halten die Gärtner ordentlich auf Trab. Als bewurzelte Stecklinge kommen die fast 12000 Pflanzen auf die Insel. Nur drei Triebe sollen wachsen, damit sich reichlich Blüten entwickeln. Ja, und wenn die da sind, hat das Gartenteam sie genau im Blick und schneidet Verblühtes sofort aus.

Blumeninsel Mainau

Vom Festland ist die 45 Hektar große Insel Mainau über eine Fußgängerbrücke oder per Inselbus ab dem Parkplatz erreichbar. Die schönste Anreise hat man allerdings mit dem Schiff. Die Insel ist von Sonnenaufgang bis Sonnenuntergang geöffnet. Ein Rundgang am frühen Morgen ist besonders reizvoll.

Pflanzenberatung: Tel. 07531 30 33 33 (Mi. 13.00–16.00 Uhr), per Mail (gruenes-telefon@mainau.de) oder vor Ort im Park. Informationen zum Blumenjahr, Seminaren, Veranstaltungen: www.mainau.de

Von Ende August bis Mitte Oktober sind Dahlien die Stars auf der Mainau – ein Feuerwerk an Farben und Blütenformen.

MÜHLHEIM an der Donau
FRIDINGEN a. d. Donau
Beuron
Naturpark Obere Donau
TUTTLINGEN
Neuhausen ob Eck
MESSKIRCH
Krauchenwies
Emmingen-Liptingen
Sauldorf
Wald
PFULLENDORF
Mühlingen
Hohenfels
Herdwangen-Schönach
Eigeltingen
STOCKACH
Nenzingen
Orsingen-Nenzingen
Volkertshausen
AACH
Ludwigshafen
Bodman-Ludwigshafen
Sipplingen
Owingen
Frickingen
Heiligenberg
Steißlingen
SINGEN (Hohentwiel)
ÜBERLINGEN
Salem
Überlinger See
Bodanrück
Uhldingen-Mühlhofen
Rielasingen-Worblingen
RADOLFZELL am Bodensee
Allensbach
Moos
Gnadensee
Zellersee
Reichenau
Gaienhofen
Öhningen
STEIN am Rhein
STECKBORN
MEERSBURG
KONSTANZ
KREUZLINGEN
Bodensee
Hagnau am Bodensee
Tägerwilen
Münsterlingen
Bottighofen
Gottlieben
Ermatingen
Salenstein
Kemmental
Langrickenbach
Altnau
Güttingen
Müllheim
Wigoltingen
Märstetten
Berg
Birwinken
Pfyn
Weinigen
Hüttwilen
Hüttlingen
Homburg
Raperswilen
Wäldi
Lengwil
Mammern
Gündelhart-Hörhausen
Oberschwäbische Barockstraße (Westroute)
Hohenzollernstraße
Grüne Straße
Deutsche Alleenstraße
Schwäbische Bäderstraße
Deutsche Fachwerkstraße
Maßstab 1:200.000
4km
1
2
3
4

Malerische Städte und barocke Pracht

Klein und überschaubar ist der Überlinger See, gerade mal zwei, drei Kilometer breit. Mühelos kann man von den Uferpromenaden in Meersburg und Überlingen auf die andere Seite zum Bodanrück schauen. Dass es sich in dem fast mediterranen Klima gut leben lässt, wussten schon die Steinzeitmenschen.

1 Überlingen

Die einstige Reichsstadt (22 300 Einw.) lockt mit einer sehenswerten Altstadt. 770 in einer Urkunde als Schenkung an das Kloster St. Gallen erwähnt, bekam Überlingen 1180 Markt- und 1211 Stadtrecht, wurde Ende des 14. Jh. Reichsstadt und durch Handel wohlhabend. Seit dem 19. Jh. ist das touristische Ziel dank der Mineralquellen auch Kur- und Badeort.

SEHENSWERT

Die Palmen an der 5 km langen **Seepromenade** spiegeln das milde Klima am Überlinger See. Am Landungsplatz der Ausflugsschiffe sind in der klassizistischen **Greth** (1788), dem ehem. Handels- und Lagerhaus, heute Lokale, die Markthalle und ein Kino untergebracht. Richtung Westen geht es zum **Kur- und Stadtgarten** mit vielen mediterranen und exotischen Pflanzen; über den **Gallerturm** (um 1500), einen der wenigen Türme, die von der Stadtbefestigung noch stehen, weiter zur **Franziskanerkirche** (14. Jh., ab 1752 im Rokoko neu ausgestaltet, u. a. von Joseph Anton Feuchtwanger). Die Franziskaner hatten in Überlingen, wo der Orden ab 1259 nachgewiesen ist, das größte Kloster der Region. Über die Aufkircher Straße führt der Weg zum **Münster St. Nikolaus** (1350–1576), der größten gotischen Kirche am Bodensee; besonders sehenswert sind der geschnitzte Hochaltar von Jörg Zürn (um 1615) und mittelalterliche Fresken. Unterhalb des Münsters liegt das **Rathaus** (14. und 15. Jh.); im spätgotischen Ratssaal ist der geschnitzte Figurenfries mit 41 Darstellungen der Stände des Heiligen Römischen Reiches und der Stadtpatrone Michael und Nikolaus sehenswert (Mi., Do. 11.00 Uhr oder bei Stadtführungen). Zurück am Landungsplatz steht man seit 1999 vor dem **Brunnen Der Bodenseereiter** von Peter Lenk, der die Legende aus dem 19. Jh. auf den Schriftsteller Martin Walser umgedeutet hat.

Überlingen: Anlegestelle des Schiffs zur Mainau (oben), Bodensee-Therme (rechts unten); Sipplingen: Bodenseewasser-Aufbereitung

MUSEEN

Die Geschichte Überlingens bis ins 19. Jh. ist im **Städtischen Museum** zu verfolgen; das Patrizierhaus (um 1460) gilt als ältester Privatpalast der Renaissance nördlich der Alpen (Krummebergstr. 30, www.ueberlingen-bodensee.de; April–Okt. Di.–Sa. 9.00–12.30, 14.00–17.00, So. 10.00–15.00 Uhr, Nov.–Weihnachten nur Di.–Sa.; im Winter 2019/2020 wegen Umbauarbeiten geschl.). In einem ehem. Ballsaal des 19. Jh. zeigt die **Städtische Galerie** historische und aktuelle Kunst (Landungsplatz/Seepromenade 2, www.staedtischegalerie.de; März–Anfang Okt. Di.–Fr. 14.00–17.00, Sa., So., Fei. ab 11.00 Uhr).

ERLEBEN

Am 2. So. im Mai und Juli wird bei der **Schwedenprozession** die Schwedenmadonna (1659) durch die Stadt getragen, aus Dankbarkeit, dass die Belagerung Überlingens während des Dreißigjährigen Kriegs glimpflich ausging. Beim **Orgelsommer** erklingen die Münsterorgeln (www. ueberlinger-muensterkonzerte.de). Chansons und Schauspiel gibt es in **Noltes Theater** (Gunzoweg 1, www.noltes.biz).

HOTEL UND RESTAURANT

Im Kreis der renommierten Linzgauköche fühlt sich Simon Metzler vom **€€ Bürgerbräu** sichtlich wohl. Er und seine Frau betreiben das Haus in dritter Generation (Aufkircher Str. 20, Tel. 07551 9 27 40, www. bb-ueb.de; Mo., Di. Ruhetag, Hotel geöffnet).

UMGEBUNG

Die **Marienschlucht** im Bodanrück, am gegenüberliegenden Seeufer, ist seit einem Erdrutsch im Frühjahr 2015 gesperrt, die Wiedereröffnung frühestens 2020 (www.marienschlucht.de).

„Ich liebe den See und die Menschen hier. Ich wollte nie weg."

Mark Keller, in Überlingen geborener Schauspieler

Die **Sylvesterkapelle** (9. Jh.) im Teilort Goldbach ist einer der ältesten Kirchenbauten in Deutschland, mit Fresken, die den Malern der Reichenau (10./11. Jh.) zugeschrieben werden (3 km westl., neben Campingpark Überlingen, Tel. 07551 6 48 79; Mo., Mi., Sa. 11.00–17.00 Uhr).
Im Fachwerk- und Kirschwasserdorf **Sipplingen** (8 km nordw.) legen die Ausflugsschiffe nach Ludwigshafen und Bodman ab. Schön ist der Naturbadestrand mit flach abfallendem Seezugang. Mehr als 7,5 Mio. Menschen trinken das Bodenseewasser, das auf dem Sipplinger Berg aufbereitet wird (Führungen über Tourist-Information Sipplingen).
Stockach (18 km nordw.) ist nicht nur als Tor zum Bodensee bekannt, hier tagt seit 1351 auch alljährlich das Hohe Grobgünstige Narrengericht und fällt sein Urteil über bevorzugt politische Prominenz. Im Stadtmuseum wird die Tradition eingehend beleuchtet (Salmannsweilerstr. 1, Tel. 07771 80 23 03; Di.–Sa. 9.00–13.00 und 14.00–18.00, So. 14.00–18.00 Uhr).
Gut 40 km nördl. ist bei **Meßkirch** die Baustelle der karolingischen Klosterstadt **Campus Galli** zu finden (6 km nördl. von Meßkirch an der B 313, Abzweigung Langenhart, www.campus-galli.de; April–Okt. Di.–So. 10.00–18.00 Uhr).

INFORMATION

Marketing und Tourismus Überlingen, Landungsplatz 5, 88662 Überlingen, Tel. 07551 9 47 15 22, www.ueberlingen-bodensee.de; Tourist-Information Sipplingen, Seestr. 3, 78354 Sipplingen, Tel. 07551 9 49 93 70, www.sipplingen.de

2 Insel Mainau

Die Monate März bis Okt. umfasst das Blumenjahr auf der **Insel Mainau** TOPZIEL, der mit 44 ha kleinsten Bodenseeinsel. Neben den jahreszeitlich blühenden Pflanzen sind das **Arboretum** sowie das **Schmetterlings-** und das **Palmenhaus** die Attraktionen (www. mainau.de; Insel tgl. von Sonnenauf- bis Sonnenuntergang, Schmetterlingshaus Ende März–Okt. tgl. 11.00 bis 19.00, Palmenhaus 9.00 bis spätestens 21.00 Uhr).
Aus der Deutschordenszeit (1272–1805) stammt die barocke **Schlosskirche** (bis 1739) und auch das schlichte barocke **Schloss** (bis 1746; Wechselausstellungen bzw. Privatbesitz).
Auf dem Festland liegt der **Erlebniswald** mit Sinnenpfad und Kletterangebot (www.erlebniswald-mainau.de; Ostern–Sept. Mo.–Fr. 13.00 bis 20.00, Sa., So. Fei. 11.00–20.00, Okt. nur Sa., So., Fei. 11.00–19.00, Schulferien in Baden-Württemberg tgl. 11.00–20.00 Uhr).

Die Sylvesterkapelle im Überlinger Stadtteil Goldbach zieren bedeutende Fresken aus der Zeit der Karolinger.

3 Salem

Im von der Aach durchzogenen Linzgau liegt die 1134 gegründete, einst mächtige Abtei der Zisterzienser, heute Wohnsitz des Markgrafen von Baden und Domizil eines weltbekannten Internats, das Max von Baden 1920 als Reformschule gegründet hat.

SEHENSWERT

Das von außen schlichte gotische **Münster** (ab 1285) ist im Inneren klassizistisch ausgestaltet. An mehreren Stellen zeigen sich Wandmalereien aus früheren Zeiten, die mit schlichter grauer Farbe übermalt wurden. In den Kreuzgängen und dem ehem. Speisesaal der Mönche sind prächtige Stuckarbeiten und Gemälde aus der Barockzeit zu sehen. Überhaupt zeigt das einstige **Konventgebäude,** dass die Geistlichkeit der weltlichen Macht in nichts nachstehen wollte, beispielsweise in der Bibliothek, dem Kaisersaal und in den Privat- und Empfangsräumen des Abtes. Im **Klostermuseum** ist der Marienaltar (1507) Bernhard Strigels zu sehen, ein Meisterwerk der Dürerzeit; der Altar ist in den 1990er-Jahren in Karlsruhe zusammengeführt worden, nachdem er nach dem großen Brand von Salem 1697 zerteilt worden war. Profan nimmt sich dagegen das **Feuerwehrmuseum** aus, das die Leistungen der Zisterzienser in Sachen Wassertechnik und Brandschutz würdigt (Kloster und Schloss Salem, Tel. 07553 9 16 53 36, www.salem.de; Schloss und Museen April–Okt. Mo.–Sa. 9.30–18.00, So./Fei. ab 10.30 Uhr, tgl. mehrere Führungen).

Meersburg: Droste-Hülshoff-Museum im Fürstenhäusle; Altes Schloss

UMGEBUNG

200 Berberaffen leben am **Affenberg Salem** und dürfen von den Besuchern mit speziell zubereitetem Popcorn gefüttert werden. Außerdem kann man in 20 Horsten Störche beobachten (Affenberg Salem, Mendlishauser Hof, www.affenberg-salem.de; März–Okt. tgl. 9.00–18.00 Uhr, Ende Okt. kürzer).
Einen Inbegriff des Barock stellt die **Wallfahrtskirche Zur lieblichen Mutter von Birnau** TOPZIEL (bis 1750) dar, Hauptwerk des Vorarlberger Baumeisters Peter Thumb; die überwältigende Fülle spiegelt die Lebensfreude des Barock und Rokoko (Zisterzienser-Priorat Birnau, Maurach 5, Uhldingen-Mühlhofen, www.birnau.de; Sommer 7.30–19.00, Winter bis 17.00 Uhr).

4 Meersburg

Die Kleinstadt (5800 Einw.) am Übergang zum Obersee wurde erstmals 988 erwähnt. Ab dem 12. Jh. war der malerische Ort Residenz der Bischöfe von Konstanz (bis 1803). Seit 1954 steht die Weinbauhochburg mit ihrem historischen, von Fachwerk geprägten Altstadtensemble unter Denkmalschutz.

SEHENSWÜRDIGKEITEN

Vom westl. **Seetor,** Rest der mittelalterlichen Stadtbefestigung nahe der Abfahrtsstelle der Fähre nach Konstanz, erreicht man die Seepromenade, die man bis zum **Gredhaus,** dem einstigen Handels- und Lagerplatz (16. Jh.), entlangschlendern kann. Über die Unterstadtstraße geht es zurück bis zum Winzerverein in der Kronenstraße und dann über eine Treppe hinauf zur **Meersburg** mit dem benachbarten **Neuen Schloss.** Über den Schloss- und Marktplatz sowie die Steigstraße kommt man zum Ausgangspunkt zurück.

MUSEEN

Das **Alte Schloss** (988 erwähnt) ist die älteste bewohnte deutsche Burg. Ein Rundgang vermittelt Einblicke in mittelalterliches Leben und fantastische Ausblicke auf den See; das Arbeits- und das Sterbezimmer der Dichterin Annette

von Droste-Hülshoff sind ebenfalls zu besichtigen (www.burg-meersburg.com; März–Okt. tgl. 9.00–18.30, sonst 10.00–18.00 Uhr). Im benachbarten **Neuen Schloss** (1710–1743) präsentiert das Schlossmuseum fürstbischöfliche Wohn- und Lebenskultur (www.neues-schloss-meersburg.de; April–Okt. tgl. 9.30–18.00, sonst Sa., So., Fei. 12.00–17.00 Uhr).
Jenseits der Bundesstraße 33 liegt in den Weinbergen das **Fürstenhäusle,** Rückzugsort der Dichterin nach 1843, heute **Droste-Museum** (Stettener Str. 11, www.fuerstenhaeusle.de; April–Okt. tgl. 10.00–17.00 Uhr).
In der **Bibelgalerie** im ehem. Dominikanerinnenkloster (Urspr. um 1300) zeigt eine Erlebnisausstellung die Entstehung der Heiligen Schrift, ihre Überlieferungsgeschichte und die Geschichte der Stadt Meersburg (Kirchstr. 4, www.bibelgalerie.de; April–Okt. Di.–Sa. 11.00–13.00, 14.00–17.00 Uhr, Juni–Sept. So./Fei. nur nachm., sonst So. geschl.).
Das Heilig-Geist-Spital in der Meersburger Oberstadt ist seit 2016 Heimat des **Vineum,** eines Weinbaumuseums, das Bezüge zur Stadtgeschichte herstellt und alle Sinne anspricht – auch den Geschmackssinn in der Probierstube (www.vineum-bodensee.de; s. S. 114).

AKTIVITÄTEN

Von der **Friedrichshöhe** (Von-Laßberg-Straße) hat man einen herrlichen Blick auf Stadt, See und Alpen. Der Abstecher lässt sich gut mit einem Besuch im Droste-Museum verbinden.

RESTAURANT

Die Erzeugnisse des Weinguts Markgraf von Baden vom Bodensee und aus der Ortenau kann man im **€ Birnauer Oberhof** probieren (9 km nordw.; Oberhof 1, Uhldingen-Mühlhofen, Tel. 07556 93 36 80, www.birnauer-oberhof.de). Schmecken sie, ist direkt gegenüber der markgräfliche **Weinverkauf** zu finden (Oberhof 1 a, Uhldingen-Mühlhofen, Tel. 07556 60 02, www.markgraf-von-baden.de; April–Sept. tgl. 10.00 bis 18.00, sonst bis 17.00 Uhr; s. S. 114).

UMGEBUNG

Die Pfahlbauten von **Unteruhldingen** TOPZIEL (6 km nordw.) sind Teil des UNESCO-Welterbes mit 111 Pfahlbaufundstellen in der Bodenseeregion. In Unteruhldingen lassen 23 rekonstruierte Häuser aus der Stein- und Bronzezeit (ca. 4000–850 v. Chr.) Geschichte lebendig werden (Strandpromenade 6, Uhldingen-Mühlhofen, www.pfahlbauten.de; April–Sept. tgl. 9.00–18.30, Okt. bis 17.00, Nov. nur Sa./So. 9.00–17.00 Uhr).
150 Traktoren aus den vergangenen hundert Jahren zeigt das Traktormuseum in **Gebhardsweiler.** Fahrzeuge von Lanz, Porsche oder Waterloo-Boy stehen zwischen historischen Werkstätten (Gebhardsweiler 1, Uhldingen-Mühlhofen, https://autoundtraktor.museum; Mai–Okt. tgl., Nov.–Dez. Di.–So., Kernzeit 10.00 bis 17.00 Uhr).

INFORMATION

Meersburg Tourismus, Kirchstr. 4, 88709 Meersburg, Tel. 07532 44 04 00, www.meersburg.de

Genießen   Erleben   Erfahren

DuMont Aktiv

Mit Seeblick schwitzen und relaxen

In der heißen Sauna schwitzen und dabei auf den kühlen See blicken – das kann man gleich an drei Orten. In Überlingen genießt man das Seepanorama in den Saunen, die Bootshäusern nachempfunden sind, im Saunagarten oder vor dem Kaminofeuer im Ruhehaus. Und zum Abkühlen führt der Weg direkt in den See. Ganz schön erfrischend!

Aus 1006 Meter Tiefe kommt das warme Wasser der Überlinger Therme und sprudelt mit 4,25 l pro Sekunde. Für die Badegäste wird es im Außen- und Innenbecken von 36 °C auf 33 °C „abgekühlt“, im Sportbecken auf 28 °C. Nur im Whirlpool bleibt das Wasser so warm, wie es aus der Erde kommt. Wem es im Schwimmbecken zu trubelig ist, weil auf der Reifenrutsche gerade die Post abgeht, der wandert am besten Richtung Sauna ab. Davor laden vier Kaskadenbecken mit meditativer Unterwassermusik und Lichtprojektionen zum Träumen ein, vor allem wenn es draußen schon dunkel ist und der Blick über den See zu den Lichtern am gegenüberliegenden Ufer schweifen kann.

In Meersburg haben sich die Gestalter der Therme an historischen Vorbildern der Nachbarschaft orientiert und direkt am See drei Pfahlbauten zum Schwitzen gebaut. Wer nun immer noch nicht entspannt ist, kann mit der Fähre nach Konstanz übersetzen und auf der anderen Seite des Sees weiterschwimmen und -schwitzen.

Bodensee-Therme Überlingen: tgl. 10.00–22.00, Fr., Sa. bis 23.00 Uhr; Bahnhofstr. 27, Tel. 07551 30 19 90, www.bodensee-therme. de

Meersburg-Therme: Mo.–Do. 10.00–22.00, Fr., Sa. bis 23.00, So./Fei. 9.00–22.00 Uhr; Uferpromenade 10, Tel. 07532 4 40 28 50, www.meersburg-therme.de

Bodensee-Therme Konstanz: tgl. 9.00–22.00 Uhr; Zur Therme 2, Tel. 07531 36 30 70, www.therme-konstanz.de

Für Wasserspaß sorgt die 90-Meter-Reifenrutsche in der Bodensee-Therme Überlingen.

Das Tor zur weiten Welt

Vom Nordufer des Obersees aus geht Hopfen nach Asien, Amerika und Afrika. Hier ist der einzige Ausbildungsort für Zeppelinpiloten weltweit, und Fahrzeuge überall auf dem Globus fahren mit Teilen der Zahnradfabrik in Friedrichshafen. Kaum zu glauben, wenn man als Urlauber an der Uferpromenade entlangschlendert und die schöne Landschaft genießt.

Lindaus Hafen mit dem mittelalterlichen Mangturm auf der einen und dem Römerbad auf der anderen Seite

Das Dornier-Museum Friedrichshafen fühlt sich „100 Jahren Faszination Luft- und Raumfahrt“ verpflichtet.
Im Hangar steht auch eine „Merkur“, die ab 1925 u. a. von der Deutschen Lufthansa eingesetzt wurde.

Zu Messezeiten zeigen sich im Sportboothafen von Friedrichshafen
die neuesten Produkte der Bootsbauer.

Weit reicht der Blick vom Aussichtsturm auf der Hafenmole in Friedrichshafen.

Die Architektur des Dornier-Museums wird der visionären Luftfahrtgeschichte im Inneren mehr als gerecht.

„Man muss nur wollen und daran glauben, dann wird es gelingen."

Ferdinand Graf von Zeppelin

Die Bedeutung der Friedrichshafener Region als Industriestandort ist eng mit dem Namen Zeppelin verbunden. Am 2. Juli 1900 unternahm Ferdinand Graf von Zeppelin die erste Versuchsfahrt mit einem lenkbaren gasgefüllten Luftschiff von einer Halle aus, die bei Manzell im Bodensee schwamm. 1910 folgte die erste Passagierfahrt und 1924, sieben Jahre nach Zeppelins Tod, die erste Atlantiküberquerung.

Am 6. Mai 1937 endete die Ära der Luftschifffahrt in einem Feuerball – mit der Explosion des LZ 129 „Hindenburg" in Lakehurst. Statt mit unbrennbarem Helium war der Zeppelin mit leicht entzündbarem Wasserstoff gefüllt, was Passagieren und Bordpersonal bei der Landung während eines Gewitters zum Verhängnis wurde. Nur 62 der 97 Menschen an Bord überlebten.

Aber seit dem 18. September 1997 fliegen sie wieder, die großen silbernen Zigarren, jetzt als Zeppelin NT, was für „neue Technologie" steht. Sie sind kleiner als ihre Vorgänger und mit sicherem Helium gefüllt. Seit 2001 bietet die Zeppelin-Reederei auch wieder Passagierflüge an. Vierzehn Millionen Euro kostet ein Luftschiff heute – ohne Sonderausstattung und Zubehör. Goodyear hat drei Exemplare gekauft – der größte Auftrag für Zeppelin Luftschifftechnik.

Innovativer Visionär

Der fliegende Graf war aber nicht nur Visionär, er war auch kluger Geschäftsmann und sozialer Arbeitgeber. Rund um den Hangar siedelte er Betriebe an, die ihm lieferten, was er für den Luftschiffbau benötigte: Motoren, Getriebe, Gas. Ein Modell, das heute rund um jede moderne Automobilfabrik zu finden ist, um Zeit zu sparen und Wissen zu vernetzen. Gleichzeitig war Zeppelin wichtig, dass diese Firmen sich durch Aufträge aus dem Schiffs- und dem damals immer bedeutender werdenden Fahrzeugbau absicherten.

Spätestens nach der Katastrophe von Lakehurst wurde deutlich, wie weitsichtig diese Empfehlung war. Die Zahnradfabrik Friedrichshafen (ZF), die Maybach Motorenwerke und die Dornier Metallbauten gingen ihren Weg ohne Zeppelin weiter. ZF beispielsweise, das ab 1915 Getriebe für Luftschiffe und Fahrzeuge entwickelte und produzierte, ist heute ein weltweit führender Technologiekonzern für Antriebs- und Fahrwerkstechnik. Immer noch mit Sitz in Friedrichshafen.

Soziales Engagement

Als die Vision vom Fliegen konkret wurde, entstanden natürlich auch zahlreiche neue Arbeitsplätze. Doch wo die Mitarbeiter unterbringen? Friedrichs-

Körperbeherrschung in luftiger Höhe kann man im Abenteuerpark bei Immenstaad üben.

Idyllisch zwischen Streuobstwiesen und Wein verlaufen die Wanderwege bei Kressbronn.

Das Eriskircher Ried zeigt sich vielgestaltig – von Flachwasserzonen mit Wasservögeln über Streuwiesen mit seltenen Pflanzen bis zur einzigartigen Blüte der Sibirischen Schwertlilie von Mitte Mai bis Anfang Juni.

Ob hoch zu Ross oder auf Schusters Rappen, an der Obstblüte um Oberreitnau erfreuen sich alle.

Bei einem Ausflug ins Eriskircher Ried gibt es – oftmals verborgene – Schätze zu entdecken.

Special

Hopfenanbau

Im Eiltempo nach oben

Man braucht ihn, um Bier haltbar zu machen, ihm eine Schaumkrone aufzusetzen und den Geschmack zu verfeinern. Aber Hopfen hat zudem auch Heilwirkung.

In Tettnang, einem der größten Anbaugebiete Deutschlands mit einem Weltmarktanteil von 2,3 Prozent, weiß man das natürlich alles. Hier in der Region soll angeblich der edelste Hopfen der Welt wachsen, und das ziemlich rasant.

Ende August beginnt die Hopfenernte.

Wenn im Mai die jungen Pflanzen an die kahlen Drahtgerüste zwischen den riesigen Holzstangen „angeleitet" worden sind, kann man fast zusehen, wie sich die Ranken nach oben arbeiten. Im Juni sind sie bereits zwei Meter hoch, Anfang August haben sie sechs Meter erreicht. Ende des Monats sind sie erntereif und werden von den Drähten gezogen – heute mit Maschinen, früher von Hand. Wie das geht, zeigen das Hopfenmuseum und der Hopfenpfad. Wer zu Zeiten der Handernte die letzte Ranke herunterzog, war die „Hopfensau" und bekam von allen anderen Erntehelfern das, was sie noch im Korb hatten. Da man nach Gewicht bezahlt wurde, war man gern eine „Sau".

Die Hopfensau gibt es übrigens immer noch, als Maske der Tettnanger Fasnet. Und die bitteren Dolden werden hier nicht nur an Brauereien geliefert, sondern auch an Heilmittelfirmen in der Schweiz.

hafen war eine der teuersten Städte im württembergischen Königreich. Deshalb entstand zwischen 1914 und 1919 das Zeppelindorf, eine Gartenstadt aus Einzel-, Doppel- und Reihenhäusern, die über eine Verbindungsstraße direkt an das Werftgelände angeschlossen war. In den großen Gärten konnten die Bewohner Obst und Gemüse selbst ziehen und Kleintiere halten. Im Zweiten Weltkrieg wurde die Anlage stark zerstört, beim Wiederaufbau aber in ihrem Gesamtcharakter erhalten.

Wer sich auf die Spuren Zeppelins begeben will, kann in Manzell auf dem Zeppelinpfad aufbrechen und über die Uferpromenade, die Zeppelinwerft und das Zeppelindorf bis zu den neuen Hallen am Flughafen wandern. Und wer dann immer noch nicht genug Flugluft geschnuppert hat, stößt im Dornier-Museum auf der anderen Seite des Flughafens nicht nur auf Flugzeuge, sondern auch auf Hochtechnologie der Luft- und Raumfahrt.

In Immenstaad findet sich seit fünf Jahrzehnten – heute unter dem Dach von Airbus – ein Zentrum für die Entwicklung und den Bau von Satelliten und Instrumenten, mit denen das Weltall wissenschaftlich erforscht werden kann. Die Sonde „Rosetta" hat Weltraumgeschichte geschrieben. Als sie 2016 auf

Nur angucken, nicht anfassen – Bodenseegänse sind wehrhafte Eltern! Bei Kressbronn ist eines der zahlreichen Naturstrandbäder zu finden. Lindaus Hafeneinfahrt wird vom bayerischen Löwen bewacht. Und auf dem Bodensee-Oldtimer „Hohentwiel“ wird passenderweise Dixieland-Jazz gespielt (im Uhrzeigersinn).

dem Kometen Tschuri landete, hatte sie zwölf Jahre lang Daten über den Urstaub gesammelt, aus dem vor Milliarden Jahren unser Sonnensystem entstand. Eine Mission, deren Bedeutung die Experten mit der Mondlandung gleichsetzen.

Tourismus neben Hightech

Auch wenn die Hightech-Unternehmen eine große Rolle spielen in der Region, sind Tourismus, Obst- und Weinbau nach wie vor wichtige Wirtschaftszweige am Nordufer des Obersees. In Immenstaad, das von Weinbergen und Obstwiesen umschlossen ist, setzt man vor allem auf Familienferien. Wer auf dem Bauernhof wohnt, darf Tiere mitversorgen, Kräuter mit der Bäuerin sammeln und in Brot einbacken oder frischen Apfelsaft pressen. Auf der Lädine „St. Jodok“, benannt nach dem Schutzherrn der Bauern und Schutzpatron von Immenstaad, werden Kinder zu Piraten. Der Begriff Lädine hat seinen Ursprung

Tourismus, Obst- und Weinbau sind wichtige Wirtschaftszweige am Nordufer des Obersees.

im alemannischen Wort Lädi, was so viel wie Ladung oder Last bedeutet. Ob mit oder ohne Augenklappe – das siebzehn Meter lange Segelschiff wird gern geentert. Und danach geht es auf einen oder gleich mehrere der elf Parcours im Hochseilgarten des Abenteuerparks. Oder ans Wasser. Wie Perlen einer Kette reihen sich die Naturstrandbäder auf dieser Seite des Obersees aneinander: Hagnau, Immenstaad, Fischbach, Eriskirch, Langenargen, Kressbronn, Nonnenhorn, Wasserburg oder Lindau.

Bayerisch am Bodensee

In Lindau stößt der Freistaat Bayern ans Schwäbische Meer, deutlich erkennbar am steinernen Löwen, der über der Hafeneinfahrt sitzt, und an den weiß-

Direkt am Hafen ist das Hotel „Bayerischer Hof" zu finden, sicherlich Lindaus erstes Haus am Platz.

Zum Repertoire der Lindauer Marionettenoper gehört auch der Ballettklassiker „Schwanensee".

Lauschig und romantisch: der Straßenzug In der Grub zwischen Marktplatz und Peterskirche von Lindau

blauen Fahnen in den Biergärten. Auf der Insel mit ihren romantischen Gassen und lauschigen Innenhöfen fühlt man sich schnell in einer anderen Zeit. Das gotische Alte Rathaus, das Haus Zum Cavazzen am Marktplatz und die Peterskirche, das älteste Gotteshaus der Stadt, werden als Erinnerung abgelichtet, seit es Kameras gibt.

Danach drängt es die meisten Besucher zum Hafen, sei es zu einem Schiffsausflug angesichts der Sommerhitze in den engen Gassen oder für einen Kaffee auf der Seepromenade, bei dem man das Hafengeschehen gut im Blick hat. Oder aber zum erfrischenden Abtauchen

In Lindaus Gaststätten kommt regionale Küche auf den Tisch – Allgäuer Kässpatzen zum Beispiel.

im traditionsreichen Römerbad gleich nebenan. Bereits seit 1839 dürfen hier „junge Leute vom Civilstande" und beiderlei Geschlechts zur körperlichen Ertüchtigung ins Bodenseewasser gleiten. Der Rückweg sollte über die Maximilianstraße führen, Lindaus Einkaufsmeile, an der sich die Patrizierhäuser reihen. Eines davon, der „Sünfzen", ist seit Jahrhunderten als gastliche Stätte bekannt. Hier kommt regionale Küche auf den Tisch – Kässpatzen nach Allgäuer Rezept zum Beispiel.

Auch wenn Lindau, Wasserburg und Nonnenhorn zu Bayern gehören, sind sie doch keine Bierhochburgen, sondern eine Gegend, in der junge Winzer kreative Weine machen. Rund um Nonnenhorn finden sich einige Rädlewirtschaften, die anderswo Besen- oder Straußwirtschaften heißen und wo man die guten Tropfen direkt verkosten kann. Fürs Bier sind in dieser Gegend eher die Schwaben in der Hopfenregion um Tettnang zuständig, in kleinen Brauereien, von denen einige bereits seit Generationen in Familienhand sind.

Die schönsten See-Blicke

Wunderbare Aussichten

Glitzerndes Wasser, strahlend blauer Himmel, schneebedeckte Gipfel am Horizont – so sieht er aus, der ideale Blick auf den Bodensee. Aber auch an weniger klaren Tagen, wenn vielleicht sogar Nebelschwaden über das Wasser ziehen, ist es traumhaft schön, auf den See zu schauen.

1 Panorama vor der Kirche

Barocke Pracht mit einer Vielzahl fröhlicher Putti fasziniert die Besucher der Basilika Birnau. Für den See haben sie oft keinen Blick, wenn sie zur Kirche hinstreben. Dafür stockt ihnen an klaren Tagen der Atem, wenn sie aus der Basilika heraustreten und die unglaubliche Schönheit der Landschaft vor Augen haben, die wie ein riesiges Gemälde erscheint.

Basilika: Sommer 7.30 bis 19.00, Winter bis 17.00 Uhr; Basilika Birnau, Maurach 5, 88690 Uhldingen-Mühlhofen, www. birnau.de

2 Ausblick von der Burg

Wer die Meersburg besucht, macht eine Zeitreise ins höfische Leben des Mittelalters. Im Schlossgarten taucht dann allmählich wieder die Gegenwart auf in Gestalt der weißen Flotte, die unten auf dem Bodensee ihre Spuren zieht. Der Blick von der Burgmauer aber bleibt märchenhaft schön. Wer die Burg nicht besuchen möchte, hat von der frei zugänglichen Terrasse des in unmittelbarer Nachbarschaft liegenden Neuen Schlosses ebenfalls beste Aussicht.

Burg: März–Okt. 9.00–18.30, sonst 10.00–18.00 Uhr; Burg Meersburg, Schlossplatz 10, 88709 Meersburg, www.burg-meersburg.de; www.neues-schloss-meersburg.de

3 Rundumsicht vom Turm

Über neun Etagen klettert man auf 22 Meter Höhe und wird dann mit einer 360-Grad-Sicht vom Feinsten belohnt. Der Aussichtsturm aus Stahl an der Hafenmole von Friedrichshafen gewährt Blicke auf die Stadt, das Hinterland, den See, und wenn es gut läuft, auf die Alpen. Rund um die Uhr. Ähnliche Sichtverhältnisse bietet der Neue Leuchtturm an der Hafeneinfahrt von Lindau, allerdings nur wenn das Wetter schön ist.

Der Aussichtsturm in Friedrichshafen, unweit vom Zeppelin-Museum, ist ganzjährig frei zugänglich.
Der Neue Leuchtturm in Lindau ist zwischen April und Sept. bei gutem Wetter in der Regel von 11.00 bis 18.00 Uhr geöffnet.

4 Blick nach Westen

Die Chance, einen Zeppelin in der Luft zu sehen, ist vom Pfänder (1064 m) aus besonders gut. Der Hausberg der Bregenzer ist mit der Bahn schnell und leicht, zu Fuß etwas langsamer und mühsamer zu erreichen. Richtung Westen liegen einem die Halbinsel Lindau und der ganze See vor Augen, Richtung Osten die österreichischen Alpen.

Seilbahn: tgl. 8.00–19.00 Uhr, außer Nov.; Pfänderbahn, Steinbruchgasse 4, A-6900 Bregenz, www.pfaenderbahn.at

5 Vogelperspektive

Für nicht ganz Schwindelfreie ist es sicherlich eine Überwindung, den zwölf Meter langen Steg an der Karren-Kante bei Dornbirn zu betreten. Keine Frage, man ist absolut sicher darauf und man ist auch von festen Wänden umgeben, allerdings sind die aus Glas. Das gibt einem das atemberaubende Gefühl, über der Landschaft zu schweben. Mit einem Foto, selbst geschossen oder mit Hilfe der installierten Kamera, kann man auch den Lieben daheim den Atem rauben.

Seilbahn: tgl. 9.00/10.00 bis 23.00/24.00 Uhr; Dornbirner Seilbahn, Gütlestraße 6, A-6850 Dornbirn, www.karren.at

6 Aussicht für Frühaufsteher

Je höher hinauf, desto größer wird der Überblick. Auf dem Säntis (2502 m) liegen einem schon ganz schön viele Gipfel zu Füßen. Was für ein unvergessliches Erlebnis, wenn hinter diesen Bergspitzen die Sonne aufgeht! Zu sehen im Juli ab 5 Uhr, im August ab 6 Uhr bei den Sonnenaufgangsfahrten der Säntisbahn. Langschläfer sollten sich ganzjährig die Vollmondnächte vormerken.

Säntis Schwebebahn, CH-9107 Schwägalpe, www.saentisbahn.ch

7 Aus Kaisers Fenstern

Die Bonapartes zogen im 19. Jahrhundert bedeutende Persönlichkeiten an den Bodensee, nachdem sie die Domäne Arenenberg am Untersee erworben hatten. Heute kann man völlig unbedeutend sein und dennoch den Blick aus den kaiserlichen Fenstern über den Bodensee schweifen lassen, hinüber zur Reichenau und zur Halbinsel Höri. Auch wenn das Schloss Winterpause hat, lohnt der Blick aus dem Park einen kleinen Umweg.

Schloss: April–Sept. tgl. 10.00–17.00; Febr., März, Okt.–Dez. Di.–So. 10.00 bis 17.00 Uhr
Napoleonmuseum Thurgau, Schloss und Park Arenenberg, CH-8268 Salenstein, www.napoleonmuseum.tg.ch

8 Weitblick

Ob die Teilnehmer des Konstanzer Konzils sich zwischendurch einen freien Kopf verschafften, indem sie die 193 Stufen zur Plattform des Münsterturms erklommen oder gar nach weiteren 52 Stufen den Weitblick auf den Balkonen suchten? Ihr Sitzungssaal befand sich im Kirchenschiff des Münsters, und da wäre so eine Pause mit Sicht auf den Bodensee und die Berge bestimmt nicht schlecht gewesen, um Klarheit in die Gedanken zu bringen. Im Sommer steht diese Möglichkeit heute jedem offen.

Karten am Verkaufsstand im Münster: April–Okt. Mo. bis Sa. 10.00–17.30, So. und kirchl. Fei. 12.30–18.00 Uhr

RAVENSBURG
WEINGARTEN
Baindt
Baienfurt
Schlier
Grünkraut
Bodnegg
MARKDORF
Meckenbeuren
TETTNANG
FRIEDRICHSHAFEN
Immenstaad
am Bodensee
Hagnau
am Bodensee
MEERSBURG
Uhldingen-Mühlhofen
Salem
Frickingen
Heiligenberg
Deggenhausertal
Bermatingen
Oberteuringen
Eriskirch
Langenargen
Kressbronn
am Bodensee
Nonnenhorn
Wasserburg
(Bodensee)
LINDAU
(Bodensee)
BREGENZ
KONSTANZ
KREUZLINGEN
Münsterlingen
ROMANSHORN
Amriswil
ARBON
RORSCHACH
Goldach
Rorschacherberg
RHEINECK
Höchst
Fußach
Hard
Lauterach
Lustenau
St. Margrethen
Heiden
ST. GALLEN
Gaiserwald
Gossau
BISCHOFSZELL
DORNBIRN
Bodensee
1
2
3
4
Maßstab 1:200.000

Könner am Werk

Am Nordufer des Obersees gibt es einfach alles: Weinberge, weltberühmten Hopfen, Obstplantagen, Schlösser und Hightech. 25 Kilometer des Ufers sind schwäbisch, weitere fünfzehn bayerisch, und ab Immenstaad ist man in Baden. Dennoch wird der Bodensee oftmals auch „Schwäbisches Meer“ genannt.

1 Immenstaad

Erste Siedlungsspuren finden sich aus der Bronzezeit. Vermutlich gründeten Alemannen (um 600) den kleinen Ort (6400 Einw.). 1094 erwähnt, wurde die Gemeinde 1806 badischer Grenzort. Wein- und Obstbau sowie Tourismus sind neben Unternehmen der Hochtechnologie die wichtigsten Wirtschaftszweige.

SEHENSWERT

Drei Schlösser bereichern das Ortsbild. Das dreiflügelige **Schloss Helmsdorf** beim Jachthafen war ab 1213 Sitz der Ritter von Helmsdorf, später Eigentum der Deutschordenskomturei Mainau (heute Restaurant, Ferienwohnungen). Aussichtsreich liegt **Schloss Hersberg** in den Weinbergen oberhalb des Ortes; 1550 als Adelssitz gebaut, ging Hersberg 1618 an die oberschwäbische Reichsabtei Ochsenhausen, deren Äbte es als Sommerresidenz nutzten; die dreiflügelige Anlage entstand 1658 (heute Bildungs- und Kulturzentrum). **Schloss Kirchberg,** 200 m vom See entfernt, wurde 1288 erwähnt, als es ans Kloster Salem kam (bis 1995, heute privat).

MUSEUM

Das **Heimatmuseum im Haus Montfort** zeigt in einem historischen Fachwerkhaus Turmuhren, Alltagsgegenstände, Werkzeuge von Schustern, Sattlern, Küfern, Arztinstrumente sowie Dokumente zur Fastnacht (Montfortstr. 13, Kippenhausen, www.immenstaad-tourismus.de; Ostern bis Okt. Sa./So. 12.00–14.00, 18.00–20.00 Uhr).

AKTIVITÄTEN

Die 17 m lange Lädine „St. Jodok“ startet vom Landungssteg zu **Piratenfahrten** und anderen Rundfahrten über den Bodensee (Tel. 07551 91 69 04, www.laedine.de; Ostern–Mitte Okt.; Tickets direkt an Bord).
Schon mancher hat im **Abenteuerpark** seine Höhenangst unter sich gelassen – auf elf verschiedenen Kletterstrecken für Mutige ab 7 Jahren (Am Klötzenen Forst, Tel. 07545 94 94 62, www.abenteuerpark.com; April–Okt.).

HOTEL UND RESTAURANT

Moderne Apartments, eigener Jachthafen und Restaurant locken Genießer ins **€€ Schloss Helmsdorf** (Freizeitzentrum Schloss Helmsdorf, Schloss Helmsdorf 1, 88090 Immenstaad, Tel. 07545 62 52, www.schlosshelmsdorf.de).

Auf der Immenstaader Lädine „St. Jodok“; Friedrichshafen: Start mit dem Zeppelin NT, Statue vor dem Kultur- und Kongresszentrum Graf-Zeppelin-Haus

UMGEBUNG

In **Frenkenbach** (4 km nordw.) steht mit der romanischen Kirche St. Oswald und St. Otmar, dem wehrhaften „Frenkenbacher Münster“, das älteste Gebäude der Gegend (12. Jh.).

INFORMATION

Tourist-Information, Dr.-Zimmermann-Str. 1, 88090 Immenstaad, Tel. 07545 2 01 37 00, www.immenstaad-tourismus.de

2 Friedrichshafen

Die nach Konstanz zweitgrößte Bodenseestadt (59 000 Einw.) ist das Wirtschaftszentrum der Region. Als Freihafen und Warenumschlagplatz für den Handel mit der Schweiz sowie königlich-württembergische Sommerresidenz entwickelte sich die Stadt nach 1811 wirtschaftlich sehr schnell, auch dank der Eisenbahnanbindung (ab 1847). Seit 1869 verbindet eine Fährlinie die Stadt mit dem schweizerischen Romanshorn. Im Gefolge der Zeppelinwerft siedelten sich ab 1900 weitere bedeutende Industriebetriebe an.

SEHENSWERT

Auf einer kleinen Landspitze liegen **Schloss** und **Schlosskirche.** Als Klosterpriorat der Benediktiner von Weingarten 1654 gebaut, kam die 1806 säkularisierte Anlage in den Besitz des württembergischen Königshauses und ist seit 1918 Wohnsitz der württembergischen Herzogsfamilie. Die Türme der barocken Schlosskirche (1695–1701) sind Wahrzeichen der Stadt; im Innern finden sich Stuckarbeiten der Wessobrunner Schule (www.schlosskirche-fn.de; April bis Okt. Fr.–Mi. 9.00–18.00, Do. 11.00–18.00 Uhr). Über die aussichtsreiche **Uferpromenade** gelangt man zur Hafenmole mit dem filigranen 22 m hohen Aussichtsturm.

MUSEEN

Kernstück des **Zeppelinmuseums** im denkmalgeschützten ehem. Hafenbahnhof (Bauhaus-Architektur) sind die originalgetreu rekonstruierten, begehbaren Passagierräume des Luftschiffs LZ 129 „Hindenburg“. Neben der weltgrößten Sammlung von Exponaten zur Luftschifffahrt zeigt das Museum auch Kunst des Bodenseeraums vom ausgehenden Mittelalter bis zur

Neuzeit (Seestr. 22, www.zeppelin-museum.de; Mai–Okt. tgl. 9.00–17.00, sonst Di.–So. ab 10.00 Uhr). Das 2013 als Teil des Zeppelinmuseums eröffnete **Schauhaus im Zeppelindorf** macht das Arbeiterleben Anfang des 20. Jh. erfahrbar (König-Wilhelm-Platz 12; Mai–Okt. Fr. 9.00 bis 17.00, sonst Di.–So. 10.00–17.00 Uhr, Führungen nach Voranm. Tel. 07541 38 01 25). Auch dem Flugpionier **Claude Dornier** und der Geschichte seiner Firma ist, am Flughafen, ein Museum gewidmet (Claude-Dornier-Platz 1, www.dorniermuseum.de; Mai–Okt. tgl. 9.00 bis 17.00, sonst Di.–So. ab 10.00 Uhr).
In Klassenzimmern von 1850, 1900 und 1930 kann man im **Schulmuseum** die Bank drücken (Friedrichstr. 14, www.schulmuseum-fn.de; Juni–Okt. tgl. 10.00–17.00, Nov.–März, April, Mai Di.–So. 10.00–17.00 Uhr).

UMGEBUNG

Das Wahrzeichen **Eriskirchs** (8 km südöstl.) ist die gotische Kirche Zu unserer lieben Frau (um 1400) mit Freskenzyklen, u. a. einem Totentanz. Wenn im Mai und Juni die sibirische Schwertlilie blüht, kleidet sich das **Eriskircher Ried** ganz in Blau. Das 552 ha große Naturschutzgebiet zwischen der Rottach- und der Schussen-Mündung ist Brut-, Rast- und Nahrungsraum für zahlreiche seltene Vogelarten (Naturschutzzentrum Eriskirch, Bahnhofstr. 24, www.naz-eriskirch.de; April–Sept. Di.–Do. 14.00–17.00, Fr. bis So., Fei. auch 10.00–13.00 Uhr, sonst kürzer). Eine Perle an der Oberschwäbischen Barockstraße ist die Barockkirche St. Martin (1722) am Marktplatz von **Langenargen,** zu dessen eindrucksvollsten Gebäuden das orientalisch angehauchte Schloss Montfort (1866) auf einer Landzunge im See gehört.

INFORMATION

Tourist-Information,
Bahnhofplatz 2, 88045 Friedrichshafen,
Tel. 07541 20 35 54 44,
www.friedrichshafen.info

Tipp

Outdoor-Mode günstig im Outlet

Mit Rucksäcken fing alles an, und im Lauf der Jahre wurden sie immer besser. Dazu kamen wasserdichte Fahrrad- und andere Taschen, schicke Outdoor-Mode – und das Ziel, so umweltfreundlich wie möglich zu produzieren. Dass das nicht zu Dumpingpreisen geht, leuchtet ein, aber im Outlet von „Vaude" im Dörfchen Obereisenbach gibt es Qualität zu angemessenen Preisen.

Mo.–Fr. 10.00–19.30, Sa. bis 18.00 Uhr; Siggenweiler Str. 25, Tettnang-Obereisenbach, Tel. 07542 9 31 40 00, http://outlet.vaude.com

Tettnang: Schloss Montfort; Lindau: Mangturm am Hafen; Wasserburg: Kirche St. Georg

❸ Tettnang

Hier dreht sich alles um Hopfen und die Grafen von Montfort, ab 1246 Herren der Region. 882 erstmals erwähnt, erhielt Tettnang (19 000 Einw.) 1297 Markt- und Stadtrecht. 1780 wurde die Stadt österreichisch, 1805 bayerisch, bevor sie 1810 ans Haus Württemberg fiel.

SEHENSWERT

Am Bärenplatz stehen gleich drei historische **Gasthäuser:** der „Bären", die „Krone" und das „Rad". Das **Torschloss** ist Teil der von den Montforts ab 1330 erbauten Stadtbefestigung. Über die Montfortstraße geht es zum **Neuen Schloss** (1720/1755) mit über Eck gestellten Erkertürmen, das sich die Grafen als Residenz bauen ließen. Das **Alte Schloss** (1667) wurde Rathaus.

MUSEEN

Die Beletage des **Neuen Schlosses** kann mit Führung besichtigt werden (Montfortplatz 1, www.schloss-tettnang.de; April–Okt. tgl. 11.00 bis 17.00 Uhr). Stadtgeschichte veranschaulicht das **Montfort-Museum** (Montfortstr. 43, www.tettnang.de; April–Okt. Di.–So. 14.00 bis 18.00 Uhr). In die Zeiten, als die Bilder laufen lernten, Musik erstmals aus dem Radio kam und Computer noch mit Lochkarten arbeiteten, versetzt das **Elektronikmuseum** im Torschloss (Monfortstr. 41, www.emuseum-tettnang.de; April–Okt. Di.–So. 14.00–18.00 Uhr). Dem Hopfen ist auf dem **Hopfengut No 20** ein eigenes Museum mit Gaststätte gewidmet (Hopfengut 20, Tettnang-Siggenweiler, www.hopfengut.de; Mai–Okt. Di.–So. 10.30–17.00, sonst Do.–So. 11.30–18.00 Uhr.); Ende Aug. bis Mitte Sept. kann man die Hopfenernte live erleben. Am Museum beginnt der 4 km lange **Hopfenpfad.**

AKTIVITÄTEN

Beim **Kaffeekränzle im Schloss** spaziert man durch die gräflichen Räume im Neuen Schloss und genießt anschließend an der Kaffeetafel einen Kuchen aus dem historischen Kochbuch der Montforts (Tel. 07542 51 05 00, www.schloss-tettnang.de).

Seit 1847, nun in der siebten Generation, brauen die Tauschers Tettnanger „Kronen-Bier". Bei einer **Brauereiführung** im letzten von einst 26 Betrieben im Hopfenanbaugebiet Tettnang erklärt der Braumeister die Produktion – frisch gezapfte Kostprobe inklusive (Bärenplatz 7, Tel. 07542 74 52, www.tettnanger-krone.de).

EINKAUFEN

Beim **Städtlesmarkt** gibt es in der Innenstadt nicht nur Obst und Gemüse vom Bauernhof, frischen Fisch aus dem Bodensee, Käse aus dem Allgäu und aus Vorarlberg, sondern auch Leckereien aus Italien und den Alpen (Montfortstraße; Sa. 7.00–13.00 Uhr). Beim **Wochenmarkt** werden vor allem regionale Produkte und Blumen angeboten (Montfortplatz vor dem Rathaus; Di. 8.00–13.00 Uhr).

INFORMATION

TIB Tourist-Info-Büro, Montfortstr. 41,
88069 Tettnang, Tel. 07542 51 05 00,
www.tettnang.de

❹ Lindau

Malerisch liegt die über Bahndamm und Autobrücke mit dem Festland verbundene Inselstadt (24 800 Einw.) im Bodensee, direkt an der Grenze zu Österreich. Die urspr. Fischersiedlung gehörte einst zu einem im 9. Jh. gegründeten Damenstift und wurde im 13. Jh. zur Reichsstadt,

„Der See verstärkt alles. Das Trübe verstärkt er und das Schöne verstärkt er."

Martin Walser, 1927 in Wasserburg geboren

die ihren Wohlstand dem Handel verdankte. Das barocke Stadtbild entstand nach dem Stadtbrand von 1728. Bayerisch wurde Lindau 1805. Die Gewerbebereiche liegen heute auf dem Festland. Haupteinnahmequelle ist der Tourismus.

SEHENSWERT

Die Hafeneinfahrt mit dem **Neuen Leuchtturm** (36 m, 1856) und dem bayerischen Löwen gegenüber ist das Wahrzeichen der Stadt; von der Plattform des Turmes hat man eine gute Rundumsicht (s. S. 54). Im Zentrum der Altstadt liegt das **Alte Rathaus** (1422–1436) am Bismarckplatz, gotisch erbaut, während der Renaissance mit einem Stufengiebel verändert. In dem Haus mit der reich geschmückten Fassade fand 1496 ein Reichstag statt. Die **Maximilianstraße** mit den Patrizierhäusern aus dem 16. und 17. Jh. ist Einkaufsmeile. Am oberen **Schrannenplatz** steht mit der **Peterskirche** (Urspr. um 1000) Lindaus ältestes Gotteshaus; die Fresken der „Lindauer Passion" werden Hans Holbein d. Ä. zugeschrieben.

MUSEUM

Im barocken Bürgerhaus Zum Cavazzen (1729) mit schöner Bemalung und mediterran wirkendem Innenhof ist das **Stadtmuseum** untergebracht (zur Zeit wegen Sanierung geschl.). Das **Kunstmuseum** zeigt Kunst der Gegenwart (Maximilianstr. 52, www.kultur-lindau.de; April bis Sept. tgl. 10.00–18.00 Uhr).

AKTIVITÄTEN

„Zauberflöte", „Die Entführung aus dem Serail" oder „Hänsel und Gretel" – die **Lindauer Marionettenoper** im Stadttheater bringt große Opern auf die Bühne. Da das Theater nur rund 100 Plätze hat, sollte man rechtzeitig reservieren (Fischergasse 37, Tel. 08382 9 11 39 15, www.marionettenoper.de). In der **Spielbank Lindau** werden Roulette, Black Jack und Poker gespielt (www.spielbanken-bayern.de, tgl. 15.00–2.00 bzw. Fr. und Sa. bis 3.00, Automaten ab 12.00 Uhr).

UMGEBUNG

Die Seekirche St. Georg in **Wasserburg** (5 km westl.) ist von einem alten Pfarrfriedhof umgeben. Im benachbarten Museum im Malhaus (1597), das die Augsburger Kaufmannsfamilie Fugger als Gerichts- und Amtshaus erbauen ließ, kann man in die Vergangenheit der Halbinsel reisen (www.wasserburg-bodensee.de; Mai–Okt. Mi. 10.30–12.00, Do., Fr., So. 10.30 bis 12.30, Sa., So. 14.30–1700 Uhr Uhr). Das nördl. gelegene Naturschutzgebiet **Mittelseemoos** (Schabhaldenweg) ist ein artenreiches Flachmoor mit seltenen Pflanzen und Vögeln.
In **Nonnenhorn**, der dritten bayerischen Gemeinde am See, spielt der Wein eine große Rolle und damit auch die Besenwirtschaften, die hier „Rädle" heißen. Sie haben nur wenige Wochen im Jahr geöffnet (s. S. 115).

INFORMATION

Lindau Tourismus und Kongress GmbH, Alfred-Nobel-Platz 1, 88131 Lindau, Tel. 08382 26 00 30, www.lindau.de

Genießen Erleben Erfahren

DuMont Aktiv

Unter der surrenden Zigarre

Am liebsten würde man gar nicht mehr aussteigen aus der kleinen Gondel unter der riesigen surrenden Zigarre – ein Flug mit dem Zeppelin ist ein unvergleichliches Erlebnis. Doch spätestens nach zwei Stunden ist Schluss. Dann endet der längste Rundflug am Bodensee.

Die Stöckelschuhe sollte man zu Hause lassen, wenn man sich zum Zeppelinflug aufmacht. Bei der Sicherheitseinweisung und der Fahrt mit dem Shuttlebus würden sie ja nicht stören, aber wenn es dann zügig über die Flugwiese zur Einstiegstreppe geht, sind hohe Absätze hinderlich. Rund dreißig Meter muss man zu Fuß zurücklegen und dabei genau den Anweisungen des Bodenpersonals folgen, denn der Passagierwechsel bei einem Zeppelinflug ist eine ausgeklügelte Sache. Immer „zwei raus, zwei rein", damit das Luftschiff stabil in seiner Lage bleibt.

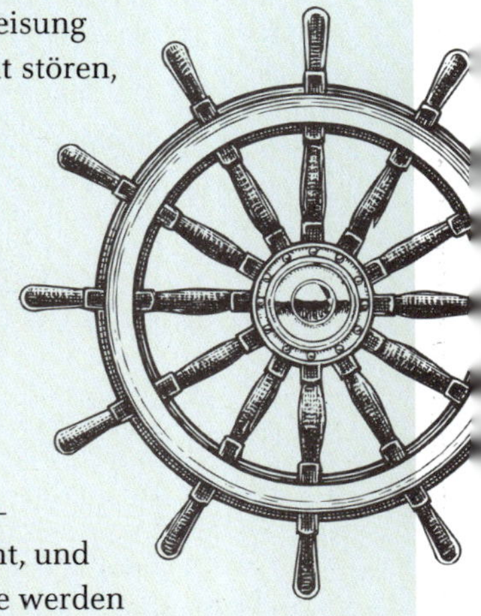

Dann anschnallen und sanft in die Höhe steigen. Bereits nach 300 Metern ist die Flughöhe erreicht, und die zwölf Passagiere dürfen sich abschnallen. Manche werden ganz still, andere müssen ihre Begeisterung mitteilen: Da der glitzernde See mit den zahlreichen Booten, dort die österreichischen und Schweizer Alpen, hier die Obstplantagen, Weinberge und Städte. Wer will, kann herumgehen, Fenster öffnen, fotografieren und dem Piloten – oder der einzigen Zeppelinpilotin – über die Schulter schauen. Am Ende sind sich alle einig: Egal wie lange der Flug gedauert hat, er war auf alle Fälle zu kurz.

Die **Zeppeline** starten und landen von Mitte März bis Mitte Nov. am Flughafen Friedrichshafen beim Messegelände.

Dauer der Rundflüge: 30–120 Min.

Kosten: je nach Route 255–850 €/Pers.

Flugbuchung: Tel. 07541 5 90 00 oder https://zeppelin-nt.de

Wer nicht selbst mitfliegen möchte, kann das Geschehen vom **Restaurant** „Zeppelin Hangar FN" aus verfolgen: www.zeppelin-hangar-fn.de

Werftführung: März–Nov. Di., Fr. 16.00 Uhr; Tel. 07541 5 90 03 43

Deutsche Zeppelin-Reederei GmbH, Messestr. 132, 88046 Friedrichshafen

Ein Stück Österreich

Wie ein Schaufenster Österreichs liegt Bregenz am östlichen Ufer des Bodensees. Der Stadt bleibt nicht viel Platz, um ihre großen Schätze zu präsentieren. Direkt neben der Kultur beansprucht die Natur ihren Platz, im bedeutenden Vogelschutzgebiet des Rheindeltas. Hinter der Festspielstadt erstreckt sich das dicht besiedelte Rheintal – und dann ist es nicht mehr weit bis nach Liechtenstein.

Mit herrlichem Blick: Auf dem Fischersteg lässt sich der Spaziergang entlang der Bregenzer Uferpromenade angenehm unterbrechen.

Mit überraschenden Details faszinieren die Aufführungen auf der Bregenzer Seebühne.

Eine Großskulptur: der gläserne Kubus des Bregenzer Kunsthauses

Die Bühnenbilder der Bregenzer Festspiele sind allein schon eine Reise wert – hier bei Mozarts „Zauberflöte".

Der Martinsturm, Wahrzeichen und Teil der Stadtmauer um die Bregenzer Oberstadt

„Ohne Frauen läuft nichts", so lautet das Motto des Bodensee-Frauenlaufs Ende Mai von Lochau über die Uferpromenade nach Bregenz.

Spektakuläre Bühnenbilder gehören seit jeher zum „Spiel auf dem See" in Bregenz.

Erstaunlich, was die Österreicher mit ihrem sowieso schon kleinen Bodenseeufer in den 1960er-Jahren vorhatten. Neben die Eisenbahntrasse, die seit Beginn des 20. Jahrhunderts bereits am Ufer entlangführte, wollten sie auch noch eine Autobahn legen. Aber das war den Bregenzern dann doch zu viel. Bei einer Volksbefragung im Jahr 1960 sagten neunzig Prozent Nein zu den Plänen. Und als die Bürger 1969 nochmals nachdrücklich protestierten, gaben die Politiker endgültig nach. Heute führt die Autobahn durch den Pfändertunnel, und die Seeanlagen wurden 2010 so umgebaut, dass Gäste und Einheimische dort gern spazieren gehen oder sich in eines der Cafés setzen, um die Möwen und die Schiffe der Weißen Flotte zu beobachten.

Kubus für die Kunst

Aber es lohnt sich auch, dem See den Rücken zuzuwenden. Jenseits der Seestraße steht eines der herausragenden Museen für zeitgenössische Kunst in Europa. Aus Glas, Stahl und Beton wurde ein Solitär für die Kunst geschaffen. Die Fassade spiegelt den See und den Himmel – unterschiedlich zu jeder Tages- oder Jahreszeit, sodass die einen von einem grünen, die anderen von einem schwarzen Kubus sprechen, je nachdem wann sie eben da waren. Seit 1997 zeigt das Kunsthaus Bregenz vor allem Werke zeitgenössischer österreichischer Künstler. Ein Bezug zum Land, den auch das 2013 neu eröffnete Vorarlberg-Museum immer wieder betont. Mit einem klar strukturierten Neubau, auf dessen Fassade Betonblüten blühen, setzt das Museum ein Gegengewicht zum Kunsthaus und führt gleichzeitig in die Stadt hinein. Direkt hinter dem Museum liegt der Kornmarkt, ein guter Ausgangspunkt für einen Altstadtbummel. Auch wenn es etwas mühsam erscheint – den Stadtsteig in die Oberstadt sollte man auf alle Fälle begehen. Hinter dem Unteren Tor beginnt eine andere Welt. So lebhaft es in der Unterstadt ist, hier in der Oberstadt herrscht Ruhe. Genau richtig für die zahlreichen Künstler vor ihren Staffeleien, um die romantischen Motive festzuhalten.

Bond im Festspielhaus

Weniger romantisch, eher gigantisch nehmen sich die Kulissen auf der Seebühne der Festspiele aus. Spektakuläre Bühnenbilder gehören seit jeher zu den Bregenzer Inszenierungen – 2008 schafften es die Kulissen zu „Tosca" sogar in den James-Bond-Film „Ein Quantum Trost". Zehn Tage lang drehte das Team vor Ort, für siebeneinhalb Minuten Film.

Mit der Pfänderbahn geht es bequem hinauf auf Bregenz' Hausberg, und das seit neunzig Jahren. Die Szene darunter gehört der Vergangenheit an: Die Adlerwarte auf dem Pfänder wurde geschlossen und zeigt jetzt jeden Sommer Kunstausstellungen.

Nach einem gewaltigen Bergsturz 2011 in der Rappenlochschlucht bei Dornbirn – einer der größten Schluchten Mitteleuropas – bieten seit 2013 neue Steige eindrucksvolle Blicke in die Tiefe.

Die Feldkircher Marktgasse gilt als Herz der Stadt. Hier lässt sich nicht nur bummeln und einkaufen, hier finden seit jeher auch Wochenmärkte, Weinfeste und Brauchtumsveranstaltungen statt.

Leider ist das „Spiel auf dem See“ nicht immer wettersicher. Dass es 2013 keine einzige Absage wegen Regens gab, kennzeichnete die Saison als absolute Ausnahme. Regelmäßige Festspielgäste wissen auch, dass es auf der Tribüne unter Umständen empfindlich kühl sein kann. Dennoch lassen sich jedes Jahr von Neuem rund 250 000 Besucher gern auf dieses Risiko ein.

Den Überblick bewahren

Das alles sieht man sich am besten noch mal von oben an. In nur sechs Minuten schweben die Kabinen der Pfänderbahn auf den 1064 Meter hohen Hausberg der Bregenzer. Bei guter Sicht sind die meisten Gipfelstürmer erst einmal sprachlos angesichts der Weite des Sees und der 240 Alpengipfel rundum. In der Ferne lassen sich das Rheintal und die Mündung des Flusses in den See erkennen. Insgesamt 235 Bäche und Flüsse fließen in den Bodensee – keiner bringt so viel Wasser mit wie der Rhein. Aber auch keiner so viel Sand, Kies und Schotter. Über drei Millionen Kubikmeter Sedimente lagert der Alpenrhein hier jährlich ab. Bis zum Beginn des 20. Jahrhunderts floss er noch als Grenze zur Schweiz in den See. Aber nach vermehrten Überschwemmungen entschlossen sich beide Anrainerstaaten, den Flusslauf um zehn Kilometer zu verkürzen, um das Gefälle und damit die Schubkraft des Wassers zu erhöhen. Seither ist der Rhein in diesem letzten Abschnitt komplett österreichisch. Das Areal zwischen altem und neuem Rhein haben Hunderte, zum Teil sehr seltene Vogelarten erobert, die hier brüten oder sich auf ihrem Zug über die Alpen ausruhen.

Strukturwandel im Rheintal

Neunzig Kilometer legt der Rhein auf seinem Weg vom Quellgebiet im schweizerischen Graubünden bis zum Bodensee zurück, auf dem letzten Abschnitt in einem fast zehn Kilometer breiten Tal, einem der am dichtesten besiedelten Gebiete Österreichs. Allein zwischen

Aus einem mittelalterlichen Wehrbau wurde über die Jahrhunderte ein wohnliches Schloss.
Seit 1939 ist Schloss Vaduz Domizil der fürstlichen Familie.

Das Rote Haus in Vaduz, samt Wohnturm und Torkel, hatte im Lauf der Jahrhunderte verschiedene Besitzer, darunter das Kloster St. Johann im Kanton St. Gallen.

Liechtensteins Hauptort Vaduz zeigt eine Mischung aus Tradition und Moderne. 2002 konnte die Centrum Bank ihre neuen Räume beziehen (oben). Wie aus Holz errichtet, wirkt das Landtagsgebäude (unten links) als reizvoller Kontrast zum alten Regierungsgebäude (unten rechts).

Bregenz und Dornbirn wohnt etwa die Hälfte aller Vorarlberger. Sie leben weniger vom Tourismus als von metallverarbeitenden Betrieben und von der Hochtechnologie. Seit dem Ende des 18. Jahrhunderts bestimmte eine florierende Textilindustrie das wirtschaftliche Geschehen. Doch in den 1970er-Jahren konnten die kleinen und mittleren Betriebe auf dem internationalen Markt nicht mehr mithalten. Zwischenzeitlich haben sich Maschinen- und Stahlbau, Elektro- und chemische Industrie angesiedelt, alle spezialisiert und mit durchschnittlich einem Dutzend Beschäftigten ähnlich kleinteilig organisiert wie früher die Familienbetriebe im Textilbereich.

Aber nicht alle ehemaligen Fabriken wurden in neue Betriebe umgewandelt. Manche bekamen eine neue Nutzung, zum Beispiel das „Gütle" bei Dornbirn. Mit 11 000 Spindeln eröffnete dort 1864 Franz Martin Hämmerle eine Spinnerei, die sich gut entwickelte. 1890 wurde sogar ein eigener Stausee angelegt, um Strom für die Fabrik zu produzieren – der Staufensee zwischen der Rappenloch- und der Alplochschlucht. Hundert Jahre später war dennoch Schluss. Was auf 3500 Quadratmeter Ausstellungsfläche Platz schuf für die unzähligen Edellimousinen des Rolls-Royce-Museums und für 120 Krippen aus aller Welt im benachbarten Krippenmuseum.

Wichtiger Handelsplatz

Eine ähnliche Entwicklung ist der alten Handelsstadt Feldkirch widerfahren. Die mittelalterlichen Laubengänge an der Marktgasse erinnern daran, dass die Stadt einst ein wichtiger Handelsplatz war. Heute sind es auch hier die kleinen, innovativen Betriebe, die den Wirtschaftsstandort prägen. Und Feldkirch ist nach wie vor Einkaufsstadt, mit einem großen Einzugsgebiet bis ins Fürstentum Liechtenstein – obwohl sich das Fürstentum 1923 von Österreich löste und per Zollvertrag der Schweiz zuwandte, weshalb der Schweizer Franken auch die offizielle Währung ist. Man kann aber genauso gut in Euro bezah-

Liechtenstein ist nicht nur Finanzwesen, es zeigt auch weite alpine Landschaften.

Am Staatsfeiertag wird geflaggt – bis in die hintersten Winkel Liechtensteins.

Einen ungewöhnlichen Anblick bieten die Lamas vom Hof Triesenberg, hoch oben bei Malbun.

Staatsfeiertag im Rosengarten vor den ältesten Gebäudeteilen von Schloss Vaduz.

len, schließlich zählt die konstitutionelle Erbmonarchie dazu, wenn von der Vier-Länder-Region Bodensee die Rede ist, obwohl sie ja nun wirklich nicht am See liegt. Mehr als 4000 Unternehmen sind in dem kleinen Land aktiv, sechzig Prozent im Dienstleistungssektor, und das sind vor allem Banken.

Geheimtipp für Skifahrer

Aber Liechtenstein ist mehr als ein attraktiver Finanzplatz – es ist auch ein guter Urlaubsort. Als Wintertipp gilt die 1600 Meter hoch gelegene Gemeinde Malbun. Von der Trainingspiste bis zu anspruchsvollen Abfahrten ist für jeden etwas dabei. Die Bergbahn fährt sommers wie winters, denn die Liechtensteiner wandern auch gern. Wo sonst kann man bei einer lediglich viertägigen Tour sämtliche Berghütten eines Landes kennenlernen?

Liechtenstein ist mehr als ein attraktiver Finanzplatz – es ist auch ein guter Urlaubsort.

Was es allerdings nicht gibt im Fürstentum, ist ein Flugplatz oder eine Autobahn. Dafür hat man eine eigene Universität. Und den Architekturstudenten bieten sich im „Städtle“, wie die Hauptstraße in Vaduz heißt, gleich zwei spektakuläre Anschauungsobjekte. Zum einen das Landtagsgebäude mit dem spitzgiebeligen Hohen Haus und den Abgeordnetenbüros, errichtet aus einer Million Ziegelsteinen, die aus der Ferne wie Holz wirken. Zum anderen fällt das Kunstmuseum auf, ein Milleniumsgeschenk privater Stifter an das Land Liechtenstein. Die Sammlung moderner und zeitgenössischer Kunst ist in einem Quader aus schwarz eingefärbtem Zement mit eingeschlossenen Flusskieseln und schwarzem Basaltstein untergebracht. Innen wird die Kunst dagegen an weißen Wänden präsentiert.

BERUFSFISCHEREI

Die Sorgen der Bodenseefischer

Mit ausgebreiteten Flügeln sitzt der schwarze Vogel stoisch auf einem Pfahl und nimmt ein Sonnenbad. Satt und zufrieden, denn sein Fang im Bodensee war gut. In manchem Berufsfischer kocht dagegen die Wut, wenn er seine Konkurrenz so ruhig in der Sonne sitzen sieht.

Berufsfischerei am Bodensee – ein aussterbendes Gewerbe?

Aus rund zehn Meter Tiefe holt der Kormoran seine Nahrung, manche Vögel tauchen gar bis zu vierzig Meter tief. Nicht immer gelingt der Beutezug auf Anhieb, und so hinterlässt der gänsegroße Vogel relativ häufig verletzte Fische. Etwa ein halbes Kilo Fisch frisst der Tauchvogel am Tag. Bei einem Bestand von rund tausend Vögeln ergibt das eine ganze Menge, die den Berufsfischern am Bodensee in ihren Netzen fehlt. Seit 2010 dürfen Kormorane deshalb zwischen Mitte August und Mitte März gejagt werden, allerdings nur außerhalb von Vogel- und Naturschutzgebieten.

Bodenseefischerin Edith Dickreiter fährt auf den See hinaus und bringt ihren Fang an Land.

Konkurrenten beim Fischfang

Man hofft den lästigen Konkurrenten so zu vertreiben – nicht gerade zur Freude des Naturschutzbundes Baden-Württemberg. Der verweist darauf, dass der Kormoran am Bodensee um 1900 beinahe ausgerottet war. Dass der Bestand ab Ende der 1970er- bis Anfang der 1990er-Jahre wieder stetig anstieg, sieht man beim NABU als Erfolg des Naturschutzes. Einen Zusammenhang zwischen den Kormoranbeständen und dem Rückgang der Fangquoten, insbesondere bei Felchen, können die Naturschützer nicht erkennen. Die Kormorane würden sich vor allem von Weißfischen ernähren, die für die Berufsfischer uninteressant seien, sagen sie.

Der See ist zu sauber

In der Tat macht den Fischern rund um den Bodensee noch ein weiteres Phänomen zu schaffen: Der See ist zu sauber. Nachdem aus dem vor hundert Jahren noch natürlichen Voralpensee durch die eingeleiteten Abwässer ein völlig überdüngtes Gewässer geworden war, investierten die Kommunen in den 1970er- und 1980er-Jahren in moderne Kläranlagen. In der Folge sank der stark überhöhte Phosphorwert, aber nun so tief, dass dem Plankton die Nährstoffe fehlen, was sich auf die Nahrung der Fische auswirkt. So mancher Bodenseefischer fürchtet um seine Zukunft, wenn die Fangquoten weiter sinken. Denn am Ufer warten die Gastronomen auf die frischen Fische aus dem See. Sie nehmen rund vier Fünftel des Fangs ab und wünschen sich verständlicherweise eine gewisse Lieferkontinuität.

Felchen sind die Lieblinge

Vor allem Felchen haben die Touristen am Bodensee gern auf dem Teller. Seit sich diese Fische rar machen, bieten die Köche oftmals auch gemischte Fischteller an, schließlich gibt es rund dreißig Fischarten im See. Zwischen 15. Oktober und 10. Januar dürfen ohnehin keine Felchen gefangen werden, dann ist Schonzeit. Ausnahmen: Anfang Dezember und kurz vor Weihnachten. Um den Nikolaustag herum werden die laichreifen Felchen gefangen. Die Eier der Weibchen streifen die Fischer in einen Eimer ab, ebenso das Sperma der Männchen. Die so befruchteten Eier kommen in eine der Fischbrutanstalten am See, die die Jungfische im Frühjahr wieder aussetzen. Neben der Renaturierung der Ufer für ein besseres Nahrungsangebot ist das ein Weg, um den Bestand zu stabilisieren. Ja, und vor Weihnachten werden die Felchen dann als Festmahl aus dem See geholt.

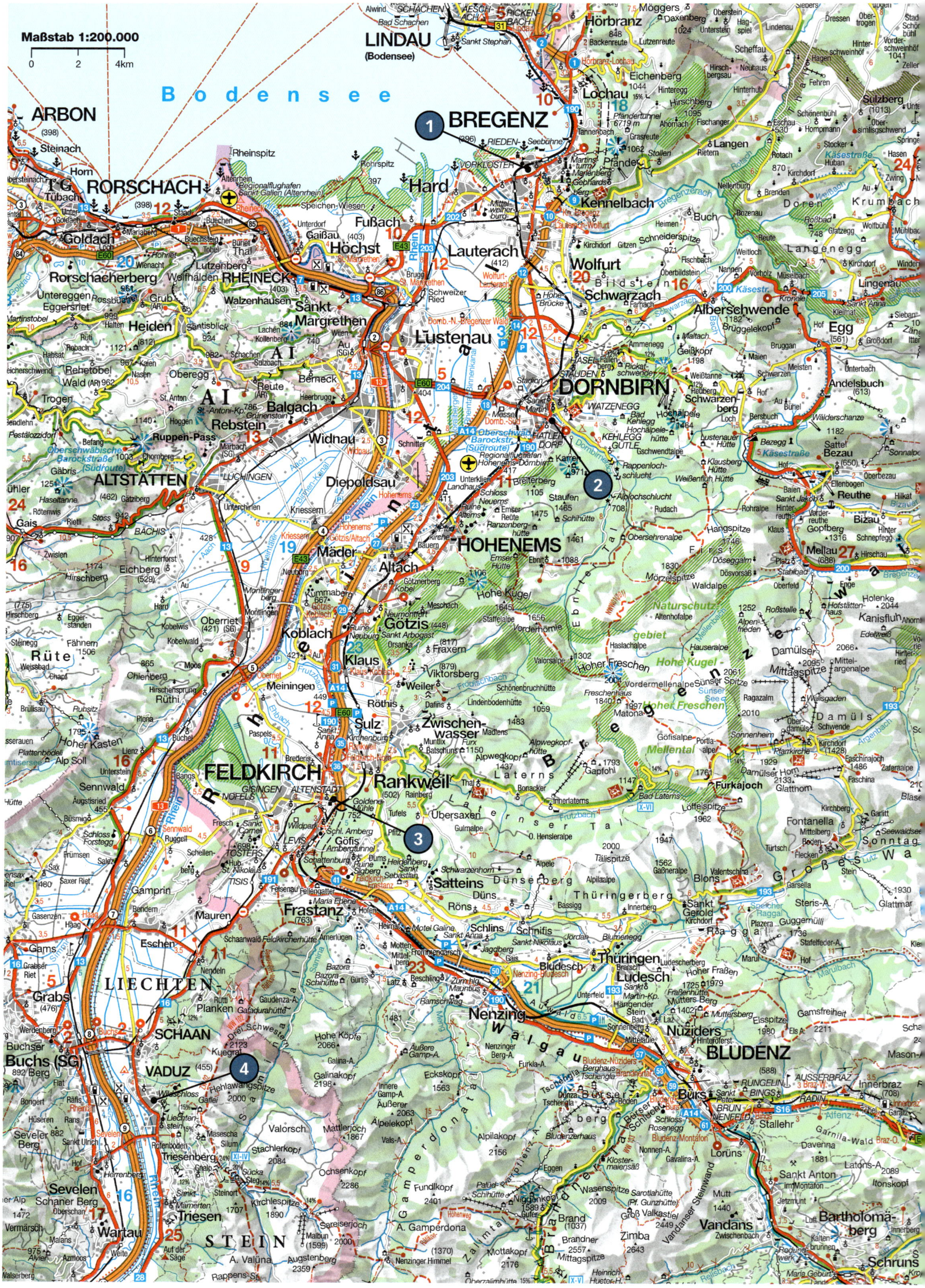
Maßstab 1:200.000
0 2 4km
Bodensee
LINDAU (Bodensee)
BREGENZ
ARBON
RORSCHACH
Hard
Höchst
Lauterach
Wolfurt
Kennelbach
Schwarzach
Rorschacherberg
RHEINECK
Sankt Margrethen
Heiden
Lustenau
DORNBIRN
Alberschwende
Egg
Andelsbuch
Balgach
Rebstein
Widnau
Diepoldsau
ALTSTÄTTEN
HOHENEMS
Altach
Mäder
Götzis
Koblach
Klaus
Rüte
Oberriet
Meiningen
Röthis
Sulz
Zwischenwasser
FELDKIRCH
Rankweil
Göfis
Satteins
Frastanz
Schlins
Thüringen
Ludesch
Nenzing
Nüziders
BLUDENZ
Bürs
LIECHTENSTEIN
SCHAAN
VADUZ
Buchs (SG)
Grabs
Triesen
Sevelen
Wartau
Triesenberg
Vandans
Bartholomäberg
Schruns
Lorüns
Damüls
Furkajoch
Laternser Tal
Walgau
Großes Walsertal
Naturschutzgebiet Hohe Kugel - Hoher Freschen - Mellental
Bregenzerwald
Rheintal
1
2
3
4

Vom See hinauf zum Fürsten

Am 28 Kilometer langen österreichischen Bodenseeufer nehmen Bregenz und das Rheindelta den meisten Platz ein. Das Rheintal dahinter ist eines der am dichtesten besiedelten Gebiete Österreichs. Der Weg führt über Dornbirn und Feldkirch direkt ins feine Fürstentum Liechtenstein.

1 Bregenz

Die Landeshauptstadt Vorarlbergs (30 000 Einw.) gilt als Kulturhauptstadt am Bodensee. 15 v. Chr. kamen die Römer und bauten das keltische Brigantion zu einer Stadt mit 9 m breiter Hauptstraße aus. Um 1250 gründeten die Grafen von Montfort die Stadt neu. 1330 erhielt Bregenz zwar Marktrecht, konnte sich aber gegen das übermächtige Lindau nicht behaupten, sodass im Mittelalter Landwirtschaft und Weinbau die bedeutendsten Erwerbszweige blieben. Im 19. Jh. setzte sich Bregenz gegen Feldkirch als Tagungsort des Landesparlaments durch und wurde 1923 Landeshauptstadt. Im 19. und 20. Jh. brachte u. a. die Textilindustrie wirtschaftliche Bedeutung. Berühmt ist die Stadt für ihre Festspiele alljährlich im Hochsommer.

Tipp

Kultur unter Kirchenkuppel

Wem der ganze Rummel am See und auf dem Pfänder zu viel wird, findet in der Vorarlberger Landesbibliothek und drumherum einen Ort der Ruhe und Erhabenheit, im wahrsten Sinne des Wortes. Man muss nämlich hochsteigen zu der ehemaligen Stiftskirche des Benediktinerstifts St. Gallus, die Anfang der 1990er-Jahre in eine Bibliothek umgebaut wurde. Rund 20 Minuten dauert das vom Seeufer aus, aber dann blickt man gelassen über den See und das touristische Treiben hinweg. Oder man zieht sich in den prachtvollen Kuppelsaal zurück und liest ein wenig. Wer Glück hat, kann an einem Abend eine Lesung oder ein Konzert unter der eindrucksvollen Kuppel hören.
Mo.–Fr. 9.00–18.30, Sa. bis 13.00 Uhr; Fluher Straße 4, Bregenz, Tel. 0043 5574 51 14 41 00, https://vlb.vorarlberg.at

Naturschutzgebiet Fußacher Bucht; Badespaß in der Mili

SEHENSWERT
Bregenz teilt sich in die moderne Unterstadt und die noch mittelalterlich anmutende enge Oberstadt. Blickfang am Seeufer ist der Glaskubus des **Kunsthauses KUB** (1997) vom Schweizer Architekten Peter Zumthor. Zwei Häuser weiter liegt das **Vorarlberg Museum** (2013) am Weg in die Innenstadt, zum neu gestalteten Kornmarkt. Durch die Fußgängerzone geht es zur Kirchstr. 29, dem mit 57 cm Fassadenbreite wohl schmalsten Haus Europas. Über den Stadtsteg erobert man die hoch gelegene **Oberstadt** mit **Martinsturm** (14.–16. Jh.), barockem **Deuring Schlössle** (1690) und dem Fachwerkbau des **Alten Rathauses** (1662). Zurück am Seeufer, führt ein Spaziergang von der **Bregenzer Seebühne** über das Casino und den Hafen bis zur **Mili,** der aus dem 19. Jh. stammenden ehem. Militärbadeanstalt.

MUSEEN
Das Gebäude des **Kunsthauses Bregenz** TOPZIEL ist für sich schon ein Kunstwerk; es bietet viel Raum für zeitgenössische Kunst (Karl-Tizian-Platz, www.kunsthaus-bregenz.at; tgl. 10.00 bis 20.00 Uhr). Das neu konzipierte **Vorarlberg Museum** zeigt auf moderne Weise Exponate aus Archäologie, Geschichte, Kunstgeschichte und Volkskunde (Kornmarktplatz 1, www.vorarlbergmuseum.at; Di.–So. 10.00–18.00, Do. bis 20.00 Uhr). Der **Martinsturm** mit seinen mittelalterlichen Fresken ist zugleich geschichtlicher Ausstellungsraum (Oberstadt, Tel. 0043 5574 4 10 15 60; Mai–Okt. Di.–So. 10.00–18.00 Uhr).

AKTIVITÄTEN
Auf der Seebühne der **Bregenzer Festspiele** TOPZIEL neben dem Festspielhaus stehen monumentale Bühnenbauten, die auch im Winter zu besichtigen sind. Während der Festspielzeit Mitte Juli bis Mitte Aug. ermöglichen mehrmals tgl. Führungen einen Blick hinter die Kulissen (www.bregenzerfestspiele.com).
Über die Zeiten des Linienverkehrs zwischen Ostern und Okt. hinaus bietet die österreichische **Bodensee-Schifffahrt** Kreuzfahrten an (www.vorarlberg-lines.at).

EINKAUFEN
Seit 1950 produziert **Wolford** Strümpfe und Wäsche der Spitzenklasse in Bregenz. In der Boutique in der Wolfordstraße 1 wird die aktuelle Kollektion angeboten, im Factory Outlet in der Wolfordstraße 2 Günstiges aus der Vorsaison (Mo.–Fr. 9.00–19.30, Sa. bis 17.00 Uhr).

AKTIVITÄTEN

Das Seeufer lädt zum **Spazieren und Walken** ein. Baden kann man ganzjährig im **Strand- und Hallenbad** neben dem Festspielhaus (Strandweg 1, www.stadtwerke-bregenz.at; Strandbad Mai–Sept. meist ab 9.00, Hallenbad bei schlechtem Wetter sowie Sept.–April Di.–Fr. 9.00–21.00, Sa. bis 19.00, So./Fei. 10.00–19.00 Uhr). In der Bregenzer Bucht steht jenseits des Hafens das **Nostalgiebad Mili** auf Holzpfählen im Wasser (Reichsstr. Höhe Kiosk, www.stadtwerke-bregenz.at; Mai–Sept. Kernzeit tgl. 11.00–18.00 Uhr).

UMGEBUNG

Auf dem Bregenzer Hausberg **Pfänder** TOPZIEL (1064 m) hat man nicht nur ein einzigartiges Bodenseepanorama vor sich, sondern im Alpenwildpark auch Steinböcke, Mufflons und andere Tiere um sich. Vom Spaziergang bis zur Tagestour findet sich eine Vielzahl an Routen (www.pfaender.at). Der Aufstieg geht am schnellsten mit der Pfänderbahn (Steinbruchgasse 4, Tel. 0043 5574 42 16 00, www. pfaenderbahn.at; Dez.–Okt. tgl. 8.00–19.00 Uhr.

INFORMATION

Bregenz Tourismus und Stadtmarketing, Rathausstr. 35 a, A-6900 Bregenz, Tel. 0043 5574 4 95 90, www.bregenz.travel

❷ Dornbirn

Mit Aufblühen der Textilindustrie im 19. Jh. gewann die größte Stadt Vorarlbergs (50 000 Einw.)

Alplochschlucht; Rolls-Royce-Museum Dornbirn

an Bedeutung und ist bis heute die Wirtschaftshochburg Vorarlbergs geblieben, auch als bedeutender Messestandort. 895 erwähnt, wechselten die Machthaber häufig, bis die Grafen von Ems Mitte des 15. Jh. die Herrschaft übernahmen. 1901 wurde Dornbirn Stadt. 1994 wurde die Fachhochschule Vorarlberg gegründet.

MUSEEN

Eine „Spurensuche" bietet das **Stadtmuseum** an, da nur wenig aus der Stadtgeschichte erhalten ist; umfangreich sind dagegen die Zeugnisse zur Textilgeschichte (Marktplatz 11, www.stadtmuseum.dornbirn.at; Di.–So. 10.00–17.00 Uhr). Die Erlebnisausstellung **inatura** gibt beeindruckende Einblicke in physikalische Phänomene sowie Lebensräume von Tieren und Pflanzen (Jahngasse 9, www.inatura.at; tgl. 10.00–18.00 Uhr). Nebenan zeigt der **Kunstraum** in einer ehem. Montagehalle zeitgenössische Werke (Jahngasse 9, www.kunstraum dornbirn.at; tgl. 10.00–18.00 Uhr).

UMGEBUNG

Mit der Seilbahn geht es auf den Hausberg **Karren** (976 m) – um die Aussicht zu genießen, gut zu essen oder zu wandern (Gütlestr. 6, Tel. 0043 5572 2 21 40, www.karren.at; So.–Do. 9.00 bis 23.00, Fr./Sa. bis 24.00 Uhr).

Am Gütle (5 km südöstl.) ist der Einstieg in die eindrucksvolle **Rappenlochschlucht** TOPZIEL, an deren Felswänden Besucher sehr gut die gefalteten Gesteinsschichten der Alpen erkennen können. Auf gesicherten Steigen geht es an Wasserfällen und Strudeltöpfen vorbei. Nach einer halben Stunde erreicht man den Staufensee und kann in die **Alplochschlucht** einsteigen (Ende April–Mitte Nov. ganztägig, geführte Wanderungen Juli/Aug. Do. 10.30 Uhr).

Am Beginn der Rappenlochschlucht liegt das **Rolls-Royce-Museum** (Gütle 11 a, www.rolls-royce-museum.at; Jan.–Dez. Di.–So. 10.00 bis 17.00 Uhr, Juli /Aug. tgl.). Im benachbarten **Krippenmuseum** stehen rund 120 Ausstellungsstücke aus der ganzen Welt (Gütle 11 c, www.krippenmuseum-dornbirn.at; Mai–Anf. Jan. Di.–So. 10.00–17.00 Uhr).

INFORMATION

Dornbirn Tourismus und Stadtmarketing, Rathausplatz 1 a, A-6850 Dornbirn, Tel. 0043 5572 22 18 80, www.dornbirn.info

❸ Feldkirch

Die heimliche Hauptstadt Vorarlbergs (34 000 Einw.) ist Heimat zahlreicher Institutionen wie dem Landeskonservatorium oder der Pädagogischen Hochschule. Feldkirch ist zudem Bischofssitz. Die 1218 erwähnte Stadt der Grafen Montfort hat römische Wurzeln und kam 1375 an die Habsburger. Handel über die Alpen war die Basis des jahrhundertelangen Wohlstands.

SEHENSWERT

Die mittelalterliche **Altstadt** ist bestens erhalten. Der **Katzenturm,** Zugang zur Stadt vom Busbahnhof aus, ist Teil der Stadtbefestigung (um 1500); „Katzen" sind in diesem Fall Kanonen. Über den Hirschgraben kommt man zum **Churer- und Salztor** (1491) mit sechsstöckigem Turm. Über die Montfortgasse geht es zum **Pulverturm** (1460) und weiter nach links zum Leonhardsplatz. Mittelalterliche Pracht mit Laubengängen, Patrizierhäusern und teils gotischen Erkern lädt zum Bummeln in der **Marktgasse** ein. Über Kreuz- und Herrengasse geht es zum prächtig ausgestatteten **Dom St. Nikolaus** (15. Jh.) und über den Domplatz zum **Rathaus** (urspr. 1493) mit Fresken zur Stadthistorie. Über allem thront die **Schattenburg** (urspr. um 1260), einst Sitz der Grafen von Montfort.

MUSEEN

Wohnräume aus früheren Jahrhunderten, sakrale Kunst und eine große Waffensammlung zeigt das **Museum in der Schattenburg** (www.schattenburg.at; April–Okt. Mo.–Fr. 9.00–17.00, Sa./So./Fei. ab 10.00, sonst Di.–Fr. 13.30–16.00, Sa./So./Fei. ab 11.00 Uhr). 240 Schützenscheiben aus 650 Jahren hat die Hauptschützengilde Feldkirch in der **Wirtschaft Zum Schützenhaus** versammelt (Göfiser Str. 2, www.hsg-feldkirch.at; Mo., Do., Fr. ab 17.00, Sa./So./Fei. ab 10.00 Uhr).

AKTIVITÄTEN

Luchs, Fuchs und Murmeltier sind einige von 18 Tierarten, die im **Wildpark Feldkirch** leben; neben dem Wildpark wurde ein Waldlehrpfad angelegt (Ardetzenweg 20, www.wildpark-feldkirch.at; frei zugänglich).

Tipp

Ins Kaffeehaus

Wiener Kaffeehauskultur ist auch im Vorarlberger Feldkirch zu finden. Klassische Mehlspeisen, hausgemachte Pralinen, kleine Mittagessen oder ein gutes Glas Wein – das „Zanona" ist auf alle Kundenwünsche vorbereitet. Die Zeitung hängt in greifbarer Nähe, schwere Ledersessel laden zum Verweilen ein, Kaffee gibt es in zahlreichen Varianten.

Mo. 8.00–20.00, Di.–Fr. bis 24.00 Uhr; Montfortgasse 3, Feldkirch, Tel. 0043 5522 7 36 35, www.zanona.at

INFORMATION
Stadtmarketing und Tourismus Feldkirch, Montforthaus, Montfortplatz 1, A-6800 Feldkirch, Tel. 0043 5522 7 34 67, www.feldkirch.travel

4 Liechtenstein

Zum Kleinstaat mitten in Europa (37 500 Einw.) gehören elf Gemeinden. In der Hauptstadt Vaduz liegt die Residenz des Fürsten, sitzen Regierung und Landtag sowie die Universität für 800 Studierende. Zu Römerzeiten führte eine wichtige Heerstraße den Rhein entlang durch die Region. Unterschiedliche Herrschaftsgebiete wurden 1719 zum Reichsfürstentum Liechtenstein vereinigt; seit 1923 besteht eine Zollunion mit der Schweiz. Das Ländchen ist heute eine „konstitutionelle Erbmonarchie auf demokratisch-parlamentarischer Grundlage“. Seit 2004 regiert Erbprinz Alois (geb. 1968) das Fürstentum.

SEHENSWERT
Neues Wahrzeichen von **Vaduz** ist seit 2008 das moderne **Landtagsgebäude,** das an ganz archaische Aufgaben eines Hauses als Obdach erinnert. Neubarock zeigt sich das benachbarte **Regierungsgebäude** (1905). Über allem ragt seit über 800 Jahren das wehrhaft wirkende **Schloss Vaduz** auf, das 1939 Wohnsitz der Fürstenfamilie wurde.

MUSEEN
In einem schwarzen Kubus präsentiert das **Kunstmuseum** Zeitgenössisches, aber auch Alte Meister aus der fürstlichen Sammlung (Städtle 32, www.kunstmuseum.li; Di.–So. 10.00 bis 17.00, Do. bis 20.00 Uhr). Das **Landemuseum** ist der Geschichte Liechtensteins verpflichtet, im angeschlossenen **Postmuseum** findet sich eine Sammlung der seit 1912 herausgegebenen Briefmarken (Landesmuseum, Städtle 43, Tel. www.landesmuseum.li; tgl. 10.00–17.00 Uhr; Postmuseum, Städtle 37, tgl. 10.00–17.00 Uhr).

VERANSTALTUNGEN
Um den **Nationalfeiertag** am 15. Aug. bietet die **Fürstenwoche** vielerlei Attraktionen, von Wanderungen über Genuss bis zum Feuerwerk.

SPORT
Liechtenstein hat Routen für **Wanderer** und **Mountainbiker**. Malbun (1602 m), der **Wintersportort** des Landes, bietet 23 km Pisten.

RESTAURANT
Kässpätzle schmecken in der **€€ Wirtschaft Zum Löwen** besonders gut, aber auch alles andere ist lecker in der urigen Gaststube oder im Garten mit Alpstein-Blick (Winkel 5, Schellenberg, Tel. 00423 373 11 62, www.loewen.li; Mi./Do. Ruhetag).

INFORMATION
Liechtenstein Center, Städtle 39, FL-9490 Vaduz, Tel. 00423 239 63 63, www.tourismus.li

Genießen Erleben Erfahren

DuMont Aktiv

Paradies für Vogelfreunde

Das Rheindelta zwischen der Schweizer Grenze und dem österreichischen Hard ist eines der bedeutendsten Vogelschutzgebiete Europas. Bei einer Wanderung kann man hier einen Gelbspötter, Wendehals oder eine Zitronenstelze treffen.

Mehr als 370 Vogelarten lassen sich im Laufe eines Jahres im Rheindelta nieder. Manche machen nur kurz Rast auf ihrem Weg in den Süden oder am Alpennordkamm entlang, andere brüten in den Flachwasserzonen oder auf den Schwemmlandinseln und ziehen hier ihre Jungen auf. Anfang des 20. Jahrhunderts wäre das noch nicht möglich gewesen. Da streiften die Fischer durchs Gelände, um die Nester ihrer gefiederten Konkurrenz auszuheben. Doch mittlerweile ist die Vogelwelt ebenso geschützt wie auch die 600 unterschiedlichen Pflanzen, die 160 Wildbienenarten und die vierzig verschiedenen Libellen im Delta. Dazwischen stehen immer wieder frei weidende Rinder, die dafür sorgen, dass das Gebiet nicht verwaldet.

Damit der Bodensee nicht langsam verlandet, holen Bagger Geröll und Schlick aus der geraden Bahn, die man um 1900 zwischen Hard und Fußach für den Rhein angelegt hat, um Überschwemmungen zu vermeiden. Mit Erfolg. Aber der Rhein bringt nicht nur das meiste Wasser in den See, sondern auch die meisten Steine. Rechts und links des gezähmten Flusses kann man deshalb auf einem Damm weit in den Bodensee hineinwandern.

Im **Rheindeltahaus** informiert der Naturschutzverein Rheindelta über Flora und Fauna; er bietet auch geführte Wanderungen an. April–Okt. Sa./So. 11.00–17.00 Uhr; Im Böschen, A-6971 Hard, Tel. 0043 5578 7 44 78, www.rheindelta.org

Ab dem **Parkplatz Rheinholz** führt ein Weg entlang dem Alten Rhein bis zur Spitze der Landzunge (hin und zurück insgesamt 5 km).

Die **Fernwanderwege** 4 und 5, der **Bodensee-Rundweg** und der **Bodensee-Radweg** führen auf 8 km am Delta entlang.

Reise nach Mostindien

Mostindien? Klingt nicht allzu schmeichelhaft. Die Thurgauer nehmen es allerdings mit Humor, dass die Innerschweizer ihren Kanton so nennen. Schließlich leben sie sehr gut zwischen Obstplantagen und Weinbergen. Und die meisten arbeiten in Industrieunternehmen, die sich am schweizerischen Ufer des Bodensees niedergelassen haben. Nicht zuletzt wegen der guten Verkehrsanbindung Mostindiens an den Rest der Welt.

Vom Turm der Reformierten Kirche geht der Blick auf das Zentrum Heidens rund um den Kirchplatz.

Mann und Tier herausgeputzt zur alljährlichen Viehschau – bei Gais im Kanton Appenzell Ausserrhoden

Schloss Hagenwil bei Amriswil war bis Anfang des 19. Jahrhunderts eine Sommerresidenz der St. Galler Äbte.

Bei der Alpfahrt hinauf tragen die Senner die schweren Glocken die letzten Meter selbst.

Zum Pfingstgottesdienst kommen in Appenzell die alten Trachten zu Ehren.

Neben der Landwirtschaft spielen im Thurgau Industrie und Dienstleistungen eine wichtige Rolle.

Wie viele Inder in Mostindien leben, weiß niemand so genau. Seinen Spitznamen hat der Thurgau auch nicht deshalb bekommen, weil im Kanton besonders viele Inder wohnen würden. Es ist die Form des Landes, die den Umrissen Indiens ähnelt, und dazu kommen eben die vielen, vielen Obstbäume, aus deren Ertrag Most oder Saft gepresst wird. Dass die Saftmacher Humor haben, bewiesen sie mit Werbespots, in denen sie den waschechten Inder Anoop Singh Mudher mit einer Sitar unterm Apfelbaum für ihren Most werben ließen. Auch wenn fast jeder Vierte, der im Thurgau lebt, nicht aus der Schweiz, sondern aus einem von 135 Ländern der Welt kommt – Mudher gehört nicht zu ihnen. Er wohnt in Konstanz und betreibt dort zwei Restaurants; indische natürlich.

Bevorzugter Standort

Die Anziehungskraft des schweizerischen Bodenseeufers ist seit Jahren ungebrochen. Jeder dritte Zuzügler im Thurgau kommt aus Deutschland. Auch wenn das Land im Frühjahr angesichts der zahlreichen Obstplantagen in einem Blütenmeer versinkt, spielen Industrie und Dienstleistungen neben der Landwirtschaft eine wichtige Rolle. Im Vergleich mit der Gesamtschweiz liegt die Quote der Beschäftigten am Bodensee höher. Kleine und mittlere Unternehmen bearbeiten Metall, engagieren sich im Maschinenbau oder der Feinmechanik. Dass die Schweizer Bundesbahnen in Romanshorn direkten Anschluss an den deutschen Seehas-Express haben, der Flughafen Zürich gut erreichbar ist und die Fähre von Romanshorn nach Friedrichshafen gerade mal 45 Minuten unterwegs ist, sind weitere Standortvorteile.

Kunst am Arbeitsplatz

Eine, die diese Vorteile zu schätzen weiß, ist die Würth-Gruppe mit Hauptsitz im baden-württembergischen Künzelsau. Der Weltmarktführer im Handel mit Befestigungsmaterial, sprich Schrauben, Dübeln und Ähnlichem, hat in Rorschach ein Haus für sechs Firmen und 170 Mitarbeiter gebaut. Aber nicht irgendein Haus. Direkt am See steht ein Glaskubus von 150 Meter Länge, fünfzig Meter Breite und dreißig Meter Höhe, entworfen von den Zürcher Architekten Annette Gigon und Mike Guyer. Die Aussicht auf neue Arbeitsplätze und die Einbindung in einen international agierenden Konzern haben vermutlich dazu geführt, dass bei einem Abstimmungsentscheid 88 Prozent der Rorschacher das Projekt befürworteten.

Auf dem Säntis liegt den Besuchern alpine Landschaft zu Füßen – und Schnee noch bis in den Juni.

Zum Biedermeierfest in Heiden kann man sich von Rorschach aus stilvoll mit der Dampflok „Rosa" hinaufbringen lassen.

Der Säntis ist Ausflugs- und Wanderziel, aber auch Startrampe für unerschrockene Gleitschirmpiloten (links). Wer sich lieber am Boden verausgabt, kann zur 1300 Meter hoch liegenden Schwägalp radeln.

Vielleicht war für den einen oder anderen auch verlockend, dass der deutsche Unternehmer und Kunstsammler Reinhold Würth in dem Gebäude seine 15. Kunstdependance eröffnet hat, getreu seinem Motto, Kunst an den Arbeitsplatz zu bringen. Schön, dass nicht nur die Mitarbeiter des Unternehmens davon profitieren, sondern jeder, der sich für moderne Kunst interessiert. Und das bei freiem Eintritt und spektakulärer Sicht über den See.

Gerettete Buchschätze

Rorschach war im Mittelalter ein bedeutender Handelsplatz und ist sozusagen der Hafen St. Gallens. Das kulturelle und wirtschaftliche Zentrum der Ostschweiz soll der Legende nach durch einen Sturz entstanden sein. Man erzählt sich, dass der irische Mönch Gallus, der im Zuge der Christianisierung um 612 ins Steinachtal kam, dort in einen Dornbusch gefallen sei. Statt sich zu ärgern, nahm er dies als Zeichen Gottes und blieb. Das Kloster, das dann die Keimzelle für den heutigen Stiftsbezirk wurde, gründete Otmar von St. Gallen allerdings erst rund hundert Jahre später.

926 wurde das Kloster bei einem Einfall ungarischer Truppen niedergebrannt. Vermutlich enthielt die Bibliothek zu diesem Zeitpunkt schon mehrere Hundert Handschriften. Dass diese

Die prachtvolle Gestaltung der St. Galler Stiftsbibliothek steht der Bedeutung des dort aufbewahrten Wissens in nichts nach. Bei den Festspielen erklingt im Sommer Musik im Klosterhof vor der Kathedrale. In der Altstadt serviert die „Wirtschaft zur Alten Post" in der Gallusstraße traditionelle St. Galler Spezialitäten (im Uhrzeigersinn).

Schätze nicht verbrannten, sondern heute noch in der Stiftsbibliothek aufbewahrt werden, ist einer Einsiedlerin zu verdanken. Wiborada hatte das Unglück vorhergesehen und die Mönche dazu bewegen können, die Buchschätze auf die Insel Reichenau zu bringen. Sie selbst kam bei dem Einfall der Ungarn allerdings ums Leben.

Welterbe der Menschheit

Die Bücher sind längst nach St. Gallen zurückgekehrt und haben in der barocken Stiftsbibliothek ein sehr repräsentatives Heim gefunden. Wenn man in riesigen grauen Filzschlappen unter dem Portal mit der griechischen Inschrift „Psyches iatreion" hindurchschlurft, ist es tatsächlich, als käme man in einen

Die kostbaren Handschriften haben in der barocken Stiftsbibliothek ein sehr repräsentives Heim gefunden.

„Heilraum der Seele". Die Filzüberzieher müssen sein, damit das alte Parkett keinen Schaden nimmt, aber diese Unbequemlichkeit vergessen die Besucher spätestens dann, wenn sie in dem prachtvollen Saal der Bücherwelt stehen. In den Vitrinen zeigt die Bibliothek jährlich andere Handschriften der weltweit bedeutenden Sammlung aus dem 8. bis 11. Jahrhundert. Die Bibliothek gehört zum Stiftsbezirk, den die UNESCO 1983 ins Welterbe aufgenommen hat. Konkurrierten im Mittelalter weltliche und geistliche Macht miteinander, sodass der Fürstabt 1457 sogar seine Residenz nach Rorschach verlegte, weil kein Friede zu schaffen war, arbeiten Kantonsregierung und Bischof heute Seite an Seite im Stiftsbezirk.

Exquisites für die Haute Couture

Unter den alten Handschriften befindet sich auch ein Dokument aus dem 8. Jahr-

Auch am Südufer des Bodensees sind viele Ufer naturbelassen geblieben – wie hier bei Egnach.

Das Sportangebot ist vielfältig: Der Bodensee ist Anziehungspunkt für Surfer …

… und natürlich für Radler, die entweder lieber aufs Wasser schauen, als sich darin zu vergnügen – oder bei einer Pause beides verbinden.

Das Forum Würth in Rorschach steht allen Kunstfreunden offen. Gezeigt wird Modernes, zum Beispiel eine Nana-Skulptur von Niki de Saint Phalle.

Special

Textilien

St. Galler Stickerei ist Spitze

Zuerst Leinwand, dann Baumwolle: Seit dem frühen Mittelalter ist die Ostschweiz ein Textilland – mit den üblichen Branchenproblemen. Die St. Galler Stickerei jedoch hat ihren Weltruf bis heute behauptet.

Bis Ende des Zweiten Weltkriegs war die Textilindustrie der bedeutendste Wirtschaftszweig in den Kantonen St. Gallen, Appenzell Innerrhoden und Ausserrhoden sowie im Thurgau. Bereits im 8. Jahrhundert lieferten Bauern Leinwand ins Kloster St. Gallen. Zum Wirtschaftsfaktor wurde das Produkt durch den Fernhandel, der im 12. Jahrhundert seinen Aufschwung nahm.

Die Produktion wurde kontinuierlich gesteigert. Und da die Arbeiter in der Stadt mit der Nachfrage überfordert waren, stellten die Firmen immer häufiger Webstühle auf dem Land auf. Stimmte die Qualität, bekamen die Weber auf dem Land auch das gleiche Geld wie jene in der Stadt.

Im St. Galler Textilmuseum

Um 1730 setzte der erste Wandel in der Ostschweizer Textilindustrie ein. Immer mehr Baumwollstoffe wurden gewebt oder Baumwolle wurde dem Leinen beigemengt, um auch kostengünstigere Stoffe anbieten zu können. Auf der anderen Seite entwickelte sich mit den handbestickten Stoffen ein neues Luxusprodukt, das St. Gallens textilen Ruf in die Welt trug und bis heute von Bedeutung ist, wie das Textilmuseum der Stadt zeigt.

hundert, das berichtet, dass bereits damals die Bauern Flachs zu Leinenstoffen verarbeiteten. Sie waren damit die Vorläufer eines Industriezweigs, der in der Ostschweiz bis Mitte des 20. Jahrhunderts für großen Wohlstand sorgte. Auch heute noch sind Produkte wie die St. Galler Stickereien – feine Spitzen – gut nachgefragt, wenn auch vor allem in hochpreisigen Bereichen wie der Haute Couture.

Wer Meisterwerke der Stoffkunst auf der Straße sehen will, sollte zum Biedermeierfest nach Heiden fahren. Alle vier Jahre flanieren die Damen in ihren der Zeit entsprechenden Roben durch den Ort, schauen den Handwerkern bei der Arbeit zu und lassen ihre Schönheit im

St. Galler Spitzen sind vor allem in der Haute Couture gefragt.

Scherenschnitt verewigen. Der dazugehörige Herr trägt Zylinder, dessen Höhe die gesellschaftliche Stellung des Trägers anzeigt. 1838 war Heiden bei einem Brand völlig zerstört worden. Innerhalb von nur zwei Jahren bauten die Bürger fünfzig Häuser wieder auf, die bis heute jene Zeit spiegeln, als die Schweizer ihre derzeitige Verfassung bekamen.

SCHWEIZER KÄSE

Geheimnisvoller Appenzeller

Wo es Kühe gibt, gibt es auch Milch; wo es Milch gibt, gibt es Käse. Klingt lapidar, ist aber für die Ostschweiz ein wichtiger Faktor. Im Appenzellerland produzieren 52 Dorfkäsereien den würzigsten Käse der Schweiz nach traditionellem Rezept.

Je feiner das Bruchkorn, desto geringer ist der Molkeanteil im fertigen Käse. Bei Schnittkäse wie dem Appenzeller weist der Bruch etwa Maiskorngröße auf.

Nur zwei Menschen wissen, welche Kräuter, Wurzeln, Blätter, Blüten, Samen und Rinden in die sogenannte Kräutersulz gehören, mit der die Käselaibe während der Reifezeit gepflegt werden. Immer wieder werden die Käseräder gewendet und mit der geheimnisvollen Kräutermischung eingerieben. Streng hüten die Appenzeller deren Rezept und geben es von Generation zu Generation weiter. Und so darf der würzige Appenzeller auch nur in den Kantonen Appenzell Innerrhoden, Appenzell Ausserrhoden sowie Teilen der Kantone St. Gallen und Thurgau hergestellt werden.

Gute Milch von Kräuterwiesen

Weniger als vier Prozent der Schweizer arbeiten heute noch in der Landwirtschaft, aber auf dem hügeligen Weideland zwischen Bodensee und Säntis spielt die Milchwirtschaft nach wie vor eine große Rolle. Das reichhaltige Kräutergras ergibt eine gute Milch, welche die Landwirte zweimal täglich zu den Käsereien bringen oder am Hof abholen lassen – insgesamt 20 000 Liter Rohmilch pro Tag, die nach der Qualitätsprüfung in riesige Tanks geleitet und auf etwa sechs Grad heruntergekühlt wird. So verhindern die Käser, dass die Milch zu schnell reift.

Wer gern früh aufsteht, kann in der Schaukäserei in Stein, zwischen St. Gallen und Appenzell, die Entstehung eines Käses schon von der Milchanlieferung an verfolgen. Oder man kommt später und leiht sich einen der Tabletcomputer, die nicht nur erklären, was man durch die riesigen Fenster in der weiter unten liegenden Käserei sieht, sondern noch tiefer gehende Informationen rund um den Appenzeller Käse liefern.

Aus Milch wird Käse

Aus den Lagertanks werden für eine Produktion 6000 Liter Milch für achtzig Laibe in das Käsekessi gepumpt, einen riesengroßen Kessel, wie er in kleinerer Ausführung auch in den Sennereien steht. Im Kessi wird die Milch auf 31 Grad erwärmt. Milchsäurebakterien werden hinzugegeben, der Gärungsprozess beginnt. Nach dreißig bis vierzig Mi-

Der zwischen der zweiten und dritten Pressung aufgebrachte Käsepass auf der Unterseite jedes Laibs gibt an, wann und wo der Käse hergestellt wurde.

Links: Mindestens drei Monate reift der Appenzeller im Käsekeller bei einer Temperatur von fünfzehn Grad und über neunzig Prozent Luftfeuchtigkeit.

nuten kommt die Käseharfe zum Einsatz, die die immer dicker werdende Gallerte schneidet. Dabei entsteht der sogenannte Käsebruch, kleine maisgroße Körner. Die trennen sich von der wässrigen Molke, und damit ist das Vorkäsen beendet.

Der Käsebruch wird nun schonend weiter erhitzt, bis er den richtigen „Griff" hat. Dabei ist die Erfahrung des Käsers gefragt. Ist er zufrieden, wird die Masse in vorbereitete Formen gefüllt und drei Mal gepresst. Zwischen der zweiten und dritten Pressung wird der Käsepass aufgelegt, damit klar ist, um welchen Käse

In Appenzell wird der Käseklassiker seit mehr als 700 Jahren nach alter Handwerkstradition hergestellt.

Hm, lecker: Appenzeller Käseteller mit Kostproben der verschiedenen Sorten und Appenzeller Käse-Wurst-Salat

es sich handelt, wo er herkommt und wann er gepresst wurde. Die Käserei in Stein ist an der EU-Nummer 5137 zu erkennen.

Salzbad für die Rinde

Mit Pressluft werden die Laibe aus den Formen gelöst und kommen in den Abtropfraum. Jetzt beginnt sich allmählich die Rinde zu bilden. Dann werden die Laibe für 48 Stunden ins fünfzehn Grad warme Salzbad gelegt. Das Bad ist dringend notwendig, damit sich der Käse geschmacklich gut entwickeln kann, haltbar und lagerfähig wird; außerdem verdickt sich dabei die Rinde weiter. Anschließend geht es in den Käsekeller mit einer Raumtemperatur von etwa fünfzehn Grad und einer relativen Luftfeuchte von über neunzig Prozent. In der Schaukäserei fährt regelmäßig ein Roboter durch die Regale, holt sich zwei Laibe heraus, legt sie in die geheimnisvolle Kräutersulz, wendet den Käse und schiebt ihn auf einen neuen Platz im Regal aus Fichtenholz. Nur dieses Holz verbiegt sich nicht bei der hohen Luftfeuchtigkeit.

Reifezeit bestimmt das Aroma

Die Reifezeit im Keller entscheidet über den späteren Geschmack. Nach drei Monaten ist der eher milde „Classic" so weit, nach vier bis sechs Monaten der „Surchoix". Dem Appenzeller „Extra" sieht man schon am schwarzen Etikett an, dass hier mehr Würze drin ist, und beim „viertelfett räss" ist das nochmals gesteigert. An der Käsetheke der Schaukäserei kann man anhand von „Müschterli" testen, welche Sorte dem eigenen Geschmack am ehesten entspricht.

Zuschauen oder selber käsen

Die **Appenzeller Schaukäserei** in Stein hat täglich geöffnet:
Mai–Okt. 9.00–18.30, sonst bis 17.30 Uhr,
Käseherstellung tgl. bis 15.00 Uhr;
Dorf 711, CH-9063 Stein AR, Tel. 0041 71 368 50 70,
www.schaukaeserei.ch

Im benachbarten **Appenzeller Volkskundemuseum** kann man nach Anmeldung selber käsen:
Di.–So. 10.00–17.00 Uhr; Tel. 0041 71 368 50 56,
www.appenzeller-museum.ch

Maßstab 1:200.000
Uhldingen-Mühlhofen
Bermatingen
MARKDORF
Oberteuringen
Meckenbeuren
TETTNANG
MEERSBURG
Immenstaad am Bodensee
KONSTANZ
KREUZLINGEN
FRIEDRICHSHAFEN
Bodensee
Münsterlingen
Eriskirch
Langenargen
Kressbronn am Bodensee
Wasserburg (Bodensee)
LINDAU (Bodensee)
Thurgau
ROMANSHORN
Amriswil
ARBON
RORSCHACH
Goldach
Rorschacherberg
RHEINECK
Sankt Margrethen
Höchst
Lustenau
BISCHOFSZELL
Uzwil
Flawil
Gossau (SG)
ST. GALLEN
Gaiserwald
Heiden
Teufen (AR)
Speicher
Trogen
HERISAU
ALTSTÄTTEN
Appenzell
Degersheim
Widnau
Diepoldsau
Koblach
Götzis
Mäder
FELDKIRCH
AR
AI
1
2
3
4
5

Zwischen See und Gebirge

Auf der einen Seite die weitläufigen Obstplantagen und Weinberge, auf der anderen Industrie und Gewerbe, dazwischen Straße und Eisenbahn. Von Altenrhein bis Kreuzlingen breitet sich ein attraktives Gebiet für Urlauber aus; und für all jene, die sich die Ferien erst noch verdienen müssen.

1 Rorschach

Der kleine Ort (9500 Einw.) gilt als St. Gallens Tor zum Bodensee und geht als Siedlung bis auf die Völkerwanderungszeit zurück.

SEHENSWERT

Bereits im Mittelalter war Rorschach Handelsplatz (947 Marktrecht). Die stattlichen Bürgerhäuser der **Altstadt** zeugen von Wohlstand. Das barocke **Kornhaus** ist ein Wahrzeichen des Bodensees, 1746 von Johann Gaspare Bagnato errichtet, der auch auf der Mainau gebaut hat.

MUSEEN

Das **Forum Würth Rorschach,** integriert in das Verwaltungsgebäude des Unternehmens Würth, liegt direkt am See. In wechselnden Ausstellungen werden im Haus und im angrenzenden Garten („Jardin extraordinaire") zeitgenössische Werke aus der Sammlung Würth gezeigt (Churerstr. 10, www.wuerth-haus-rorschach.ch; April–Sept. tgl. 10.00 bis 18.00, sonst Di.–So. 11.00–17.00 Uhr). In Erlebniswelten gliedert sich das **Museum im Kornhaus:** Stein- und Bronzezeit, Kommunikation, Optik, Mathematik und Gesellschaft (Hauptstraße 58, www.museum-rorschach.ch; April bis Okt. tgl. 10.00–18.00, sonst Di.–So. 11.00 bis 17.00 Uhr).

AKTIVITÄTEN

Wer nicht gleich auf den Säntis will, hat vom **Fünfländerblick** gute Aussicht auf Schweiz, Österreich, Bayern, Baden und Württemberg. Ab Rorschach sind 600 Höhenmeter zu überwinden; wer bis Schloss Wartensee fährt, muss ein bisschen weniger steigen.

UMGEBUNG

Mit der Rorschach-Heiden-Bergbahn geht es hinauf nach **Heiden,** dem „Biedermeierdorf". Rund um den Dorfplatz stehen Kirche, Rathaus und Bürgerhäuser aus der Mitte des 19. Jh., bis zum Dunantplatz, benannt nach dem Gründer des Roten Kreuzes. Dem Friedensnobelpreisträger von 1901, der seine letzten Lebensjahre in Heiden verbrachte, ist hier ein Museum gewidmet (Asylstr. 2, www.dunant-museum.ch; April–Okt. Di.–Sa. 13.15–16.30, So. 10.00–12.00,

Blick vom Säntis; Stiftskirche St. Gallen außen und innen

13.15–16.30, sonst Mi., Sa. 13.30–16.30, So. 10.00–12.00, 13.30–16.30 Uhr). Alle vier Jahre (wieder 2022) wird in Heiden ein Biedermeierfest mit Kostümen, Musik und Speisen aus jener Zeit gefeiert (www.biedermeier.ch).
In **Altenrhein,** an der Grenze zu Österreich, präsentiert das Fliegermuseum am Flugplatz funktionstüchtige Flugzeuglegenden (Flughafenstraße, www.fliegermuseum.ch; Di.–So. 10.00 bis 17.00 Uhr, Juli/Aug. tgl.). In direkter Nachbarschaft fesselt die Markthalle Altenrhein den Blick, ein Hundertwasser-Architekturprojekt (Knotternstr. 2, Staad, www.markthalle-altenrhein.ch; Mai, Juni tgl. 12.00–16.00, Juli–Okt. tgl. 10.00–12.00 und 13.30–17.30, sonst Sa./So. 13.00–17.00 Uhr).
Zum **Säntis** sind es von Rorschach 1 Autostd. in südwestl. Richtung und ab der Schwägalp noch mal 10 Min. mit der Schwebebahn, dann liegt einem die Bergwelt der Schweiz, Österreichs und Liechtensteins zu Füßen (s. S. 55).

INFORMATION

Hauptstr. 56/Hafenbahnhof,
CH-9401 Rorschach, Tel. 0041 71 8 41 70 34,
www.tourist-rorschach.ch

2 St. Gallen

Das kulturelle und wirtschaftliche Zentrum der Ostschweiz (75 600 Einw.) ist aus einer Klause des irokeltischen Mönches Gallus hervorgegangen, der 612 ins Steinachtal kam. 719 wurde das Kloster gegründet, das 747 die Regel des hl. Benedikt annahm. 926 wurde das Kloster zerstört, im 11. Jh. wieder aufgebaut. Die barocke Stiftsanlage mit der Kathedrale entstand zwischen 1755 und 1766. Im Stiftsbezirk haben heute das Bistum St. Gallen und die Kantonsregierung ihren Sitz.

SEHENSWERT

Beim Bummel durch die **Altstadtgassen** entdeckt man nicht nur nette Geschäfte, sondern auch zahlreiche Häuser mit zwei- und mehrgeschossigen Holzerkern aus dem 17. und 18. Jh. Der Weg sollte auf alle Fälle in den Stiftsbezirk mit der barocken **Kathedrale** führen, an der bis

1766 Peter Thumb mitbaute, der Meister der Birnau. Berühmte Künstler des Bodenseeraums haben an der Ausgestaltung gearbeitet. In unmittelbarer Nachbarschaft steht die evangelische **Stadtkirche St. Laurenzen** (überw. 15. und 16. Jh.) mit buntem Kirchendach.

MUSEEN

Gleichzeitig mit der Kathedrale wurde die **Stiftsbibliothek** TOPZIEL errichtet. 400 der insgesamt 2100 Handschriften stammen aus der Zeit vor 1000, weshalb die Sammlung zu den wichtigsten der Welt gehört. Eine jährlich wechselnde Auswahl der Codices des 8. bis 11. Jh. ist im barocken Festsaal zu sehen. In den bis zu 7,40 m hohen Bücherschränken sind 30 000 Bände untergebracht (Klosterhof 6 D, www.stibi.ch; tgl. 10.00–17.00 Uhr). Etwa 70 000 Objekte veranschaulichen im **Historischen und Völkerkundemuseum** die Geschichte der Stadt und des Kantons (Museumstr. 50, www.hmsg.ch; Di.–So. 10.00–17.00 Uhr). Das **Kunstmuseum** bringt in wechselnden Ausstellungen alte Meister und zeitgenössische Werke in Dialog (Museumstr. 32, www.kunstmuseumsg.ch; Di.–So. 10.00–17.00, Mi. bis 20.00 Uhr). Naive Kunst zeigt das **Museum im Lagerhaus** (Davidstr. 44, www.museumimlagerhaus.ch; Di.–Fr. 14.00 bis 18.00, Sa./So./Fei. 12.00–17.00 Uhr). Mit den St. Galler Stickereien und weiteren textilen Spitzenprodukten widmet sich das **Textilmuseum** einem bedeutenden Wirtschaftszweig der Region (Vadianstr. 2, www.textilmuseum.ch; tgl. 10.00–17.00 Uhr). Das **Naturmuseum** ermöglicht im Ende 2016 eröffneten Neubau im Osten der Stadt auf 2000 m² Dauerausstellungsfläche mit begehbaren Raumbildern ein völlig neues Museumserlebnis; an interaktiven Stationen dürfen die Objekte auch angefasst werden (Rorschacher Str 263, www.naturmuseumsg.ch; Di.–So. 10.00–17.00, Mi. bis 20.00 Uhr).

Tipp

Schoggi

Ohne Schoggi geht in der Schweiz gar nichts. In Kreuzlingen produziert Chocolat Stella Bernrain seit Jahrzehnten – und als erster Hersteller in der Schweiz seit 1991 auch in Bioqualität. Ein Geschmackserlebnis sind die Herkunftsschokoladen, für die Kakao aus Ecuador, Costa Rica, Madagaskar oder Trinidad verwendet wird. Bei den im Trend liegenden dunklen Schokoladen treiben es die Kreuzlinger Chocolatiers mit der „Noir 100 % dark" auf die Spitze: 100 Prozent Kakaoanteil, bio und fair gehandelt – eine wahrhaft außergewöhnliche Schokoladenerfahrung.

Fabrik-Shop: Mo.–Fr. 9.00–12.00 und 13.30–17.30 Uhr; Bündtstr. 12, CH-8280 Kreuzlingen, www.swisschocolate.ch

Arbon: Bootshafen, Gasthaus Römerhof; Fährschiff vor Romanshorn

AKTIVITÄTEN

Stadtgründer Gallus führt die Gäste per Audioguide zu den Sehenswürdigkeiten der Stadt. 90 Min. dauert der hörspielartige **Rundgang** mit dem Mönch und weiteren Persönlichkeiten der Stadtgeschichte (Audioguide bei der Tourist-Information, Bankgasse 9).

INFORMATION

St. Gallen-Bodensee Tourismus, Bankgasse 9, CH-9001 St. Gallen, Tel. 0041 71 2 27 37 37, www.st.gallen-bodensee.ch

3 Arbon

Die drittgrößte Stadt des Kantons Thurgau (14 200 Einw.) ist vor allem für ihre sehenswerte Altstadt und die lange Uferpromenade bekannt. Zur Jungsteinzeit standen hier Pfahlbauten, Kelten errichteten ihre Siedlung auf der Landzunge, zu Römerzeiten bedeckte sie ein riesiges Kastell, das erst zur Völkerwanderungszeit aufgegeben und Basis einer mittelalterlichen, später zum Renaissanceschloss erweiterten Burg wurde. Der Industriestandort Arbon wurde u. a. vom Fahrzeughersteller Saurer repräsentiert, dessen Postbusse jeder Schweizurlauber kannte; 1987 wurde die Produktion eingestellt.

MUSEEN

Im **Schloss** zeigt das historische Museum Dokumente aus 5500 Jahren Geschichte, vor allem zum Leinwandhandel im 18. Jh. und zur Industrialisierung im 19. und 20. Jh., als Textil- und Maschinenfabriken einen Boom in Arbon auslösten (www.museum-arbon.ch; Mitte Juni bis Mitte Sept. tgl. 14.00–17.00 Uhr, sonst nur So.). In den alten Produktionshallen der **Adolph Saurer AG** werden u. a. Nutzfahrzeuge, Postautos und Feuerwehren als Oldtimer gezeigt (Weitegasse 8, www.saurermuseum.ch; tgl. 10.00–18.00 Uhr, Tickets im benachbarten Hotel „Wunderbar").

AKTIVITÄTEN

Nicht nur für Frauen interessant: der szenische **Stadtrundgang** auf den Spuren von Frauen, die das kulturelle, politische und wirtschaftliche Leben Arbons geprägt haben (www.zeitfrauen.ch). Vom Hafen kann man mit **Ausflugsschiffen** in alle Richtungen des Bodensees aufbrechen.

UMGEBUNG

Der Thurgau ist geprägt von Obstbäumen, aber drei Viertel der einst vorhandenen Sorten sind in den vergangenen 40 Jahren verschwunden. Dem will die Obstsortensammlung bei **Roggwil** (4 km südwestl.) mit 320 Sorten von Äpfeln, Birnen, Zwetschgen, Pflaumen und Kirschen etwas entgegensetzen (Hofen, Roggwil, www.obstsortensammlung.ch).

INFORMATION

Arbon Tourismus, Schmiedgasse 5, CH-9320 Arbon, Tel. 0041 71 4 40 13 80, www.arbontourismus.ch

4 Romanshorn

Das Hafenstädtchen (10 500 Einw.) war einst ein Außenposten der Klosterherrschaft St. Gallen. Im 19. Jh. entwickelte sich Romanshorn zum Verkehrsknotenpunkt. Hier ist die Endstation der Schweizer Bundesbahnen, mit Anschluss an den Seehas-Express, sowie der Heimathafen der Schweizer Bodenseeflotte.

„Das Besondere am neuen Naturmuseum sind seine großen, hellen und lichten Räume."

Toni Bürgin, Museumsdirektor St. Gallen

MUSEEN
150 Jahre Ortsentwicklung zeichnet das **Museum am Hafen** im Alten Zollhaus von 1852 nach (www.museumromanshorn.ch; So. 14.00 bis 17.00 Uhr). Mit einem Lokschuppen samt Gelände und Stellwerk veranschaulicht die Eisenbahn-Erlebniswelt **Locorama** Eisenbahngeschichte (Egnacherweg 1, www.locorama.ch; Mai–Okt. So. 10.00–17.00 Uhr, Winter tgl.).

AKTIVITÄTEN
Ausgedehnte **Park- und Sportanlagen** am Seeufer bieten mit dem **Seebad** (Badstr. 50, Tel. 0041 5 83 46 84 20; Mai–Sept. Kernzeit tgl. 9.00–18.00 Uhr) viel Abwechslung. Schlittschuhläufer können im **Eissportzentrum** Runden drehen (Egnacherweg 8, Tel. 0041 71 4 66 75 00, www. ezo-tg.ch; tgl., vor allem nachm.).

INFORMATION
Thurgau Tourismus, Friedrichshafnerstraße 55a, CH-8590 Romanshorn, Tel. 0041 71 531 01 31, www.thurgau-bodensee.ch

5 Kreuzlingen

Wegen der Nähe zu Konstanz hat der Wirtschaftsstandort (21 000 Einw.) mit den höchsten Ausländeranteil in der Schweiz.

SEHENSWERT
An der Hauptstraße steht das ehem. **Augustinerchorherrenstift St. Ulrich,** das der Konstanzer Bischof 1125 vor den Toren seiner Stadt gründete. Im Dreißigjährigen Krieg zerstört, erfolgte der Wiederaufbau des Klosters bis 1653 (Pädagogische Hochschule Thurgau). Die prächtige Barockkirche entstand nach Plänen des Vorarlbergers Michael Beer.

MUSEEN
Um Fischerei, Schifffahrt und Landschaft am Bodensee dreht sich alles im **Seemuseum** (Seeweg 3, www.seemuseum.ch; Juli–Sept. Di. bis So. 11.00–17.00, sonst Mi., Sa./So. ab 14.00 Uhr). Ortsgeschichte steht im Mittelpunkt des **Museums Rosenegg** (Bärenstr. 6, www. museumrosenegg.ch; Mi. 17.00–19.00, Fr., So. 14.00–17.00 Uhr). Mit antiken Puppen und dem Arbeitszimmer des Grafen Zeppelin, der hier seine Jugend verbrachte, kann **Schloss Girsberg** aus dem 15. Jh. aufwarten (www.schloss-girsberg.ch; 1. So. im Monat 15.00–17.00 Uhr).

UMGEBUNG
In der Klosterkirche von **Münsterlingen** steht seit der letzten Seegfrörne 1963 die Büste des hl. Johannes, die 1573 das erste (dokumentierte) Mal bei einer Eisprozession über den zugefrorenen See zwischen Münsterlingen und dem deutschen Hagnau getragen und seither bei der jeweils nächsten Seegfrörne wieder zurückgebracht wurde.

INFORMATION
Kreuzlingen Tourismus, Hauptstr. 39, CH-8280 Kreuzlingen, Tel. 0041 71 6 72 38 40, www.thurgau-bodensee.ch

Genießen Erleben Erfahren

DuMont Aktiv

Entspannt am Ufer entlang

Wer am Wasser Urlaub macht, sollte nicht nur ins Wasser hinein, sondern auch einmal drauf. Rund um den Bodensee können sich Urlauber Kanus leihen und am abwechslungsreichen Ufer entlangpaddeln. Vorausgesetzt, es ist kein Sturm vorhergesagt.

Viel braucht man nicht, um mit einem Kanu die 259 Kilometer Bodensee-Ufer zu erkunden. Man muss das ja nicht auf einmal machen. Kleine Etappen reichen zunächst. Wer noch nie in einem Kanu saß, bekommt an der Verleihstation nicht nur eine Schwimmweste und eine wasserdichte Tonne für die Wertsachen, sondern auch eine Einweisung und ein paar Tipps zur richtigen Paddeltechnik. Anfänger setzen sich immer in die klassischen Indianerkanus mit Stechpaddel. Die schmaleren Kajaks sind den Fortgeschrittenen vorbehalten. Auch Routenvorschläge kann man sich am Startpunkt geben lassen, falls man nicht einfach nur zum Spaß ein wenig am Ufer entlangpaddeln will. Allzu weit sollte die Spaßtour aber nicht hinausgehen, denn manchmal wird es ganz schnell stürmisch am See.

Auf der sicheren Seite sind Anfänger bei einer geführten Tour, bei der auch Routenwünsche erfüllt werden. Vielleicht am Schilf entlang oder lieber an den sanften Schweizer Wiesenhügeln? Am Schweizer Ufer muss man auf jeden Fall die Fährschiffe im Auge haben, die den See überqueren, denn die haben immer Vorfahrt vor den kleinen Paddelbooten.

Der **„Bodensee-Kanuweg"** führt in vierzehn Tagesetappen rund um den See. Der Routenverlauf und viele Tipps zum Kanufahren auf dem Bodensee finden sich auf der Homepage von La Canoa KanuZentrum Konstanz.
La Canoa unterhält Verleihstationen in Bodman, Dingelsdorf, Ermatingen, Friedrichshafen, Hard, Immenstaad, Insel Reichenau, Konstanz, Kreuzlingen, Lindau, Ludwigshafen, Mainau, Markelfingen, Rohrspitz, Romanshorn, Schaffhausen, Steckborn, Stein am Rhein und Wallhausen: www.lacanoa.com

Geführte Touren bietet auch das Naturfreundehaus in Markelfingen an: www.naturfreundehaus-bodensee.de

Wie so oft kommt vor dem Vergnügen erst mal die Arbeit. Beides macht in der Gruppe besonders viel Spaß – die Vorbereitungen an Land und das Paddeln auf dem See.

AUT
GER
888
AUT
122
AUT
122
BOREAS

Geistlichkeit und Gemüse

Einige Schweizer meinen, der Untersee gehöre gar nicht mehr zum Bodensee. Gut, der Konstanzer Trichter ist eine markante Engstelle, und danach verändert der See mit ausgedehnten Flachwasserzonen auch seine Gestalt. Aber genau genommen ist er hier so ursprünglich wie nirgends sonst. Die junge Universitätsstadt Konstanz ist das Tor zu dieser uralten Landschaft.

Der Bodensee ist eines der beliebtesten Segelreviere Deutschlands.

Vor der „Imperia“ am Konstanzer Hafen wehen die Farben Badens, der Schweiz und Württembergs.
Im Konzilgebäude, ursprünglich ein Lagerhaus, wurde 1417 Papst Martin V. gewählt (unten).

Die Universität Konstanz wurde 1966 als Reformuniversität gegründet. Der Campus soll ein buntes Studienleben ermöglichen – das 1972 eröffnete Foyer spiegelt dieses Ansinnen.

Der Bildhauer Peter Lenk hat mit seiner „Imperia" im Konstanzer Hafen das Konzilsgeschehen satirisch verkürzt.

Flach geht es ins Wasser am Ufer von Gnadensee, Zeller See und Rheinsee, und so soll es in grauer Vorzeit am ganzen Bodensee gewesen sein – einst ideal für Pfahlbauten, heute für Strandbäder und brütende Vögel. Im Wollmatinger Ried und auf der Halbinsel Mettnau haben rund 300 Vogelarten einen geschützten Lebensraum gefunden. Dreizehn Prozent der gesamten Wasserfläche des Bodensees macht der Untersee aus, zu dem die drei Seeteile zusammenfließen. Der Rheinsee, über den der Rhein aus dem Bodensee hinausfließt, ist mit 46 Metern der tiefste Bereich, der Gnadensee mit 22 Metern der flachste. Seinen ungewöhnlichen Namen hat das Gewässer zwischen der Insel Reichenau und der Stadt Allensbach bereits im Mittelalter bekommen. Zu jener Zeit wurden – wie überall – auch auf der Klosterinsel Todesurteile gesprochen, die dort aber nicht vollstreckt werden durften, da der Inselboden als heilig galt. Also ruderte man die Verurteilten über den See zu den Allensbacher Galgenäckern. Ertönte während der Überfahrt die Glocke des Reichenauer Münsters, waren die Delinquenten begnadigt.

Grenzüberschreitungen

Heute sind vor allem Fischer von der Insel Reichenau auf dem Gnadensee unterwegs. Jahrhundertelang überwachte das Kloster den Fischfang am Untersee, dann das Land Baden. Seit 1979 fischen Schweizer und Deutsche gemeinsam, eine Hoheitslinie gibt es dabei nicht. Der Fisch bekommt erst eine „Nationalität", wenn er ans Ufer gebracht wird. Und manches Mal wandert auf dem See eine Kiste Fisch von Boot zu Boot, weil der Kollege aus dem einen Land mehr gefangen hat als der andere. Grenzüberschreitende Zusammenarbeit, wie die Konstanzer sie lange kennen. „Paradiesbauern", die zwar in Konstanz wohnen, ihr Ackerland aber auf Schweizer Boden, dem sogenannten Paradies, haben, überqueren seit Jahrhunderten tagtäglich die Grenze. Nur nicht während des Zweiten Weltkriegs. Da waren auch für sie die Grenzen verschlossen. Man sagt ihnen nach, dass sie sich früher durch Schmuggeln ein ordentliches Zubrot verdient hätten. Angesichts der aktuellen Ein- und Ausfuhrmengen lohnt sich das heutzutage aber weder bei Zigaretten noch bei anderen Waren.

Konzil in Konstanz

Nicht nur für potenzielle Schmuggler war die Grenzlage der größten Stadt am Bodensee von Vorteil. Dank der Nähe zur neutralen Schweiz blieb die Altstadt von Konstanz im Zweiten Welt-

Spannungsreicher Kontrast: Das Kulturzentrum am Münster beherbergt neben der Wessenberg-Galerie u. a. die Stadtbücherei und einen Museumsshop. Im Fenster des Gebäudes mit der markanten roten Fassade spiegelt sich das Konstanzer Münster.

Gassen-Freitag in Konstanz: Während des Sommerhalbjahrs gibt es in der Niederburg jeweils am ersten Freitag im Monat lange Ladenöffnungszeiten, Musik und Kleinkunst (links oben und unten). Rechts oben das Haus Zum Goldenen Löwen, unten die Marktstätte mit Kaiserbrunnen

„Denk ich an den Bodensee, dann tut mir der Beutel weh."

Oswald von Wolkenstein

krieg von Bombenangriffen verschont und ist unverändert ein Bilderbuch der Architekturgeschichte von der Zeit der Romanik bis hinein ins 21. Jahrhundert. Im ältesten Stadtteil Niederburg, rund ums Münster, tragen viele Häuser Namen; zum Beispiel das Haus „Zur Katz" in der Katzgasse, 1424 erbaut und damit das älteste Renaissancegebäude nördlich der Alpen.

Zur Zeit des Konstanzer Konzils von 1414 bis 1418 stand das Gesellschafts- und Trinkhaus „Zur Katz" allerdings noch nicht, obwohl man damals dringend Lokale gebraucht hat. Schließlich waren während des Konzils stets 20 000 bis 30 000 Gäste – darunter allein 1500 „allgemeine Frauen" – in der Stadt, die seinerzeit gerade einmal 6000 Einwohner hatte. Die Herbergen waren überfüllt und Wucherpreise gang und gäbe. Kein Wunder, dass der renommierte Tiroler Dichter und Sänger Oswald von Wolkenstein reimte: „Denk ich an den Bodensee, dann tut mir der Beutel weh."

Der Stadt Konstanz brachte das Konzil Reichtum, der Kirche eine Einigung. Am 14. November 1417 wurde mit Martin V. aus der römischen Adelsfamilie Colonna zum einzigen Mal ein Papst nördlich der Alpen gewählt. Zuvor war das Konzil mit den Ermittlungen gegen Jan Hus befasst gewesen – der Reformator wurde am 6. Juli 1415 hingerichtet.

Insel Reichenau: der ehemalige Klosterkomplex in Mittelzell, der Reichenauer Damm durchs Wollmatinger Ried, die Kirche St. Peter und Paul in Niederzell, mitten in den Salatfeldern, für die die Insel bekannt ist (im Uhrzeigersinn)

Der einstigen Bedeutung entsprechend wurde das Reichenauer Kloster in Mittelzell immer wieder umgestaltet und erweitert.

Special

Zwiebelgemüse

Nur die rote ist die echte

Wer einmal eine echte Bülle von der Höri gegessen hat, versteht, weshalb es sich lohnt, für eine Zwiebel so viel Handarbeit auf sich zu nehmen. Und doch wollen es nicht mehr viele machen. Die mühsame Arbeit beginnt bereits, wenn der Samen gewonnen wird. Den gibt es nämlich nirgendwo zu kaufen. Ende August schneiden die Bauern die Blütendolden ab und lassen sie trocknen. Im späten Herbst werden sie dann von Hand ausgerieben und gewaschen. Der gute Samen setzt sich am Boden des Gefäßes ab und kann nun vor sich hin trocknen.

Doch nach den letzten Frösten im März geht es wieder los. Im Abstand von vier Zentimetern und vier Zentimeter tief verschwindet ein Samenkorn nach dem anderen im leicht moorigen, dunklen Höri-Boden. Sobald sich die ersten grünen Spitzen zeigen, grasen die Bauern von Hand aus, damit die Bülle bis Ende August ungestört und konkurrenzlos wachsen kann. Dann ist sie „reif", wird aus der Erde gezogen, bleibt aber noch gut zwei Wochen zum Trocknen auf dem Feld liegen. Die letzten Erdreste müssen die Höri-Bauern von Hand abreiben, denn die rote Außenhaut der Bülle ist viel zu empfindlich für eine Maschinenwäsche. Die echte Bülle changiert farblich zwischen Dunkelrosa und Rotbraun.

Bald wird es Zeit, sie in Zöpfe zu binden, denn am ersten Oktobersonntag, beim jährlichen Büllefest in Moos, ist der Absatz besonders üppig. Vereine und Landwirte zeigen dann, was man mit der Bülle alles machen kann: Bülle-Dünne, ein Teigfladen mit Zwiebelbelag, Bülle-Brot, Bülle-Suppe, Bülle-Aufstriche. Hier ist alles Bülle. Und manche, wie Regina Duventäster-Maier, eine überzeugte Mooser Bülle-Produzentin im kleinen Familenbetrieb in der fünften Generation, beißen sogar einfach rein, als wäre die Zwiebel ein Apfel.

Der Bildhauer Peter Lenk hat mit seiner „Imperia" im Konstanzer Hafen das Konzilsgeschehen auf eindrucksvolle Weise satirisch verkürzt. Die übergroße Kurtisane mit dem vielsagenden Namen trägt zwei nackte gekrönte Männlein auf ihren Händen: König Sigismund und Papst Martin V.

Klosterwandel

Das Zentrum von Konstanz bildete damals wie heute das Münster. Als es im 11. Jahrhundert erbaut wurde, residierten bereits seit fast 500 Jahren Bischöfe in der Seestadt. Doch sie waren nicht die alleinigen Geistlichen. Eine ganze Reihe von Klöstern und Stiften war an der bedeutenden Handelsdrehscheibe gegründet worden. Die Säkularisation zu Beginn des 19. Jahrhunderts überstand allerdings nur das Dominikanerinnenkloster Zoffingen in der Brückengasse, vermutlich weil die Ordensschwestern seit 1775 eine Volksschule für Mädchen betrieben. In dem außergewöhnlich großen Klosterbau des Dominikanerordens direkt am Bodensee ist heute das Inselhotel untergebracht, eines der ersten Häuser am Platz. Im Zentrum der Hotelanlage liegt der Kreuzgang aus dem 13. Jahrhundert, in der umgebauten Klosterkirche sind Reste von Wandmalereien aus dem 13. und 14. Jahrhundert erhalten.

An Himmelfahrt wird traditionell zur Hochwart gepilgert, dem sich 43 Meter über dem See erhebenden höchsten Punkt der Insel Reichenau.

Feierlicher Empfang am Montagmorgen: Die geschmückten Boote der Mooser Wasserprozession bei ihrer Ankunft in Radolfzell

Das Radolfzeller Hausherrenfest ist in den vergangenen Jahrhunderten längst über seinen religiösen Ursprung hinausgewachsen und zeigt auch weltliche Aspekte.

Lebendiges Brauchtum kennzeichnet das Leben am Untersee, auf deutscher wie auf Schweizer Seite.

Da die Fürstbischöfe von Konstanz über einen gewissen Wohlstand verfügten und durchaus auch ein Bedürfnis nach Repräsentation hatten, bauten sie sich Residenzen am See, wie das Neue Schloss in Meersburg oder das Schloss Hegne, das Ende des 19. Jahrhunderts die Barmherzigen Schwestern vom Heiligen Kreuz als Sitz für ihr Kloster kauften. Das Grab der seliggesprochenen Ulrika Nisch, die von 1907 bis zu ihrem frühen Tod im Jahr 1913 dort lebte, ist heute eines der meistbesuchten Pilgerziele am Bodensee. Das Kloster hat zudem eine einmalige Lage mit Blick auf die Vulkanberge des Hegaus.

Jetzt hör i uff

Fünfzehn Kilometer liegen die vor rund sechs Millionen Jahren erloschenen neun Vulkanberge vom Bodensee entfernt. Und so wie man vom Kloster Hegne bei Allensbach auf die seltsamen Kegel in der Landschaft blicken kann, so sieht man umgekehrt von diesen weit über den Bodensee bis zu den Alpen, ragen sie doch bis über 900 Meter hoch auf. Vor allem auf dem Hohentwiel mit der weitläufigen Festung, in der Nähe von Singen, scheint der See nur einen Katzensprung entfernt zu sein. Etwa neun Jahrhunderte lang galt die Anlage mit den zahlreichen Bastionen und Rondells als Maß aller Festungsdinge und uneinnehmbar. Letztendlich verkam sie, wie viele andere entsprechende Bauwerke auch, als Gefängnis für manchen politisch Unbequemen, bis sie auf Befehl des Franzosenkaisers Napoleon niedergelegt wurde.

Mit dem „Seehas", wie die Pendler den Nahverkehrszug zwischen Engen und Konstanz getauft haben, gelangt man in lediglich zwanzig Minuten von Singen nach Radolfzell, einer der Verkehrsdrehscheiben am Bodensee. Die Münsterstadt ist zugleich Tor zur Halbinsel Höri, bis heute Anziehungspunkt für malende und schreibende Künstler. Anfang des 20. Jahrhunderts zog sich Hermann Hesse für einige Jahre nach Gaienhofen zurück, bis es dem Nobelpreisträger dann doch zu ländlich wurde und er samt Familie nach Bern übersiedelte. Die Orte reihen sich wie Perlen an einer Kette rund um den Schiener Berg am Ufer des Untersees, und man erzählt sich, dass die Höri das letzte Werk gewesen sei, das Gott erschaffen habe. Und weil es ihm so außerordentlich gut gelungen sei, habe er beschlossen: „Jetzt hör i uff."

Prozession auf dem Wasser

Aber auch auf der idyllischen Halbinsel war nicht immer alles eitel Sonnen-

Typischer Hegaublick: Im Vordergrund erhebt sich als charakteristischer Kegel der Hohenhewen.

Die bronzene Martinssäule von Jürgen Goertz, die 1984 auf dem Engener Marktplatz aufgestellt wurde, thematisiert den Gegensatz zwischen Arm und Reich.

Den Hegaukegel Mägdeberg nördlich von Singen krönt die Ruine einer mittelalterlichen Burg (oben). Zwischen Stockach und Eigeltingen liegt Schloss Langenstein mit seinem Golfclub.

„Die Landschaft ist licht und hübsch. Sie sollten einmal kommen."

Hermann Hesse

Am Rathausplatz von Stein am Rhein prunken Fassadenmalereien – besonders schön an den Häusern „Rother Ochsen“, „Steinerner Trauben“ und „Sonne“ (von links).

Westlich von Schaffhausen stürzt sich der Rhein 23 Meter in die Tiefe, darüber ragt Schloss Laufen auf.

Die Rheinfallfelsen bieten spektakuläre Aussichtsplätze.

Die im 16. Jahrhundert erbaute Festungsanlage Munot über Schaffhausen: Von dort oben bietet sich ein guter Blick auf die Rheinstadt.

schein. 1796 grassierte eine Viehseuche in Süddeutschland, durch die zahlreiche Tiere dahingerafft wurden. Die Mooser hatten Angst, dass auch ihr Vieh angesteckt werden könnte. In ihrer Not pilgerten sie nach Radolfzell und riefen die drei „Hausherren" um Hilfe an: die Heiligen Theopont, Senesius und Zeno. Mit Erfolg, so ist es überliefert. Deshalb versprachen die Mooser, alljährlich am Montag nach dem dritten Julisonntag nach Radolfzell zu pilgern – was sie bis heute tun; seit 1926 auf dem Wasserweg. Mit blumengeschmückten Booten steuern sie den Hafen von Radolfzell an und ziehen von dort in einer feierlichen Prozession zum Münster. Wer an diesem Montag gerade Urlaub am Bodensee macht, kann auf Begleitschiffen bei der Prozession mitfahren. Am Sonntag davor feiern die Radolfzeller selbst ihre drei Stadtpatrone.

Modernes Mittelalter

Lebendiges Brauchtum kennzeichnet das Leben am Untersee, auf deutscher wie auf Schweizer Seite. Die Feuerwerke, die zum Nationalfeiertag der Schweiz am 1. August in den Himmel steigen, sind besonders schön von den Weinbergen oberhalb von Stein am Rhein zu sehen. In der einstigen Reichsstadt, wo der Rhein den Bodensee verlässt, halten Besucher erst einmal den Atem an, wenn sie die kunstvoll bemalten Fassaden am Marktplatz sehen. Wären da nicht unzählige Fahrräder, fühlte man sich um Jahrhunderte zurückversetzt, in jene Zeit, als Stein am Rhein eine blühende Markt- und Handelsstadt war mit dem einflussreichen Kloster St. Georgen direkt am Fluss.

In Stein am Rhein halten Besucher den Atem an, wenn sie die bemalten Fassaden sehen.

Statt der Handelsschiffe legen heute die Ausflugsboote der Schweizer Schifffahrtsgesellschaft im Hafen an, um die Passagiere in einer guten Stunde zum größten Wasserfall Europas bei Schaffhausen zu bringen. Pro Sekunde stürzen dort 800 000 Liter Wasser 23 Meter tief, am eindrucksvollsten von der Aussichtsplattform „Känzeli" unterhalb von Schloss Laufen zu betrachten. Das ist nicht nur im Sommer spektakulär. Wenn im Winter das Wasser gefroren ist, Schnee und Raureif auf der Landschaft liegen und in der Sonne glitzern, entfaltet die im Eis gebändigte Natur eine besondere Schönheit.

KLÖSTER AM BODENSEE

Glaube, Geist und Macht

Ab dem frühen Mittelalter prägten Mönche und Nonnen das Leben am Bodensee. Aus den ersten Glaubensgemeinschaften entwickelten sich florierende Wirtschaftsunternehmen und geistige Zentren, deren innovative Impulse in ganz Europa aufgenommen wurden.

Die Geschichten über die hiesigen Klostergründungen verdeutlichen, dass der Bodensee im frühen Mittelalter ein eher rauer Ort war. Als der Mönchsbischof und Wanderprediger Pirmin im Jahr 724 seinen Fuß auf die Reichenau setzte, soll die Insel ein wilder Urwald voller Schlangen, Dornen, Sümpfe und giftiger Insekten gewesen sein. Da aber an der Stelle, an der Pirmin seinen Bischofsstab aufsetzte, eine reine Quelle zu sprudeln begann, wusste der Pilger, dass er am richtigen Platz war. Auch die wilden Tiere haben das Zeichen wohl verstanden: Sie flohen von der Insel. Dass dies drei Tage und drei Nächte dauerte, unterstreicht das Ausmaß der Wildnis. Anschließend fällte Pirmin gemeinsam mit vierzig Brüdern ungezählte Bäume und Sträucher, um die Insel bewohnbar zu machen.

Vom Urwald zum Welterbe

Als der Wanderprediger drei Jahre später die Reichenau wieder verließ, übergab er seinem Nachfolger ein wohl bestelltes Haus, das zwischen 800 und 1100 zum geistigen und kulturellen Zentrum wurde. Die Klosterschule war berühmt und zog kluge Köpfe an, ebenso die Reichenauer Malschule und die Bibliothek. Im Skriptorium des Klosters Reichenau und in St. Gallen entstanden die bedeutendsten Handschriften des Mittelalters. Heute erinnern die drei romanischen Kirchen, mittlerweile Teil des UNESCO-Welterbes, an das einst bedeutende Benediktinerkloster. Der Stiftsbezirk in St. Gallen erhielt diese Auszeichnung bereits 1983, vor allem wegen der architektonischen Bedeutung und dem reichen Schatz mittelalterlicher Handschriften, die in dem weltberühmten Barocksaal der Stiftsbibliothek aufbewahrt und gezeigt werden. Auch der St. Galler Klosterplan ist dort zu sehen. Als Idealplan eines Klosters zeichneten ihn Mönche auf der Reichenau.

Glaube und Macht

Nach der Blütezeit des benediktinischen Mönchtums im 10. und 11. Jahrhundert, gewann im 12. Jahrhundert der Reformorden der Zisterzienser an Bedeutung. Kloster Salem, 1134 gestiftet, war schon vor dem Brand von 1697 das größte Zisterzienserkloster und die bedeutendste Reichsabtei des Bodenseeraums. Mit dem Neubau sollte dies auch nach außen demonstriert werden, vor allem gegenüber den weltlichen Mächten, was in den Privaträumen des Abtes und im Kaisersaal besonders augenfällig wird.

Die klösterliche Kultur am Bodensee endete jäh zu Beginn des 19. Jahrhunderts. Nur wenige Abteien, wie Mehrerau in Bregenz oder das Dominikanerinnenkloster Zoffingen in Konstanz, fielen nicht der Säkularisation zum Opfer. Heute regt sich hier und da wieder klösterliches Leben – auf der Reichenau mit der Mönchszelle St. Benedikt beispielsweise.

Klösterliches Erbe am Bodensee, zwischen barocker Pracht in Salem (unten) und schlichter Bescheidenheit im Kloster Hegne (oben und links), wo Schwester Josefa über den Orden berichtet.

Klösterliches Leben heute

Im **Kloster Hegne** unterhalten die Barmherzigen Schwestern vom heiligen Kreuz u. a. mehrere Schulen, ein Altenpflegeheim und ein Hotel. Für Gäste gibt es ein umfangreiches Veranstaltungsprogramm zu spirituellen Themen. **www.kloster-hegne.de**

Die **Cella St. Benedikt** auf der Insel Reichenau wurde 2004 als abhängiges Haus der Erzabtei St. Martin zu Beuron gegründet und widmet sich vor allem der lokalen Pfarrseelsorge. Die aktive Teilnahme am Stundengebet in der Egino-Kapelle in Niederzell steht jedem offen. **http://benediktiner-reichenau.de**

Maßstab 1:200.000
SCHAFFHAUSEN
ENGEN
STOCKACH
TENGEN
AACH
Ehingen
Eigeltingen
Nenzingen
Orsingen
Volkertshausen
Mühlhausen
Ludwigshafen
Bodman
Sipplingen
Owingen
Frickingen
Heiligenberg
ÜBERLINGEN
Uhldingen-Mühlhofen
Salem
Überlinger See
Bodensee
MEERSBURG
KONSTANZ
KREUZLINGEN
Allensbach
RADOLFZELL am Bodensee
Steißlingen
SINGEN (Hohentwiel)
Hilzingen
Thayngen
Gottmadingen
Rielasingen
-Worblingen
Moos
Gaienhofen
Öhningen
Reichenau
Gnadensee
Zellersee
Untersee
STEIN am Rhein
STECKBORN
Ermatingen
Gailingen am Hochrhein
DIESSENHOFEN
Feuerthalen
Rhein
FRAUENFELD
Weinfelden
Münsterlingen
Amriswil
Herdwangen
Schönach
Büttenhardt
Herblingen
Neftenbach
Dättlikon
Thur
Kemmental
Hüttwilen
Müllheim
Märstetten
Bürglen
Sulgen
1
2
3
4
5
6

Fast eine eigene Seenlandschaft für sich

Die Region Untersee besteht aus dem Gnadensee zwischen dem Welterbe Reichenau und der Halbinsel Mettnau, dem Zeller See zwischen Radolfzell und Horn sowie dem Rhein- oder eigentlichen Untersee vom Konstanzer Trichter bis nach Stein am Rhein.

1 Konstanz

Die Universitätsstadt (82 000 Einw.) ist die größte Kommune am Bodensee. Einst lebten keltische Fischer hier, im 4. Jh. stand am heutigen Münsterplatz ein römisches Kastell, bereits 590 wurde das Bistum gegründet. 1414 bis 1418 war die Reichsstadt (bis 1548) Tagungsort des Konzils, auf dem das einzige Mal nördlich der Alpen ein Papst gewählt wurde; die dunkle Seite der Reformveranstaltung zeigte sich in der Verbrennung des böhmischen Reformators Jan Hus.

SEHENSWERT

Das **Münster** war 1200 Jahre lang Kathedrale der Bischöfe von Konstanz und während des Konzils Sitzungssaal. Die heutige Ausstattung des urspr. romanischen Baus (1056) stammt großteils aus dem 17./18. Jh. Nördlich des Münsters beginnt die einstige Bischofsstadt **Niederburg,** der älteste Stadtteil, mit mittelalterlichen Häusern; letzter Wehrturm aus dieser Zeit ist der **Rheintorturm** (13.–15. Jh.) an der Rheinbrücke. Über den Stadtgarten gelangt man zum **Konzilsgebäude** am Hafen, 1388 als Korn- und Lagerhaus gebaut. An die Konzilszeit erinnert die 9 m hohe und 18 t schwere **Imperia,** eine Kurtisane, die in der einen Hand die weltliche, in der anderen die geistliche Macht hält. Der **Kaiserbrunnen** (1897) auf der **Marktstätte** hat die Konstanzer Geschichte zum Thema; die Konzilszeit ist durch einen mehrköpfigen Pfau dargestellt als Symbol für die stolze Kirche, die gleich von drei Päpsten regiert wurde. Das **Rathausensemble** ist aus mehreren historischen Gebäuden zusammengewachsen (Fassade 1593); die Fassadenmalerei von der Kanzleistraße aus zeigt wichtige Szenen der Stadtgeschichte. Das **Hohe Haus** (1294) Ecke Zollernstraße/Hohenhausgasse war mit sieben Stockwerken zu seiner Zeit höchstes profanes Gebäude der Stadt.

MUSEEN

Im ehem. Zunfthaus der Metzger (1454) stellt das **Rosgartenmuseum** die Kunst- und Kulturlandschaft des Bodensees eindrucksvoll dar (Rosgartenstr. 3, www. rosgartenmuseum.de; Di.–Fr. 10.00–18.00, Sa./So./Fei. bis 17.00 Uhr). Im Mittelpunkt des **Archäologischen Landesmuseums** steht die Entwicklung der Siedlung vom Pfahlbaudorf zur mittelalterlichen Bischofsstadt (Benediktinerplatz 5, www.konstanz.alm-

Konstanz: Passagierschiff „Karlsruhe" an der Hafenmole; Münster Unserer Lieben Frau; Stadtführung in der Niederburg

bw.de; Di.–So., Fei. 10.00–18.00 Uhr). Auch dem Reformator **Jan Hus** ist ein Museum gewidmet (Hussenstr. 64, www.konstanz.de; April–Sept. Di.–So. 11.00–17.00, sonst bis 16.00 Uhr).

AKTIVITÄTEN

3500 Süß- und Salzwasserfische schwimmen in den 30 Becken des **Sea Life.** Besucher können den Lauf des Rheins verfolgen oder durch einen 8 m langen Glastunnel ins Rote Meer eintauchen (Hafenstr. 9, www.visitsealife.de; tgl. 10.00 bis 17.00, Aug. bis 18.00 Uhr).
Das legendäre **Seenachtfest** (2. Aug.-Wochenende; www.seenachtfest.de) findet am Samstagabend seinen Höhepunkt im Feuerwerk.

EINKAUFEN

In den **Konstanzer Gassen** mit vielen kleinen, besonderen Geschäften lässt sich wunderbar bummeln. Shop an Shop bietet das **Einkaufszentrum Lago** am Bahnhof.

UMGEBUNG

Im Seecafé im schweizerischen **Gottlieben** (westl.) gibt es Hüppen, hauchdünne, gerollte Waffeln mit cremiger Füllung (Espenstr. 6).
Arenenberg (westl.), angeblich das schönste Schloss am Bodensee, gehörte 1807–1906 der Familie Bonaparte, woran ein Napoleonmuseum erinnert (CH-8268 Salenstein, www.napoleonmuseum.tg.ch; April–Sept. tgl. 10.00–17.00 Uhr, sonst nur Di.–So.).

INFORMATION

Tourist-Information, Bahnhofplatz 43, 78462 Konstanz, Tel. 07531 13 30 30, www.konstanz-tourismus.de

2 Reichenau

Im frühen und Hochmittelalter war die Klosterinsel (Gründung 724) eine der Keimzellen der christlich-abendländischen Zivilisation. 2000 wurde sie als Kulturlandschaft UNESCO-Welterbestätte. 2004 siedelten sich wieder Mönche auf der Insel an. Mit dem Fahrrad kann man die Insel leicht umrunden, vorbei am legendären Reichenauer Gemüse.

SEHENSWERT
Drei **romanische Kirchen** TOPZIEL entstanden zwischen dem 9. und 12. Jh. Das **Münster St. Maria und Markus** in **Mittelzell** war Klosterkirche; die erste Klosteranlage (8. Jh.) ist nur noch in Spuren vorhanden. Das östl. Querhaus und die Vierungsbögen des Münsters stammen von der Basilika von 816. Der Westteil wurde bis 1048 umgebaut, im 15. Jh. der Bau des gotischen Chores im Osten des Münsters begonnen (1555 beendet). Zu Beginn des 17. Jh. entstanden neue Konventsgebäude auf der Südseite des Münsters (heute Pfarrhaus und Gemeindeverwaltung). Die Schatzkammer zeigt Kunstwerke und Kultgegenstände des 5.–18. Jh. (April–Sept. Mo.–Sa. 10.00–12.00, 15.00–17.00 Uhr, Okt. nur vorm.). Richtung See liegt ein Kräutergarten wie einst der des Abtes Walahfrid Strabo.
Die **Kirche St. Georg** in **Oberzell** entspricht noch weitgehend der Basilika des ausgehenden 9. Jh. Acht großflächige Wandbilder (Ende 10. Jh.) zählen zu den frühesten Zeugnissen ihrer Art nördlich der Alpen (Mai–Sept. nur mit Führung, tgl. 12.30, 16.00 Uhr). In **Niederzell** entstand im 11. Jh. die **Kirche St. Peter und Paul** als dreischiffige Basilika auf den Fundamenten der alten Peterskirche von 799. Die Malerei in der Apsis stammt von 1104/1105.

MUSEUM
Der St. Galler Klosterplan und weitere Dokumente sind im **Klostermuseum** zu sehen (Ergat 1, www.museumreichenau.de; April–Okt. tgl. 10.30–16.30, Juli/Aug. bis 17.30, sonst Sa./So./Fei. 14.00–17.00 Uhr).

UMGEBUNG
Das **Wollmatinger Ried** an der Mündung des Seerheins in den Untersee ist Lebensraum für rund 300 Vogelarten. Das Ried ist über Informationspfade ab den Bahnhöfen Hegne, Reichenau und Wollmatingen zugänglich.

Tipp

Begegnungen im Grünen

Manche Gärten sind nur an einigen Tagen im Jahr zu besichtigen, andere stehen immer offen. Beim „Garten-Rendezvous am Untersee" zeigen Privatleute und Gärtnereien ihre kleinen und großen Paradiese. Sie stehen in einer langen Tradition, denn schon um 840 hat Walahfrid Strabo auf der Reichenau ein Lehrgedicht zur Gartenkunst geschrieben. Sein Kräutergarten neben dem Münster gehört auch zu den Rendezvous-Gärten, über die eine Broschüre informiert.

Regio Konstanz-Bodensee-Hegau, Obere Laube 71, 78462 Konstanz, Tel. 07531 13 30 40, www.bodenseewest.eu

Rheinfall bei Schaffhausen; Ruine der Festung Hohentwiel

INFORMATION
Tourist-Information, Pirminstr. 145, 78479 Insel Reichenau, Tel. 07534 9 20 70, www.reichenau-tourismus.de

3 Gaienhofen

Auf der Halbinsel Höri liegt der Ort (3300 Einw.), in dem die Erinnerung an Hermann Hesse und Otto Dix lebendig blieb.

SEHENSWERT
Das ehem. Schul- und Rathaus im Dorfkern ist heute **Hermann-Hesse-Höri-Museum.** Neben dem Höri-Museum steht das Bauernhaus, in dem die Familie Hesse 1904–1907 wohnte (Kapellenstr. 8, www.hesse-museum-gaienhofen.de; Mitte März–Okt. Di.–So. 10.00–17.00, sonst Fr./Sa. ab 14.00, So. ab 10.00 Uhr). Das Haus, das Hesse 1907–1912 bewohnte, ist inkl. Garten bei Führungen zu besichtigen (Hermann-Hesse-Weg 2, www.hermann-hesse-haus.de; Mitte April–Okt.). 1936 zog der Maler **Otto Dix** (1891–1969) an den Bodensee, wo er bis zu seinem Tod lebte; sein Haus in einzigartiger Lage ist jetzt Museum (Otto-Dix-Str. 6, Gaienhofen-Hemmenhofen, www.kunstmuseum-stuttgart.de; Mitte März–Okt. Di.–So. 11.00–18.00 Uhr).

INFORMATION
Kultur-und Gästebüro, Im Kohlgarten 2, 78343 Gaienhofen, Tel. 07735 9 99 91 23, www.gaienhofen.de

4 Stein am Rhein

An dem einst bedeutenden Handelsplatz (3400 Einw.) verlässt der Rhein den Bodensee. Bereits zu Römerzeiten überquerte hier eine Brücke den Fluss. 1007 wurde das Kloster St. Georgen etabliert, was auch zum Marktrecht führte. Seit dem 15. Jh. gehört Stein zur Eidgenossenschaft.

SEHENSWERT
Die mittelalterlichen Häuser am **Rathausplatz** TOPZIEL beeindrucken mit reicher Fassadenmalerei. Am **Weißen Adler** (Oberstadt 1) ist die älteste erhaltene Renaissancefassade (um 1530) der Schweiz zu sehen. Das Ensemble des **Bürgerasyls** (15.–18. Jh., Oberstadt 3) ist eindrucksvoll restauriert und gibt auch einen Einblick in das Leben eines Armenhauses. Die ehem. **Benediktinerabtei St. Georgen** gilt als eine der besterhaltenen Schweizer Klosteranlagen; trotz vieler baulicher Eingriffe bis ins 19. Jh. ist die Anlage noch von Gotik (Kreuzgang) und Renaissance (Festsaal, um 1515) geprägt (Klostermuseum, www.klostersanktgeorgen.ch; April–Okt. Di.–So. 10.00–17.00 Uhr).

MUSEEN
Im ältesten original erhaltenen Haus (1302) der Stadt sind **Krippen** ausgestellt (Oberstadt 5, www.krippenwelt-ag.ch; Mitte März–Mitte Jan. Di.–Sa. 10.00–18.00, So. bis 17.00 Uhr, Dez. bis Mitte Jan. tgl.). Einblicke in bürgerliche Wohnkultur des 19. Jh. gibt das **Museum Lindwurm** (Understadt 18, www.museum-lindwurm.ch; März–Okt. tgl. 10.00–17.00 Uhr).

UMGEBUNG
Von Stein am Rhein sind es noch 22 km bis zum größten **Wasserfall** Europas bei **Schaffhausen** TOPZIEL (www.rheinfall.ch). Idealerweise legt man die Strecke mit dem Schiff zurück (Schweizerische Schifffahrtsgesellschaft Untersee und Rhein, Tel. 0041 52 6 34 08 88, www.urh.ch). Auf alle Fälle sollte man einen Rundgang in Schaffhausen einplanen, der Stadt der Erker.

INFORMATION
Tourismus Stein am Rhein, Oberstadt 3, CH-8260 Stein am Rhein, Tel. 0041 52 6 32 40 32, www.tourismus.steinamrhein.ch

5 Singen

Die Stadt am Hohentwiel (46 000 Einw.) wurde durch den Würzmittelhersteller Maggi gegen Ende des 19. Jh. zu einer Industriestadt.

SEHENSWERT
Deutschlands größte Festungsruine (urspr. 10. Jh., www.festungsruine-hohentwiel.de; April–Mitte Sept. tgl. 9.00–19.30, Mitte Sept.–Okt. 10.00 bis 18.00, sonst bis 16.00 Uhr) auf dem **Hohentwiel,** einem von 9 Hegauvulkanen, bietet einen beeindruckenden Ausblick auf See und Alpen.

MUSEEN
Die Geschichte von der Altsteinzeit bis ins frühe Mittelalter kann man im **Archäologischen Hegau-Museum** im Singener Schloss

(1810) nachvollziehen (Am Schlossgarten 2, www.singen-kulturpur.de; Di.–Sa. 14.00–18.00, So./Fei. bis 17.00 Uhr). Moderne und zeitgenössische Kunst aus der „Vierländerregion Bodensee" zeigt das **Kunstmuseum Singen** in Einzel- und Sammlungsausstellungen (Ekkehardstr. 10, www.kunstmuseum-singen.de; Di. bis Fr., 14.00–18.00, Sa./So. 11.00–17.00 Uhr). Das **Museum Art & Cars** bringt moderne Kunst und alte Autos zusammen (Parkstr. 1, www.museum-art-cars.com; Mi.–Fr. 14.00 bis 17.00, Sa. ab 13.00, So./Fei. ab 11.00 Uhr).

INFORMATION
Tourist-Information, Marktpassage, August-Ruf-Str. 13, 78224 Singen, Tel. 07731 8 52 62, www.in-singen.de

6 Radolfzell

Bischof Radolf von Verona hat den heutigen Kurort (31 000 Einw.) 826 als Mönchsniederlassung gegründet. Im Mittelpunkt steht das spätgotische **Münster Unserer Lieben Frau** (1436–1550). Der neugotische Hochaltar kam Ende des 19. Jh. in das Gotteshaus. Der Kirchturm ist mit 82 m der höchste am Bodensee. Neben der Kirche ist eine Kopie der Ölbergszene zu sehen, die Originalfiguren (2. Hälfte 15. Jh.) befinden sich im Münster.

MUSEUM
Im Haus der ehem. Stadt-Apotheke wird die **Stadtgeschichte** beleuchtet. Eine Apothekeneinrichtung aus dem 19. Jh. ist original erhalten (Seetorstr. 3, www.radolfzell.de; Di.–So. 11.00 bis 17.00 Uhr).

AKTIVITÄTEN
Mehrere **Bäder** locken an und ins Wasser: Seebad Mettnau, Strandbad Mettnau, Strandbad Markelfingen. Das Wassersportzentrum bietet **Segelkurse** an. An der 3 km langen Uferpromenade kann man sich auch ohne Bodenseeschifferpatent ein Boot ausleihen.

UMGEBUNG
Bären, Luchse, Mufflons, Wisente und andere Tierarten leben im **Wild- und Freizeitpark Allensbach** (7 km östl.; Gemeinmärk 7, www.wildundfreizeitpark.de; Mai–Sept. tgl. 9.00–17.00, sonst ab 10.00 Uhr).Von **Allensbach** (7000 Einw.; 9 km südöstl.) hat man den schönsten Blick auf die Insel Reichenau; bundesweit ist der Ort durch das 1947 gegründete Institut für Demoskopie bekannt. Die Krypta unter der Kirche des **Klosters Hegne** (12 km südöstl.) mit dem Grab der seligen Ulrika (1882–1913) hat sich zu einem viel besuchten Pilgerort entwickelt; der Bau geht auf ein Sommerschloss der Konstanzer Bischöfe zurück (Konradistr. 12, Allensbach, www.kloster-hegne.de).

INFORMATION
Tourismus- und Stadtmarketing, Bahnhofplatz 2, 78315 Radolfzell, Tel. 07732 8 15 00, www.radolfzell-tourismus.de

Genießen Erleben Erfahren

DuMont Aktiv

Augenzeugen des Konzils

Die einzige Papstwahl, die jemals nördlich der Alpen stattfand, machte Konstanz berühmt. Tausende von Gästen bevölkerten beim Konzil zwischen 1414 und 1418 die kleine Stadt. Bei einem Rundgang erzählt der Chronist Ulrich Richental von bekannten und geheimen Geschehnissen.

Hinter der Figur des Chronisten verbirgt sich der Philosoph und Kunsthistoriker Henry Gerlach, der Konstanz nicht nur geografisch, sondern auch historisch wie seine Westentasche kennt. Für das Konzilsjubiläum hat Gerlach den Konstanzer Bürger Ulrich Richental wiederbelebt. Der Sohn eines Stadtschreibers zeichnete die Konzilsereignisse damals aus eigenem Antrieb auf und veröffentlichte die Chronik vermutlich auf eigene Kosten.

Außer Richental hat Gerlach noch einige andere Menschen jener Zeit wieder zum Leben erweckt: eine Fischersfrau, Königin Barbara, die wohlhabende Gattin von König Sigismund, den Humanisten und Papstsekretär Poggio Bracciolini sowie Mossén Borra, den spanischen Hofnarren und Spion des Königs von Aragon. Ihnen allen begegnet man unterwegs.

Henry Gerlach hat gemeinsam mit Monika Küble die Chronik des Ulrich Richental ins Neuhochdeutsche übertragen und dabei viele erzählenswerte Geschichten entdeckt. Auch spannende, was das Autorenpaar wiederum zu den historischen Krimis „Das Geheimnis der Ordensfrau" und „In nomine diaboli" inspirierte. Aber das ist eine andere Geschichte ...

Führung „Hofnarr, Spion und Richental"
(für Gruppen buchbar, s. Foto unten)

öffentliche Führung „Ein Kardinal und der Sekretär des Papstes geben sich die Ehre"
Termin: April–Okt., einmal pro Monat, Fr. 17.00 Uhr

Treffpunkt: Tourist-Info im Bahnhof
Dauer: ca. 1,5 Std.
Kosten: 15 € pro Pers.
Anmeldung: www.konstanz-tourismus.de

Die feinsten See-Weine

Burgunderland am Bodensee

Sehr unterschiedlich sind die Böden rund um den See, doch auf allen wachsen Trauben heran, die sich hervorragend in Wein verwandeln lassen. Vor allem in Spätburgunder, aber auch in Müller-Thurgau, Weiß- und Grauburgunder. Die Wasserfläche spiegelt das Sonnenlicht in die Rebhänge und wärmt die Trauben.

1 Vineum in Meersburg

Das Haus ist alt und innen ziemlich schief, aber es präsentiert die Kulturgeschichte des Weins modern und sehr geradlinig. Das im Juli 2016 im ehemaligen Heilig-Geist-Spital in Meersburg eröffnete Vineum spricht alle Sinne an, auch den Geschmackssinn. Am Ende des Rundgangs kann man sich ein bisschen von den Bodenseeweinen zapfen, die man schon immer mal kosten wollte – und dabei erraten, welche der Aromen, die man zuvor mit der Nase erkundet hat, nun auf dem Gaumen liegen.

April–Okt. Di.–So., sonst Sa., So., Fei. 11.00–18.00 Uhr; Vineum Bodensee, Vorburggasse 11, 88709 Meersburg, www.vineum-bodensee.de

2 Markgräfliche Kellerei in Salem

Seit dem Mittelalter pflegen die Markgrafen von Baden in ihren Weinbergen, die zu den höchstgelegenen Deutschlands zählen, die Burgundertradition. 54 Prozent der jährlichen Produktion machen Burgundersorten aus, gefolgt von Müller-Thurgau und anderen Rebsorten. Eingeteilt sind die Tropfen in die Qualitätsstufe „Gutsweine" – Weine für jeden Tag –, „Ortsweine", die typisch sind für die jeweilige Region, „Erste Lage" aus ausgesuchten Lagen der älteren Weinberge und „Große Lage", die Spitze der Weinbaukunst.

Weinverkauf im Schloss: April–Okt. Mo.–Sa. 9.00 bis 18.00, So./Fei. ab 11.00, sonst Mo.–Fr. 9.00–13.00 und 14.00–18.00 Uhr, Sa. nur vorm.; Weingut Markgraf von Baden, Schloss Salem, 88682 Salem, www.markgraf-von-baden.de

Weinverkauf im Birnauer Oberhof: Oberhof 1 a, 88690 Uhldingen-Mühlhofen

Im markgräflichen Restaurant „Schwanen" im Schlossbezirk kann man alle Weine verkosten: www.schloss hotel-schwanen.de

3 Wandern im Weinberg

Viele Wege führen in Meersburg zum Wein – etwa über das Glaserhäusle, die ehemalige Künstlervilla Ödenstein und den Himmelbergweg oder über das Fürstenhäusle von Annette von Droste-Hülshoff und die Weinberge des Jungfernstiegs. Das Staatsweingut Meersburg bietet mehrere Touren durch die Weinberge an, bei denen faszinierende See-Blicke und viel Weinwissen garantiert sind.

Weinverkauf: Mo.-Fr. 9.00 bis 18.00, Sa. bis 16.00, April bis Okt. auch So. 11.00–18.00 Uhr
Weinwanderung ab 8 Personen
Staatsweingut Meersburg, Seminarstraße 6, 88709 Meersburg, www.staatsweingut-meersburg.de

4 Bayerische Winzer am See

Zwölf Weingüter in Lindau, Wasserburg und Nonnenhorn stellen unter Beweis, dass Bayern im Voralpenland nicht nur Bier brauen können, sondern auch besondere Weine erzeugen. Das milde Klima und die eiszeitlichen bis vulkanischen Böden bringen vor allem fruchtige Weine hervor. Um sie kennenzulernen, muss man schon zu den Winzern hinfahren, etwa zur Familie Schmidt in Wasserburg. Denn jedes Weingut vermarktet seine Tropfen direkt. Gemeinsam präsentieren sie sich beim Winzerfestival „Komm und See“ im Juli.

Adressen der Winzer am bayerischen Bodensee: www.kommundsee.de

5 Deftiges in der Rädlewirtschaft

Wer in den Weinorten des Bodensees unterwegs ist, sollte nach einem „Rädle“, einem Rad, Ausschau halten. Damit locken die Winzer in ihre urigen Stuben und Höfe, die sie an 120 Tagen im Jahr öffnen dürfen, um ihren Wein auszuschenken. Dazu gibt es etwas Gutes, meist Deftiges, zu essen. Warum am Bodensee ein Rad den Weg weist und kein bunt geschmückter Besen? Angeblich, weil sich die Winzer reihum absprechen, wann sie öffnen, also „im Rad herum“.

Adressen/Öffnungszeiten der Rädlewirtschaften: www.nonnenhorn.eu

6 Raritäten auf der Weinkarte

Vorarlberg ist nicht gerade die bekannteste Weinbauregion Österreichs, obwohl dort seit Jahrhunderten Wein angebaut wird. Heute sind es noch zwanzig Hektar, die von Winzern bewirtschaftet werden. Müller-Thurgau, Grüner Veltliner, Welschriesling oder roter Zweigelt werden angebaut, aber auch Chardonnay und Syrah wie im Weingut Möth, dem nördlichsten Heurigen Österreichs.

Adressen der Winzer in Vorarlberg: www.wein region-bodensee.com

7 Wy aus dem Thurgau

Grüner Veltliner muss nicht immer in Österreich wachsen. Er kann auch mal aus dem Thurgau kommen, allerdings eher als Rarität. Er ist fast so selten wie der Seyval Blanc aus der Kartause Ittingen, der sich hervorragend mit einem Appenzeller Fondue oder Raclette verbindet. Weitaus häufiger findet man den Müller-Thurgau, den Hermann Müller aus dem Thurgau in der Weinbauforschungsanstalt im hessischen Geisenheim gezüchtet hat.

Weinsorten und Winzer aus dem Thurgau: www.weinregion-boden see.com
www.thurgauweine.ch
Bioweine:
www.biobodensee.net

8 Blauburgunderland

Der Blauburgunder spielt eindeutig die erste Geige im Kanton Schaffhausen. An drei von vier Rebstöcken wachsen Pinot-Noir-Trauben, obwohl diese als „Finöggel“ gelten – als Mimosen. Doch genau das scheint die Winzer im Schaffhauser Land herauszufordern. Sie versuchen Jahr für Jahr, der roten Traube neue Facetten zu entlocken, und sind froh, dass die Pinot-Noir-Rebe so spät austreibt und ihr damit die Frühjahrsfröste im Kanton nichts anhaben können.

www.blauburgunderland.ch

Im Dreiländereck sind Schiffe ein beliebtes Verkehrsmittel: oben die Autofähre Konstanz–Meersburg, rechts Blick von der Gutsschänke des Meersburger Staatsweinguts

Service

Wie kommt man hin? Was isst man dort? Was kostet das? Diese und viele weitere Fragen rund um einen Aufenthalt in der Bodenseeregion beantwortet unser Serviceteil.

Anreise

Mit dem Auto: Die deutsche Seeseite ist über die Autobahn A 81 von Stuttgart nach Singen gut zu erreichen oder über die A 96 von München nach Lindau. In der Schweiz führt die A 7 nach Kreuzlingen, die A 1 nach Rorschach und die A 13 nach St. Margarethen. Von Vorarlberg aus kommt man über die österreichische A 12, die durch das Rheintal führt, an den Bodensee.
Mit dem Zug: Von Basel nach Konstanz kann man auf der deutschen Seite über Radolfzell fahren, auf Schweizer Seite über Zürich. Von Basel nach Friedrichshafen führt die Strecke über Singen, von Stuttgart nach Friedrichshafen oder Konstanz ebenfalls. Urlaub von Anfang an verspricht die Schwarzwaldbahn auf der Route von Karlsruhe nach Konstanz über den Südschwarzwald. Von München aus gibt es Direktverbindungen nach Lindau. Bregenz erreicht man von Österreich aus über die Bahn im Rheintal. In der Schweiz fahren die Züge in der Regel über Zürich oder St. Gallen an den Bodensee. Mit der Tageskarte „Bodensee Ticket" (www.bodensee-ticket.com) kann man in Deutschland, Österreich und der Schweiz Busse und Bahnen nutzen, z. B. für eine Bahnfahrt rund um den Bodensee. Auf den Bahnstrecken hat man fast immer Seeblick. Für einen Ausflug ins Hinterland sind das Baden-Württemberg- oder das Bayern-Ticket der Deutschen Bahn günstige Angebote.
Mit dem Fernbus: Friedrichshafen, Konstanz, Lindau, Singen, Immenstaad, Überlingen und Bregenz stehen auf dem Fahrplan deutscher Fernbuslinien.
Mit dem Flugzeug: Aus Hamburg, Münster, Düsseldorf und Frankfurt fliegen Airlines Friedrichshafen an (www.bodensee-airport.eu). Von Wien aus werden mehrmals täglich Flüge nach Altenrhein bei Rorschach angeboten (Flughafen St. Gallen-Altenrhein, www.peoples.ch). Vom Flughafen Zürich dauert die Fahrt an den Bodensee noch ungefähr eine Stunde (www.flughafen-zuerich.ch).
Mit dem Schiff: Von April bis Okt. verkehrt ein Schnellboot, zwischen Friedrichshafen und Konstanz, eine Autofähre zwischen Konstanz und Meersburg sowie zwischen Friedrichshafen und Romanshorn. Die Bodenseeschifffahrt ist in den Vereinigten Schifffahrtsunternehmen für den Bodensee und Rhein zusammengefasst (www.schiffe-am-bodensee.ch).

Auskunft

Bodensee-Tourismus Service GmbH, Fritz-Arnold-Str. 16 a, D-78467 Konstanz, Tel. 0049 7531 127250, www.der-bodensee.de
Internationale Bodensee Tourismus GmbH, Hafenstr. 6, D-78462 Konstanz, Tel. 0049 7531 909490, www.bodensee.eu
Bodensee-Linzgau Tourismus e. V., Schloss Salem, D-88682 Salem, Tel. 0049 7553 917715, www.bodensee-linzgau.de
Bodensee-Vorarlberg Tourismus, Römerstr. 2, A-6900 Bregenz, Tel. 0043 5574 434430, www.bodensee-vorarlberg.com
St. Gallen-Bodensee Tourismus, Bankgasse 9, CH-9001 St. Gallen, Tel. 0041 71 2273737, www.st.gallen-bodensee.ch
Thurgau Tourismus, Friedrichshafnerstr. 55a, CH-8590 Romanshorn, Tel. 0041 71 5310131, www.thurgau-bodensee.ch
Regio Konstanz-Bodensee-Hegau., Obere Laube 17, D-78462 Konstanz, Tel. 07531 133040, www.bodenseewest.eu

Mit der kostenlosen Echt-Bodensee-App kann man seinen Ausflug individuell planen. Die App „Echt Bodensee" ist für iPhones im Apple App-Store und für Android-Geräte im Google Play-Store verfügbar.

Ermäßigungen

Auf sechs Monate kann man die Erlebnistage der Bodensee Card plus verteilen, die für 4 und 7 Tage angeboten wird (www.bodensee-card.eu). Zudem kann man damit von Ende April bis Ende Okt. den Erlebnisbus nutzen, der zwischen den Pfahlbauten in Unteruhldingen, dem Affenberg und Schloss Salem verkehrt (www.erlebnisbus.de), ebenso wie die Bodensee-Kursschiffe. Die Karte „Winter" gibt es in einer Kategorie für 3 frei wählbare Tage.
In den einzelnen Orten oder ganzen Bodenseeregionen, z. B. am Untersee, erhalten Urlauber mit der kostenlosen Gästekarte Ermäßigungen in Bädern, Freizeiteinrichtungen und Museen, teilweise ist der öffentliche Nahverkehr frei.

Essen und Trinken

Wer am Bodensee Urlaub macht, sollte natürlich auf alle Fälle **Fisch** essen. Es muss ja nicht immer der klassische Felchen (Renke) sein. Aal, Barsch, Hecht, Seeforelle oder Seesaibling schmecken auch sehr gut. Am besten probiert man eine Auswahl auf einem Fischteller.
Wer mit Fisch so gar nichts anfangen kann, ist vielleicht von einem knusprigen **Rostbraten** mit Röstzwiebeln, einem gut geschmorten Braten oder einem Wildgericht angetan. **Kutteln, Leberle** und **Nierle** in säuerlicher Weinsoße

Esstisch ADLER, Stein Orobico Black - Stuhl DEXTER

DRAENERT Steinpark

Möbelmanufaktur

Design in Bewegung

Wir begrüßen Sie in unserem Showroom in Immenstaad am Bodensee! Erleben Sie in einer architektonisch einzigartigen Umgebung unsere Kollektion, die in der benachbarten Designmöbel-Manufaktur gefertigt wird.

Technologische Raffinesse, die Jahrmillionen alte, schwere Steinplatten durch eine kleine Handbewegung bewegt. Großformatiges Glas, das biegsam wird. Hochglänzender Edelstahl, der als Sofa Furore macht und in Museen begeistert. Heißgeliebte Designklassiker und moderne Bestseller im Möbelbereich, die in Zusammenarbeit mit namhaften Architekten und Designern entstehen - das ist die DRAENERT Manufaktur. Seit über 50 Jahren eine feste Größe in der nationalen und internationalen Möbelszene. In der DRAENERT Manufaktur entstehen täglich in liebevoller Handarbeit gefertigte Esstische, Couchtische, Bänke und Stühle aus den Materialien Glas, Metall, Holz, Leder und Stein.

Besuchen Sie unseren legendären DRAENERT Steinpark und entdecken Sie die faszinierende Farbwelt Millionen Jahre alter Natursteinplatten. Unsere Kunden können hier aus 200 unterschiedlichen Steinsorten aus aller Welt ihren Ausschnitt für ihr individuelles DRAENERT Möbel bestimmen.

Als Spezialist individueller Lösungen planen und realisieren wir Ihren Einrichtungswunsch. Lassen Sie sich bei einem Besuch inspirieren.

DRAENERT ORANGERIE
Steigwiesen 3
88090 Immenstaad am Bodensee
www.draenert.de
Mo bis Fr 10-18 Uhr, Sa 10-14 Uhr

DRAENERT Ausstellungsraum Orangerie

DRAENERT

MANUFAKTUR AM BODENSEE

sind nicht jedermanns Geschmack, aber wer sie mag, findet die Innereien häufiger auf der Speisekarte. Zum Fisch werden gern Kartoffeln serviert, zum Fleisch eher Spätzle, mit einer Mischung aus Butter und Semmelbröseln abgeschmälzt; am bayerischen und österreichischen Ufer müssen es natürlich Knödel sein.
Als Beilage oder als Hauptgericht führt kein Weg am **Gemüse** und **Salat** von der Insel Reichenau vorbei. So frisch und knackig schmeckt das Grünzeug nirgendwo anders. Am Untersee backt man zum Salat gern **Dünne,** einen Teigfladen, beliebig belegt, auf der Halbinsel Höri natürlich mit Bülle, der köstlichen roten Zwiebel, die nur dort wächst. Am bayerischen Ufer am Obersee kommen selbstverständlich **Weißwürste** und **Leberkäse** auf den Tisch, ebenso wie **Kässpatzen** – Spätzle mit Käse und Röstzwiebeln, eine herzhafte, aber sehr nahrhafte Speise.
Um **Käse** dreht sich auch alles am österreichischen und Schweizer Ufer. Die Vorarlberger machen aus Käse Suppe oder backen Fladen mit Käsebelag, die Käsdönnala. In der Schweiz ist Käsefondue fast schon Pflicht, aber wer Angst hat, dass sein Brot ständig im gelben See verschwindet, kann auf Chäs-Maggerone oder Fleischfondue umsteigen.
Das Schweizer Nationalgericht **Rösti** – Röschdi gesprochen –, besteht aus geriebenen gekochten oder rohen Kartoffeln, die zu einem flachen Fladen gepresst und in Butter ausgebacken werden; lecker zu Zürcher Geschnetzeltem, einem Ragout aus Kalbfleisch in einer Soße aus Wein und Rahm.
Zum **Dessert** liegt man mit Schokolade oder Schoggi immer gut. Oder, in der gesunden Variante, mit Bodenseeobst.
Nicht ganz so gesund, aber wohltuend sind die Äpfel, Birnen, Zwetschgen und Kirschen vom See in destillierter Form, als **Obstbrand.** Gegen den Durst findet man eine Fülle von Säften, nicht nur in „Mostindien", wie die Innerschweizer den Thurgau nennen. Wo einer der besten Hopfen der Welt wächst, wie in Tettnang, muss ein **Bierchen** sein, am besten in einer der kleinen Privatbrauereien. Weniger bekannt sind die **Weine** vom Bodensee, die es aber in beachtlicher Qualität gibt. Traditionell sind Spät-, Grau- und Weißburgunder, die Winzer versuchen ihr Glück aber auch mit Chardonnay oder Cabernet Sauvignon und anderen Rebsorten (www.weinregion-bodensee.com).

Info

Daten & Fakten

Landesnatur und Klima: Der größte deutsche See zeichnet sich durch mildes Klima aus, weshalb mediterrane Pflanzen unter freiem Himmel überwintern können. Im Sommer heizt die Sonne das Seewasser auf, sodass es durchaus 20 °C warm werden kann. Im Okt. und Nov. wird die Wärme langsam abgegeben, Nebel bildet sich, der sich tagelang, manchmal sogar wochenlang nicht auflöst. Wenn früh im Herbst strenge Frostwetterlagen eintreten, kühlt das Wasser so stark ab, dass der See zufriert. Eine solche Seegfrörne kommt statistisch alle 70 Jahre vor, die letzte war 1962/1963. Der Wasserstand kann bis zu 2 m differieren. Im Febr. ist er am niedrigsten, im Juni/Juli am höchsten – gut zu beobachten bei den Pfahlbauten in Unteruhldingen. Die Uferlänge beträgt 273 km, davon gehören 173 km zu Deutschland, 28 km zu Österreich und 72 km zur Schweiz. Der Wasserspiegel liegt 395 m über Meeresniveau. Die maximale Tiefe des Sees beträgt 254 m. Der Bodensee gliedert sich in Obersee, Überlinger See und Untersee.
Bevölkerung: Der Bodensee ist eine Wachstumsregion. 2017 lebten mehr als 4 Mio. Menschen in der internationalen Region, 14,5 % mehr als 2000. Bis 2030 sagen die Statistiker ein weiteres Wachstum der Bevölkerung voraus. Die durchschnittliche Bevölkerungsdichte liegt bei 310 Personen/km², besonders hoch ist die Dichte in seenahen Gebieten und im Rheintal.
Wirtschaft: Entsprechend dem Bevölkerungswachstum stieg auch die Zahl der Erwerbstätigen rund um den Bodensee. Zurzeit arbeiten 2,3 Mio. Menschen im Dienstleistungssektor (73 %), im produzierenden Gewerbe (25 %) und in der Landwirtschaft (2 %). Wichtige Wirtschaftszweige sind die Luft- und Raumfahrtindustrie, der Maschinenbau, die metallverarbeitende Industrie, Automobilzulieferer, Elektronik, Textilindustrie und natürlich der Tourismus.

Feiertage und Feste

Die **Schwäbisch-Alemannische Fasnet** prägt im Januar und Februar das Festgeschehen rund um den Bodensee. Es beginnt am Dreikönigstag (6. Jan.) mit dem Abstauben der Larven und endet in Vorarlberg mit dem Funkenfeuer am Sonntag nach Aschermittwoch, wenn riesige Strohhaufen oder Holztürme um eine Hexenpuppe herum abgebrannt werden. Vermutlich handelt es sich dabei um einen keltischen Brauch, der den Sonnengott und den Gott der Wärme und des Lichts gnädig stimmen soll.
Die Masken und Figuren der Fasnet haben alle etwas mit dem See zu tun, wie das Nebelmännle in Ludwigshafen, die Froschen in Radolfzell, die Seehasen in Konstanz oder die Seegockel in Friedrichshafen. Selbst die Insel Mainau hat mit den Paradiesvögeln ihre eigene Narrenzunft. Zu sehen sind die fantasievollen Figuren bei zahlreichen Umzügen zwischen Bodensee und Freiburg – nur die Überlinger Hänsele nicht. Sie haben sich 1953 aus der Vereinigung schwäbisch-alemannischer Narrenzünfte verabschiedet und mit Elzach, Rottweil und später Oberndorf den Viererbund gegründet. Die vier Zünfte bleiben während der Fasnet unter sich, nur alle vier Jahre treffen sie sich. Überlingen ist 2021 wieder Gastgeber für das Viererbundtreffen.
Mit den historischen **Schwedenprozessionen** am zweiten Sonntag im Mai und im Juli erfüllen die Überlinger ein Gelübde, das die Bürger ablegten, nachdem die Schweden im Juli 1634 die Belagerung ihrer Stadt aufgegeben hatten. Mit der Prozession im Mai erinnern sie an den Überfall der Schweden 1632, im Juli an den Abzug der Skandinavier.
Am Montag nach dem Pfingstmontag ist auf der Insel Reichenau Feiertag; das **Heilig-Blut-Fest** geht auf ein Abtkreuz zurück, das 925 mit

Der Schaufelraddampfer Hohentwiel im Hafen von Lindau

Anzeige
WILLKOMMEN AM BODENSEE.
. DIX, HECKEL, ACKERMANN - DIE HÖRIKLASSIKER
. MODERNE AUS DEM DEUTSCHEN SÜDWESTEN
. GEGENWARTSKUNST DER EUREGIO BODENSEE
. LANDSCHAFTEN DES HEGAUS UND DES BODENSEES
. EINZEL- UND SAMMLUNGSAUSSTELLUNGEN
KUNST MUSEUM SINGEN
EKKEHARDSTRASSE 10
78224 SINGEN
07731 85-271
KUNSTMUSEUM-SINGEN.DE
DI-FR 14-18 Uhr
SA+SO 11-17 Uhr
Sparkasse Hegau-Bodensee
thüga Energie kann mehr.
SINGEN KulturPur

Feierlaune am Bodensee: Seenachtfest in Konstanz; Narrengericht in Stockach

blutgetränkter Erde von Golgatha in den Besitz des Klosters gelangte.
Am dritten Wochenende im Juli ehren die Radolfzeller seit 1725 ihre drei heiligen **Hausherren** mit einem Festwochenende. Den Abschluss bildet am Montag die **Mooser Wasserprozession.** In geschmückten Booten rudern die Bürger von Moos auf der Halbinsel Höri über den See, um ein Gelübde zu erfüllen, das ihre Vorfahren während einer Viehseuche 1796 ablegten.
Während des Sommers gibt es rund um den Bodensee immer einen Ort, in dem ein Fest gefeiert wird. Das größte ist das **Seenachtfest** in Konstanz mit einem beeindruckenden Feuerwerk, das sowohl von Kreuzlingen als auch von Konstanz aus gezündet wird und insgesamt fast 100 000 Besucher anzieht.
Am 1. August feiern die Schweizer ihren **Nationalfeiertag** ebenfalls mit großem Feuerwerk. Das **Büllefest** in Moos am ersten Oktobersonntag ist der Spezialität der Halbinsel Höri, der roten Zwiebel, gewidmet.
Auf der Mainau pflegt die Familie Bernadotte ihr schwedisches Erbe mit dem **Mittsommerfest** im Juni und **Lucia-Singen** im Dezember.
In der Adventszeit laden in Konstanz, Lindau, Friedrichshafen, Überlingen, St. Gallen, Bregenz, Dornbirn und Feldkirch stimmungsvolle **Weihnachtsmärkte** zum Bummeln ein (www. bodensee.eu).

Info

Geschichte

8000 v. Chr.: Nachdem die Bodenseeregion lange Zeit vom Rheingletscher bedeckt war, kommen erst zwischen 8000 und 5500 v. Chr. Jäger und Sammler der Mittelsteinzeit an den See, die dort aber nicht siedeln.
3000 v. Chr.: Die ersten Pfahlbauten entstehen. Überreste wurden am Überlinger See (Unteruhldingen), am Untersee, in der Konstanzer Bucht und am schweizerischen Ufer gefunden. 700 v. Chr. besiedeln die Bewohner der Pfahlbauten langsam auch das Landesinnere.
800 v. Chr.: Kelten kommen an den See, errichten stadtähnliche Anlagen und betreiben Eisenschmelzen.
50 v. Chr.: Im ersten vorchristlichen Jahrhundert erobern die Römer das Bodenseegebiet. Sie nennen den See Lacus Brigantinus. Ihre wichtigste Siedlung, Verkehrsknotenpunkt und Handelszentrum ist Bregenz (Brigantium). Weitere römische Gründungen sind Arbon (Arbor Felix) und Konstanz (Constantia).
3. Jh.: Alemannen besiedeln zuerst das Nord-, später auch das Südufer. Ortsnamen mit der Endung „-ingen" weisen auf alemannische Gründungen hin. Die Römer ziehen sich auf die Rheingrenze zurück, bis sie um 400 die Gebiete nördlich der Alpen komplett aufgeben.
Ab 610: Wandermönche wie Gallus und Columban christianisieren die alemannische Bevölkerung und gründen u. a. Klöster in St. Gallen und auf der Insel Reichenau, die sich zu geistigen Zentren des Mittelalters entwickeln. Konstanz wird Bischofssitz.
Ab 746: Die fränkischen Karolinger sind die neuen Herrscher am Bodensee. Sie gründen die Pfalz Bodema, woraus sich der deutsche Name Bodensee entwickelt, während die Italiener ihn Lago di Constanza, die Franzosen Lac de Constance und die Engländer Lake Constance nennen – orientiert an Konstanz, der bedeutendsten Stadt am Bodensee zu jener Zeit.
1273: Der Habsburger Rudolf I. wird nach dem Ende der Staufer deutscher König. Unter den Habsburgern werden zahlreiche Städte wie Meersburg, Arbon, Schaffhausen und Bregenz ausgebaut. Sie erlangen oft eigene Gerichtsbarkeit, Münzrechte und Zollprivilegien.
1414–1418: Das Konstanzer Konzil bringt rund 50 000 Menschen aus ganz Europa in die kleine Stadt. Es gelingt, die Spaltung der Kirche, die zu diesem Zeitpunkt drei Päpste hat, zu verhindern und 1417 Martin V. zum alleinigen Papst zu wählen – die einzige Papstwahl nördlich der Alpen.
1499: Die Eidgenossen gewinnen an Macht. Der deutsche Kaiser Maximilian I. muss im Frieden zu Basel deren Selbstständigkeit anerkennen. Die heute noch bestehende Grenze zwischen Deutschland und der Schweiz wird festgelegt. Konstanz wird Grenzstadt ohne eigenes Territorium.
1521: Die Reformation erreicht den Bodensee. Konstanz schließt sich der Bewegung an, der Bischof flieht nach Meersburg. Schaffhausen und St. Gallen nehmen den Glauben Zwinglis an. 1547 wird Konstanz erneut katholisiert.
1618–1648: Der Dreißigjährige Krieg bringt Verwüstung und Armut. Schweden besetzen u. a. Bregenz und die Insel Mainau, belagern Konstanz, Überlingen und Lindau aber vergeblich. Im Westfälischen Frieden von 1648 wird die im Krieg neutral gebliebene Schweiz als souveräner Staat anerkannt.
Nach 1648: Der Wiederaufbau beginnt. Es entstehen barocke Schlösser und Kirchen.
1803: Der Reichsdeputationshauptschluss bewirkt die Auflösung der geistlichen Fürstentümer und Klöster.
1806: Napoleon ordnet Europa neu und legt die Staatsgrenzen Badens, Württembergs und Bayerns fest. Baden steigt durch die Gebietsgewinne von der Markgrafschaft zum Großherzogtum auf, Bayern und Württemberg werden Königreiche.
1824: Das erste Dampfschiff auf dem Bodensee, die „Wilhelm", nimmt den Betrieb auf.
1848: Friedrich Hecker ruft auf dem Konstanzer Stephansplatz die Deutsche Republik aus. Die Revolution wird 1849 niedergeschlagen, die Revolutionäre flüchten in die Schweiz.
1860: Die Textilindustrie in Vorarlberg und im Kanton St. Gallen gewinnt an Bedeutung.
1900: Am 2. Juli schwebt der erste Zeppelin über Friedrichshafen.
1914–1918: Die Zeppelinwerke bauen Luftschiffe für den Einsatz im Ersten Weltkrieg.
1943/1944: Als einzige Stadt am Bodensee wird Friedrichshafen wegen der dort ansässigen Rüstungsindustrie von den Alliierten bombardiert und stark zerstört.
Nach 1945: Langsam entwickelt sich wieder Tourismus am See, der in der zweiten Hälfte des 19. Jh. seinen Anfang genommen hat.
1963: Das seltene Ereignis einer Seegfrörne tritt ein. Die Menschen spazieren auf dem See, befahren ihn mit Autos, und es landet sogar ein Flugzeug.
1972: Gründung der Internationalen Bodenseekonferenz, in der die Länder zusammenarbeiten, die an den See grenzen.
1997: Der Zeppelin NT (Neue Technologie) startet zu seinem Jungfernflug. Eine neue Ära der Luftschifffahrt beginnt.
2002: Bei der Flugzeugkollision von Überlingen stößt eine russische Passagiermaschine mit einem Frachtflugzeug zusammen.
2016: Der Südwestrundfunk strahlt die letzte Folge des „Tatort Konstanz" mit Eva Mattes und Sebastian Bezzel aus.
2018: Konstanz beendet seine im Frühjahr 2014 eröffnete Veranstaltungs-, Ausstellungs- und Festreihe „600 Jahre Konstanzer Konzil".
2019: Die Stadt Konstanz ruft den Klimanotstand aus. Diese Entscheidung könnte auch die Fortführung des beliebten Seenachtfestes in Frage stellen.
Thurgauer Archäologen sind sich sicher, dass die 2015 rund 4,5 m unter der Wasseroberfläche des Bodensees entdeckten rätselhaften Steinhügel zwischen Romanshorn und Bottighofen (Schweizer Seite des Sees) von Menschen gemacht wurden, vermutlich in der Bronzezeit rund 1000 v. Chr. Welchem Zweck die „Hügeli" dienten, ist noch nicht klar. Schnell war die Rede vom „Stonehenge am Bodensee".

Geld

In Österreich gilt der Euro, in der Schweiz und in Liechtenstein der Schweizer Franken. Man kann aber auch dort mit Euro bezahlen, der dann zum Tageskurs gewechselt wird. Selbst an Automaten gibt es häufig die Möglichkeit, mit beiden Währungen zu bezahlen. Eventuell bekommt man jedoch Schweizer Franken als Rückgeld.

Literatur

Der Bodensee spielt nicht nur in den Werken **Martin Walsers** immer wieder eine Rolle. Es gibt mehrere Sammelbände mit Geschichten vom Schwäbischen Meer und essayistischen Betrachtungen.
Wie überall in Deutschland ermitteln auch am See Privatdetektive und Kommissare in ungezählten **Regionalkrimis.** Anja Jonuleit, Walter Christian Kärger, Manfred Megerle, Matthias Moor und Tina Schlegel denken sich für den Emons-Verlag finstere Machenschaften am Bodensee aus, Henry Gerlach, Monika Küble und Erich Schütz für den Gmeiner-Verlag, Jakob Maria Soedher für die Edition Hochfeld, um nur einige Autoren zu nennen.
Der Oase-Verlag in Badenweiler versteht es, **Genuss und Information** auf unterhaltsame Weise zusammenzubringen. Für den Bodensee liegt der Band „Bodensee – 30 kulinarische Eskapaden" vor, wo es in 30 kenntnis- und aufschlussreichen Touren rund um den See geht – vom kleinen Bioladen bis zum Gourmettempel. Wer auf der Suche nach guten Cafés ist, findet in „Süßer Bodensee" aus dem Silberburg-Verlag viele Vorschläge und auch Rezepte zum Selberbacken.

Öffnungszeiten

In Baden-Württemberg ist den Geschäftsleuten freigestellt, wie lange sie öffnen wollen. Einkaufszentren schließen hier in der Regel erst um 22.00 Uhr. In Bayern dürfen Geschäfte nur zwischen 6.00 und 20.00 Uhr geöffnet sein. In kleineren Orten sollte man mit einer Mittagspause rechnen.
Am österreichischen Ufer dürfen die Geschäfte Montag bis Freitag von 5.00 bis 21.00 Uhr geöffnet sein, Samstag bis 18.00 Uhr.
In der Schweiz kann man üblicherweise zwischen 8.00 und 12.00 sowie zwischen 14.00 und 17.00 Uhr einkaufen, in Städten meist ohne Mittagspause bis 19.00, Samstags bis 17.00 Uhr. In einigen Orten ist einmal pro Woche bis 21.00 Uhr geöffnet. In Feriengebieten sind längere Öffnungszeiten möglich.

Restaurants

Von der Rädlewirtschaft bis zum Sternelokal ist man am Bodensee bestens versorgt. Eine kleine Auswahl wird auf den Infoseiten vorgestellt. Dabei gelten die folgenden Preiskategorien:

Preiskategorien

€€€	Hauptspeisen	über 35 €
€€	Hauptspeisen	15–35 €
€	Hauptspeisen	bis 15 €

Sport

Inlineskaten: Die gut asphaltierten Radwege sind auch zum Inlineskaten bestens geeignet. So führt eine schöne Strecke etwa von Konstanz nach Romanshorn; zurück kommt man gut mit dem Zug oder Schiff. Seit der Radweg rund um die Reichenau neu angelegt wurde, ist der Belag auch für Inlineskater ein Genuss – zusätzlich zur tollen Aussicht. Weitere Streckenvorschläge findet man auf der Internetseite www.bodensee-skating.de.
Radfahren: Der Bodensee-Radweg zählt zu den schönsten Radwanderwegen Europas. Wer in Konstanz beginnt und im Uhrzeigersinn fährt, radelt immer auf der Seeseite des Wegs. Sehr geübte Fahrer schaffen die Runde angeblich an einem Tag, Hobbyradlern wird mindestens eine Dreiteilung in Untersee, Überlinger See und Obersee empfohlen. Weitere Touren auf www.bodenseetouren.de.
In vielen Urlaubsorten am See kann man auch Fahrräder leihen.
Wandern: Die meisten Wanderwege führen eher ein bisschen weg vom See, dafür in Höhen, von denen man einen guten Überblick hat. Leicht ist der Bregenzer Hausberg Pfänder mit der Bergbahn zu erreichen, um oben seine Runden zu drehen und dann hinabzuwandern. Natürlich kann man auch zu Fuß hinauf. Beste Sicht auf die Alpen garantieren die Wanderwege im Fürstentum Liechtenstein. Die Rappenlochschlucht in Vorarlberg bietet ganz ungewöhnliche Wandererlebnisse.
Wassersport: Wakeboarden – eine Mischung aus Wasserski und Surfen – kann man am Bodensee genauso wie segeln, tauchen und Kanu fahren. Oder man geht einfach in einem der vielen Strandbäder schwimmen.
Wer segelt, braucht am Bodensee für Boote mit mehr als 12 m² Segelfläche einen eigenen Segelschein, das Bodenseeschifferpatent der Kategorie D. Boote mit kleinerer Segelfläche und ohne Motor dürfen ohne Patent gesegelt werden. Für alle Boote gilt aber die Bodensee-Schifffahrts-Ordnung (BSO), die beispielsweise die Vorfahrt der Personenschifffahrt und der Berufsfischer regelt. Da es am Bodensee keine Gastzulassung gibt, sondern jedes Boot eine eigene komplette Bodenseezulassung mit Kennzeichen braucht, ist es oft günstiger und bequemer, vor Ort ein Boot zu mieten, als das eigene mitzubringen.
Wer segeln lernen will, findet mehrere Segelschulen; die älteste ist diejenige in Überlingen: www.segelschule-ueberlingen.de.
In Überlingen kann man bei einem zweitägigen Grundkurs auch Windsurfen lernen (www.surfschulebodensee.de). Eine weitere Surfschule ist in Wasserburg angesiedelt (www.surfschule-wasserburg.de). Surfen ist auf dem Bodensee nur in eigens dafür freigegebenen Windsurfrevieren erlaubt.
SUP – Stand Up Paddling – heißt eine neue Trendsportart für die ganze Familie und jedes Alter. Man steht auf einem Brett, ähnlich einem Surfbrett, und schiebt sich mit dem Paddel über den See. Kurse bieten die Surfschulen an.

Eine Kanutour verbindet Wassersport mit der Möglichkeit, das Bodenseeufer aus einer neuen Perspektive zu erleben.

Vielleicht verfahre ich mich auf dem Weg zur Arbeit einfach mal.
Vielleicht nach Amsterdam.
13
Jordaan
Oude Kerk
Oude Centrum
Museum & Spiegelkwartier
Artis Zoo
De Plantage
Scheepvaart museum
IJ-Tunnel
Het IJ
Museumplein
Stadhouderskade
De Pijp
DUMONT DIREKT
Amsterdam
Spüren, erleben, schmecken, eintauchen: Die neuen DuMont Direkt Reiseführer sind da.
GANZ MEINE ART ZU REISEN
DUMONT
DIREKT

Mit seinen 273 km Uferlänge ist der Bodensee ein geeignetes Gebiet für ein- und mehrtägige Kanutouren. Der Bodensee-Kanuweg führt in vierzehn Tagesetappen einmal rund um den See. Die Etappen sind auf www.lacanoa.de beschrieben; hier gibt es auch Auskünfte zum Bootsverleih. Geführte Touren findet man auf www.naturfreundehaus-bodensee.de.
Rund um den See gibt es eine Vielzahl von Strand- und Freibädern. In Überlingen, Meersburg und Konstanz liegen Thermalbäder mit Saunalandschaften direkt am Seeufer.

Unterkunft

Hotels und Gasthöfe: Das Angebot ist in allen Preisklassen gut, allerdings während der Saison auch schnell ausgebucht. Außerhalb der Hochsaison gibt es attraktive Pauschalangebote. Eine kleine Auswahl findet sich auf den Infoseiten – in folgenden Preiskategorien:

Preiskategorien

€€€	Doppelzimmer	über 150 €
€€	Doppelzimmer	100 – 150 €
€	Doppelzimmer	unter 100 €

Urlaub auf dem Bauernhof: Tiere füttern, mit der Bäuerin Brot backen, mit dem Bauern in den Weinbergen arbeiten oder gemeinsam Saft pressen – Ferien auf dem Bauernhof sind vor allem bei Familien beliebt. Am Bodensee gibt es zahlreiche Angebote, zum Teil preisgekrönt. Informationen gibt es im Internet auf www.bodenseeurlaub.de, www.bauernhofurlaub.de, www.bodenseeferien.de oder bei den örtlichen Tourismusbüros.
Camping: Es gibt zahlreiche Campingplätze direkt am See; in der Saison sind sie jedoch meist schnell ausgebucht und relativ teuer. Günstiger sind Plätze im Hinterland. Eine Übersicht findet man auf www.bodenseeferien.de und www.pincamp.de.
Jugendherbergen: Mit den Buslinien 1 und 13/4 kommt man von der Jugendherberge in **Konstanz** schnell in die Innenstadt und an den See (5 km). Im Otto-Moericke-Turm, einem ehem. Wasserturm, werden die Mahlzeiten in Buffetform angeboten (Zur Allmannshöhe 16, D-78464 Konstanz, Tel. 0049 7531 3 22 60, http://konstanz.jugendherberge.de).
Die Jugendherberge in **Überlingen** liegt nur 100 m vom See entfernt (Alte Nußdorfer Str. 26, D-88662 Überlingen, Tel. 0049 7551 42 04, http://ueberlingen.jugendherberge.de).
Nur 50 m ist die Jugendherberge **Friedrichshafen** vom See entfernt (Lindauer Str. 3, D-88046 Friedrichshafen, Tel. 0049 7541 7 24 04, http://friedrichshafen.jugendherberge.de).
Die Altstadt auf der Insel ist von der Jugendherberge **Lindau** aus leicht zu erreichen (Herbergsweg 11, D-88131 Lindau, Tel. 0049 8382 9 67 10, http://lindau.jugendherberge.de).
Am österreichischen Ufer kann man im JUFA-Hotel **Bregenz** günstig – und ohne Mitgliedsausweis – übernachten (Mehrerauerstr. 5, A-6900 Bregenz, Tel. 0043 5 708 35 40, www.jufa.eu/bregenz) oder im Jungen Hotel **Hard** (Allmendstr. 87, A-6971 Hard, Tel. 0043 55 7 47 34 35, www.jungeshotel-hard.at).
Von April bis September ist die ins Strandbad integrierte Herberge **Rorschach** geöffnet (Churerstr. 4, CH-9400 Rorschach, Tel. 0041 71 8 44 97 12, www.herberge-rorschach.ch).
Die Jugendherberge in **Romanshorn** empfängt von März bis Okt. Gäste (Gottfried-Keller-Str. 6, CH-8590 Romanshorn, Tel. 0041 58 3 46 84 00, www.youthhostel.ch/romanshorn).
In **Steckborn** am Untersee ist die Herberge ebenfalls ins Strandbad integriert und von Mai bis September geöffnet (Seestr. 188, CH-8266 Steckborn, Tel. 0041 58 3 46 20 87, www.strandbad-steckborn.ch).
Auch das nahe gelegene Fürstentum Liechtenstein hat eine Jugendherberge in **Schaan-Vaduz,** mit Blick auf die Berge, geöffnet von April bis Oktober (Under Rüttigass 6, FL-9494 Schaan, Tel. 00423 2 32 50 22, www.youthhostel.ch/schaan).

Register

Fette Ziffern verweisen auf Seiten mit Abbildungen.

Impressum

3. Auflage 2020

Verlag: DuMont Reiseverlag, Postfach 3151, 73751 Ostfildern, Tel. 0711 45 02-0, Fax 0711 45 02-135, www.dumontreise.de
Geschäftsführer: Dr. Thomas Brinkmann, Dr. Stephanie Mair-Huydts
Programmleitung: Birgit Borowski
Redaktion: Achim Bourmer
Text und Aktualisierung: Cornelia Tomaschko, Ettlingen
Exklusiv-Fotografie: Johann Scheibner, Berlin
Titelbild: Getty Images/Westend61
Zusätzliches Fotomaterial: S. 5 u. iStock, 8/9 huber-images/Reinhard Schmid, 14/15 lookphotos/Rainer Mirau, 22 o., iStock, 22 u. l. mauritius images/Zoonar GmbH/Alamy, 22 u. r. laif/Raach, 23 o. l. DuMont Bildarchiv/Rainer Kiedrowski, 23 u. Udo Mittelberger, 31 u. Karolingische Klosterstadt Campus Galli, 39 huber-images/Reinhard Schmid, 43 o. iStock, 54 o. iStock, 54 u. l. mauritius images/Westend61/Holger Spiering, 54 u. r. lookphotos/age fotostock, 55 o. l Pfänderbahn AG, 55 o. r. Dornbirner Seilbahn GmbH, 55 u. lookphotos/age fotostock, 57 r. u., 58 l. DuMont Bildarchiv/Rainer Kiedrowski, 58 r. o. DuMont Bildarchiv/Katja Kreder, 59 o., 75 o. iStock, 92 l., 92 r. o., 112 r. u. DuMont Bildarchiv/Rainer Kiedrowski, 113 Tourist-Information Konstanz, 114 o. iStock, 114 u. l. Weingut Markgraf von Baden, 114 u. r. lookphotos/TerraVista, 115 o. l. Weingut Schmidt am Bodensee, 115 o. r. Falk von Traubenberg, 115 u. Branchenverband Thurgau Wein, 116 r. o., 118 l., 118 r. DuMont Bildarchiv/Rainer Kiedrowski
Grafische Konzeption, Art Direktion: fpm factor product münchen
Cover Gestaltung: Neue Gestaltung, Berlin
Layout: Cyclus · Visuelle Kommunikation, Stuttgart
Kartografie: © MAIRDUMONT GmbH & Co. KG
Kartografie Lawall (Karten für „Unsere Favoriten")
DuMont Bildarchiv: Marco-Polo-Straße 1, 73760 Ostfildern,
Tel. 0711 45 02-266, Fax 0711 45 02-1006, bildarchiv@mairdumont.com

 Erscheinungsweise: monatlich.

Anzeigenvermarktung: MAIRDUMONT MEDIA, Tel. 0711 450 20
Fax 0711 4502-1012, media@mairdumont.com, http://media.mairdumont.com
Vertrieb Zeitschriftenhandel: PARTNER Medienservices GmbH,
Postfach 810420, 70521 Stuttgart,
Tel. 0711 72 52-212, Fax 0711 72 52-320
Vertrieb Abonnement: Leserservice DuMont Bildatlas,
Zenit Pressevertrieb GmbH, Postfach 810640, 70523 Stuttgart,
Tel. 0711/7252-265, Fax 0711/7252-333,
dumontreise@zenit-presse.de
Vertrieb Buchhandel und Einzelhefte: MAIRDUMONT
GmbH & Co. KG, Marco-Polo-Straße 1, 73760 Ostfildern,
Tel. 0711 45 02-0, Fax 0711 45 02-340
Reproduktionen: PPP Pre Print Partner GmbH & Co. KG, Köln
Druck und buchbinderische Verarbeitung:
NEEF + STUMME GmbH, Wittingen,
Printed in Germany

FSC
www.fsc.org
MIX
Papier aus verantwortungsvollen Quellen
FSC® C001857

Eine von Berlins Vorzeigeansichten, der Blick auf Bode-Museum und Fernsehturm im Hintergrund.

Teeplantagen in Sri Lankas Hochland, so weit das Auge reicht. Die britische Kolonialmacht führte die Nutzpflanze um 1870 ein.

Berlin

Große Kunst
Erwartet Sie in den Berliner Museen, nicht nur in jenen fünf, die auf der Museumsinsel liegen und von der UNESCO zum Welterbe gekürt wurden.

Die Hauptstadt anders erleben
Wie wäre es mit einer Rikscha-Tour durch das historische Berlin, mit einer Rundfahrt im Trabi oder mit einer Führung durch die Unterwelt?

Das hippe Berlin
Prenzlauer Berg, Kreuzberg, Friedrichshain und Neukölln, hier trifft sich heute die Szene! Wir verraten Ihnen, welche Clubs und Bars gerade angesagt sind.

Sri Lanka

Tropisches Märchenland
Für eine Reise nach Sri Lanka gibt es gute Gründe: eine traumhafte Landschaft, üppig grüne Vegetation, herrliche Strände und einzigartige Kunstwerke – lassen Sie sich mit hervorragenden Bildern einstimmen auf ein ganz besonderes Land.

Das Wissen vom Leben
Ayurveda ist eine 3000 Jahre alte ganzheitliche Heilmethode. Wir stellen Ihnen die wichtigsten Komponenten der Behandlung vor und liefern Ihnen Pro- und Kontra-Argumente für Ayurveda-Kuren.

Der lange Weg zum Frieden
Hintergründe und Fakten zum Bürgerkrieg, der das Land bis 2009 in Atem hielt.

www.dumontreise.de

Lieferbare Ausgaben

Deutschland
207 Allgäu
216 Altmühltal
105 Bayerischer Wald
180 Berlin
162 Bodensee
217 Brandenburg
175 Chiemgau, Berchtesgadener Land
013 Dresden, Sächsische Schweiz
152 Eifel, Aachen
157 Elbe und Weser, Bremen
168 Franken
020 Frankfurt, Rhein-Main
112 Freiburg, Basel, Colmar
028 Hamburg
026 Hannover zwischen Harz und Heide
042 Harz
023 Leipzig, Halle, Magdeburg
210 Lüneburger Heide, Wendland
188 Mecklenburgische Seen
038 Mecklenburg-Vorpommern
033 Mosel
190 München
047 Münsterland
015 Nordseeküste Schleswig-Holstein
006 Oberbayern
161 Odenwald, Heidelberg
035 Osnabrücker Land, Emsland
002 Ostfriesland, Oldenburger Land
164 Ostseeküste Mecklenburg-Vorpommern
154 Ostseeküste Schleswig-Holstein
201 Pfalz
040 Rhein zw. Köln und Mainz
185 Rhön
186 Rügen, Usedom, Hiddensee
206 Ruhrgebiet
149 Saarland
182 Sachsen
081 Sachsen-Anhalt
117 Sauerland, Siegerland
159 Schwarzwald Norden
045 Schwarzwald Süden
018 Spreewald, Lausitz
008 Stuttgart, Schwäbische Alb
141 Sylt, Amrum, Föhr
204 Teutoburger Wald
170 Thüringen
037 Weserbergland
173 Wiesbaden, Rheingau

Benelux
156 Amsterdam
011 Flandern, Brüssel
179 Niederlande

Frankreich
177 Bretagne
021 Côte d'Azur
032 Elsass
009 Frankreich Süden Okzitanien
019 Korsika
213 Normandie
001 Paris
198 Provence

Großbritannien/Irland
187 Irland
202 London
189 Schottland
030 Südengland

Italien/Malta/Kroatien
181 Apulien, Kalabrien
211 Gardasee
110 Golf von Neapel, Kampanien
163 Istrien, Kvarner Bucht
215 Italien, Norden
005 Kroatische Adriaküste
167 Malta
155 Oberitalienische Seen
158 Piemont, Turin
014 Rom
165 Sardinien
003 Sizilien
203 Südtirol
039 Toskana
091 Venedig, Venetien

Griechenland/Zypern/Türkei
034 Istanbul
016 Kreta
176 Türkische Südküste, Antalya
148 Zypern

Mittel- und Osteuropa
104 Baltikum
208 Danzig, Ostsee, Masuren
169 Krakau, Breslau, Polen Süden
044 Prag
193 St. Petersburg

Österreich/Schweiz
192 Kärnten
004 Salzburger Land
196 Schweiz
144 Tirol
197 Wien

Spanien/Portugal
043 Algarve
214 Andalusien
150 Barcelona
025 Gran Canaria, Fuerteventura, Lanzarote
172 Kanarische Inseln
199 Lissabon
209 Madeira
174 Mallorca
007 Spanien Norden, Jakobsweg
118 Teneriffa, La Palma, La Gomera, El Hierro

Skandinavien/Nordeuropa
166 Dänemark
212 Finnland
153 Hurtigruten
029 Island
200 Norwegen Norden
178 Norwegen Süden
151 Schweden Süden, Stockholm

Länderübergreifende Bände
123 Donau – Von der Quelle bis zur Mündung
112 Freiburg, Basel, Colmar

Außereuropäische Ziele
183 Australien Osten, Sydney
109 Australien Süden, Westen
195 Costa Rica
024 Dubai, Abu Dhabi, VAE
160 Florida
036 Indien
205 Iran
027 Israel, Palästina
111 Kalifornien
031 Kanada Osten
191 Kanada Westen
171 Kuba
022 Namibia
194 Neuseeland
041 New York
184 Sri Lanka
048 Südafrika
012 Thailand
046 Vietnam

Inhaltsverzeichnis

TIPP

Besorge dir für dieses Buch ein eigenes Übungsheft. In dieses Heft schreibst du jedes Fehlerwort noch einmal ein und verwendest es in einem Satz. Zum Beispiel:

enttäuscht → *Die Mannschaft war sehr enttäuscht, weil sie das Spiel verloren hatte.*

Je öfter du ein Wort mit der Hand selbst schreibst und es in einem Satz verwendest, desto besser wirst du dir dieses Wort merken. Du wirst sehen, dass du dann diese Wörter „automatisch" richtig schreibst, und nicht mehr so viel nachdenken musst.

s-Schreibung

A Drei Grundregeln für die s-Schreibung

Du kennst schon die **die drei Grundregeln** für die Schreibung des s-Lautes:

REGEL

1 Das **s** kann sowohl **nach einem kurz als auch nach einem lang gesprochenen Vokal** stehen. Am **Wortanfang** kommt immer **nur s** vor. Es wird als einziges s **stimmhaft** („**summend**" = „**Bienen-s**") ausgesprochen. Nur wenn ein **Konsonant** folgt, klingt es stimmlos („zischend"):
Suche, Haus, Hase; Kiste, hastig, Ast

2 Das **ss** kommt **nach** einem **kurz und betont gesprochenen Vokal** vor. Es wird **stimmlos** („**zischend**" = „**Schlangen-s**") gesprochen.
küssen, bissig, fassen

3 Das **ß** kommt nach einem **lang gesprochenen Vokal und nach Zwielauten** vor. Es wird ebenfalls **stimmlos** („**zischend**") gesprochen.
außen, Fuß, süß

1 * Welche Wörter mit „s" verstecken sich hier? Schreibe sie richtig auf die Zeilen. Schreibe dann zwei Sätze auf die Zeilen unten verwende dabei möglichst viele dieser Wörter.

gstAn Angst	lensteh ______	tigdurs ______
lasAt ______	seEch ______	rierDinosau ______
stOb ______	nster ______	rendiskutie ______
ubSta ______	chenste ______	nisErgeb ______
tigläs ______	losend ______	renrasie ______
tieBes ______	esfi ______	rendfaszinie ______
bsKre ______	stFri ______	seGäm ______
tisgra ______	densen ______	senbewei ______
neKusi ______	keMas ______	gramGries ______

____

____

2 ✱ Welche Wörter mit „ss" verstecken sich hier? Schreibe sie richtig auf die Zeilen. Schreibe dann zwei Sätze auf die Zeilen unten verwende dabei möglichst viele dieser Wörter.

sigbis	*bissig*	seGas		sivaggres	
signus		senpres		schlussEnt	
senlas		tischEss		senvermis	
selFes		assAnl		slichverges	
senpas		senfas		trauischmiss	
seRas		zessPro		gierPassa	
ssna		ssSchlu		lichunerläss	
senwis		seMas		serVerfas	
serWas		senküs		wissunge	
ssFa		selSchlüs		seinBewusst	

3 ✱ Welche Wörter mit „ß" verstecken sich hier? Schreibe sie richtig auf die Zeilen. Schreibe dann zwei Sätze auf die Zeilen unten verwende dabei möglichst viele dieser Wörter.

eißSchw	*Schweiß*	lichäußer		ßengie	
ßsü		ballFuß		ßengenie	
ßRu		ßSto		ßigmä	
aßSp		ßeSo		schoßErdge	
ßenau		außStr		ßengrü	
ßenrei		ßblo		ßenflie	
ßigdrei		ßhei		ßenbü	
ßeGrö		ßenhei		ßenverdrie	
ßFlo		ßigflei		äßiggefr	
ßGei		ßwei		kanneGieß	

4 ✱✱ **Finde ein Wort mit der gegenteiligen Bedeutung. Wenn du nicht weiterweißt: Die Wörter aus der Übung 1 helfen dir.**

Mut: ______________________ zu bezahlen: ______________________

fad: ______________________ sanftes Tier: ______________________

lieb: ______________________ fröhliche Person: ______________________

5 ✱✱ **Finde ein Wort mit der gegenteiligen Bedeutung. Wenn du nicht weiterweißt: Die Wörter aus der Übung 2 helfen dir.**

sanftmütig: ______________________ Anfang: ______________________

vertrauensvoll: ______________________ trocken: ______________________

sicher: ______________________ merkfähig: ______________________

6 ✱✱ **Finde ein Wort mit der gegenteiligen Bedeutung. Wenn du nicht weiterweißt: Die Wörter aus der Übung 3 helfen dir.**

innerlich: ______________________ schwarz: ______________________

Qual: ______________________ sauer: ______________________

kalt: ______________________ faul: ______________________

7 ✱ **In der rechten Spalte sind neun Wörter anders formuliert als in der linken. Finde die weiteren acht Unterschiede und markiere sie mit Farbe.**

Schweiß ▪ äußerlich ▪ Rasierer ▪ Masse ▪ süßen ▪ Fessel ▪ Gießkanne ▪ Erdgeschoß ▪ misstrauisch ▪ passen ▪ vermissen ▪ diskutieren ▪ Griesgram ▪ ernst ▪ gratis ▪ Fußballtor ▪ Gämse ▪ stechen ▪ Ergebnis ▪ Frist ▪ fies ▪ genießen ▪ aggressiv ▪ durstig ▪ Stoß ▪ mäßig ▪ Spaß ▪ Soße ▪ bissig ▪ heiß ▪ Bewusstsein ▪ Entschluss ▪ pressen ▪ Angst ▪ stehlen ▪ lassen ▪ Esstisch ▪ Bestie ▪ Krebs ▪ fassen ▪ Passagier ▪ Flussbett ▪ fließen ▪ dreißig ▪ Atlas ▪ Dinosaurier ▪ büßen ▪ Floß ▪ Prozess ▪ heißen ▪ Größe ▪ Rasse ▪ Rasen ▪ weiß ▪ Strauß ▪ Wiese ▪ fleißig ▪ geistreich ▪ lästig ▪ faszinierend ▪ Echse ▪ senden ▪ Ruß	Schweiß ▪ äußerlich ▪ Rasierer ▪ Masse ▪ süß ▪ Fessel ▪ Gießkanne ▪ Erdgeschoß ▪ misstrauen ▪ passen ▪ vermissen ▪ diskutieren ▪ Griesgram ▪ ernst ▪ gratis ▪ Fußballfan ▪ Gämse ▪ stechen ▪ Ergebnis ▪ Frist ▪ fies ▪ genießen ▪ aggressiv ▪ Durst ▪ Stoß ▪ mäßig ▪ Spaß ▪ Soße ▪ Biss ▪ heiß ▪ Bewusstsein ▪ Entschluss ▪ pressen ▪ Angst ▪ stehlen ▪ lassen ▪ Esstisch ▪ Bestie ▪ Krebs ▪ Fass ▪ Passagier ▪ Flussbett ▪ fließen ▪ dreißig ▪ Atlas ▪ Dinosaurier ▪ büßen ▪ Floß ▪ Prozess ▪ heißen ▪ groß ▪ Rasse ▪ Rasen ▪ weiß ▪ Strauß ▪ Wiese ▪ fleißig ▪ Geist ▪ Last ▪ faszinierend ▪ Echse ▪ senden ▪ Ruß

8 ✱✱ Schreibe die durcheinandergeratenen Sätze richtig auf. Schreibe dann zwei eigene Sätze – versuche darin so viele Wörter wie möglich aus Übung 1 bis 3 einzubauen.

> *Auf haben Leute Platz dem Floß dreißig.*
> *Auf dem Floß haben dreißig Leute Platz.*

1 weiße ist voller Die Ruß Geiß.

____

2 Soße die Tim maßvoll in Schüssel gießt.

____

3 das will Geheimnis auch Ich wissen!

____

4 Freistoß wirklich unfair! war Der

____

5 Diese selten ist bissig Hunderasse.

____

6 Ergebnis Das des ist ungewiss Prozesses.

____

7 Die Rasenfläche riesige gegossen wird regelmäßig.

____

8 in Ruhe mich bloß Lass!

____

9 fies Du äußerst warst!

____

10 das Hast vergessen? du

____

11 Die mit dem Ball gab dem Fuß aggressiven Stoß Spielerin einen.

____

____

____

____

____

9 ✱ Verwandte Wörter: Ein Wort passt nicht in die Zeile. Streiche es durch.

1 wissen – gewissenhaft – die Wissenschaft – ~~die Wiesenblume~~

2 der Wasserfall – das Gewässer – gewesen – bewässern

3 die Anweisung – der Verweis – ich weiß – beweisen

4 Nässe – das Nashorn – regennass – die Nassrasur

5 der Riss – rissig – riesig – zerrissen

6 ich lasse – verlassen – wir lasen – verlässlich

7 die Reise – verreisen – reiselustig –zerreißen

8 das Eis genießen – ins Taschentuch niesen – der Niesreiz – der Nieser

10 ✱ Ergänze die verwandten Wörter.

1 Schwei_ß_nass und voller Schwei____flecken stand ich vor der Klasse.

2 Elena liebt Sü____speisen und Sü____igkeiten. Sie sü____t allerdings immer mit Sü____stoff.

3 Beim Fallschirmspringen muss man fest an der Rei____leine rei____en.

4 Der Entfe____elungskünstler fe____elte unsere gesamte Aufmerksamkeit, während er sich von den Fe____eln befreite.

5 Hast du dich in eurem neuen Hau____ schon häu____lich eingerichtet oder fühlst du dich noch nicht zu Hau____e?

6 Bei der Di____ku____ion di____kutierten alle Di____ku____ionsteilnehmerinnen und -teilnehmer mit guten Argumenten.

ACHTUNG

Ändert sich bei „verwandten" Wörtern mit ss oder ß die Länge des Selbstlautes vor dem s-Laut, **ändert sich** auch die **s-Schreibung**. Achte daher genau auf die **Länge des Vokals** vor dem zischend gesprochenen s-Laut:

- Ist er **kurz**, dann schreibt man ss → *lassen*
- Ist er **lang oder** ein **Zwielaut**, dann schreibt man ß → *ließ*

Wissen

Üben

Üben

11 ✱ Schreibe die Wörter aus der Box in die richtige Spalte.

~~schießen~~ ▪ ~~der Schuss~~ ▪ ich weiß ▪ wissbegierig ▪ genießbar ▪ genüsslich ▪ die Gießkanne ▪ goss ▪ sprießen ▪ der Spross ▪ zerrissen ▪ zerreißen ▪ die Beißzange ▪ bissfest ▪ das Maßband ▪ die Messung ▪ essen ▪ aß

kurzer Vokal	langer Vokal
der Schuss	*schießen*

12 ✱✱ Trage das fehlende Wort in die Tabelle ein. Tipp: Wenn du beim zischenden s-Laut unsicher bist, sprich das Wort laut aus und achte auf die Länge des Vokals!

Nomen	Verb
der Gruß	*grüßen*
	beißen
der Spross	
das Maß	
	schießen
der Schluss	
der Guss	

13 ✱✱ Bei den unregelmäßigen Verben ändert sich oft die Länge des Vokals und des s-Lauts. Trage richtig ein: ss oder ß? Tipp: Wenn du beim zischenden s-Laut unsicher bist, sprich das Wort laut aus und achte auf die Länge des Vokals!

1 bei*ß*en – bi*ss* – gebi*ss*en – bei*ß*!

2 flie____en – flo____ – geflo____en – flie____!

3 fre____en – fra____ – gefre____en – fri____!

4 gie_____en – go_____ – gego_____en – gie_____!

5 rei_____en – ri_____ – geri_____en – rei_____!

6 schie_____en – scho_____ – gescho_____en – schie_____!

14 ** **Ergänze die verwandten Wörter. Tipp: Wenn du beim zischenden s-Laut unsicher bist, sprich das Wort laut aus und achte auf die Länge des Vokals!**

1 Die schu_ss_sichere Weste schützt die Heldin vor den Schü_____en der schie_____wütigen Bösewichte.

2 Die Verge_____lichkeit meines Opas war so weit fortgeschritten, dass er seine Adresse verga_____.

3 Mit der Gie_____kanne go_____ ich reichlich Wasser über die Blumen.

4 Bald darauf entdeckte ich einen frischen, grünen Spro_____. Schön, wenn die Pflanzen so üppig sprie_____en!

5 Die gesamte Gruppe a_____ das indische E_____en, wie es der Tradition entspricht, nämlich ohne E_____besteck: mit den Fingern und mit Brot.

6 Gibst du mir einen Bi_____en von deinem Müsliriegel? – Sehr gern, ich kann ihn ohnehin nicht bei_____en, er ist mehr als bi_____fest, er ist steinhart!

7 „Wei_____t du über die neuesten Erkenntnisse der Wi_____enschaft Bescheid?", will meine wi_____begierige kleine Schwester wi_____en.

8 „Jetzt ist aber Schlu_____ mit der Streiterei", ruft der Bademeister, „sonst schlie_____e ich die Wasserrutsche!"

9 Pass auf, dass der Ri_____ in der Hose nicht weiter aufrei_____t!

10 Wo der Flu_____ ruhig flie_____t, dort kann man ihn mit einem Flo_____ überqueren.

11 Ich dachte, dieses Eis wird ein Genu_____, aber ich muss sagen, so wirklich genie_____bar ist es leider nicht.

15 ✱✱ Trage die Wörter aus der Box richtig ein.

Ergebnis ▪ Ereignisse ▪ ~~Zeugnis~~ ▪ Zirkusse ▪ Erlaubnis ▪ Zirkus ▪ Kenntnisse ▪ Verhältnisse ▪ Erlebnis

Erinnere dich:
*Nomen auf **-nis**, **-is**, **-us** und **-as** werden trotz des kurz gesprochenen Vokals nur mit einem s geschrieben.*
*In der Mehrzahl allerdings steht **ss**.*
*der Zirkus – die Zirk**uss**e*
*das Ergebnis – die Ergebni**ss**e*

1 Mein gutes ____Zeugnis____ ist das ____________ meiner konsequenten Arbeit!

2 Es war eine turbulente Zeit: Die ____________ überstürzten sich.

3 Elena hat sowohl sehr gute ____________ in ihrer Erstsprache als auch in Deutsch.

4 Dieses Konzert war ein ganz besonderes ____________.

5 Meine Eltern gaben mir die ____________, gemeinsam mit meiner Tante hinzugehen.

6 Ich finde, dass man ____________ verbieten sollte: Die Tiere leiden zu sehr!

7 Ja, Tierleid muss man verhindern. Aber deswegen gleich jeden ____________ zu verbieten, halte ich für übertrieben.

8 Das stimmt vielleicht. Aber die ____________ für die Tiere sind dort meistens sehr schlecht.

ACHTUNG

Fremdwörter haben oft keine oder **spezielle Pluralformen**. Manche werden auch nur im Plural verwendet. Lerne sie am besten auswendig.

- der Atlas – die Atla**nten**
- die Galaxis – die Gala**xien**
- die Jeans *(Plural, weil sie zwei Hosenbeine hat)*
- der Kaktus – die Kakt**een**
- die Pommes frites *(französisch: „gebackene Erdäpfel")*
- das/der Virus – die Vir**en**

Wissen | Üben

16 ✱✱ **Hier fehlt doch was! Ergänze die fehlenden Buchstaben. Die Wörter aus der Achtung-Box auf Seite 12 helfen dir.**

1 Der wertvolle A__l__s ist dreihundert Jahre alt. Er ist der schönste aller A_____a_____en, die ich bisher gesehen habe. Man sieht darin sogar Skizzen von fernen G__l__x__e__, das ist sehr ungewöhnlich!

2 Lena hat sich die neuen J__a__s gekauft, auf die sie sich schon lange gefreut hat.

3 Dieser K__k__u__ hat aber viele Stacheln. Ich mag K_____t_____n nicht sehr.

4 Mmh, hier riecht es nach P__m__es f__i__e__!

5 Ein V__r__s ist ein Krankheitserreger, der einen so genannten „Wirt" zum Überleben braucht. Gegen manche V_______n gibt es Impfungen.

17 ✱✱✱ **Bei den folgenden Wörtern auf -nis, -is, -us, -as und bei den Fremdwörtern haben sich fünf Fehler eingeschlichen. Finde sie und schreibe die Wörter richtig auf die Zeilen unten.**

Der Trainer hat viel Verständniss für die Mannschaft. Die guten Ergebnisse bei den Spielen haben auch damit zu tun, dass er nicht in einer anderen Galaxis lebt, sondern die Probleme seines Teams versteht. Er kann ein Geheimnis für sich behalten! Manche Menschen verbreiten Geheimnisse ja wie ein Viruss. Dann gibt es einen Zirkus, weil sich jemand beleidigt fühlt und stachelig wie ein Kaktus reagiert. Aber mit Kakten haben wir Menschen eigentlich nicht so viel gemeinsam! Mit viel Glück hilft eine Einladung zu Pommes frit, um das frostige Verhältnis wieder zu entspannen. Zu oft sollte das dann aber nicht passieren, sonst passt keiner der Beteiligten mehr in seine Jean.

____

____

ACHTUNG

Wichtige „Verwandtschaften", bei denen du genau schauen musst:

- ***mass***: von Masse (Menge/Gewicht → ***massenhaft***)
- ***maß***: von Maß (messen → ***maßgeschneidert***)
- ***mas***: Silbe, ein Wortbaustein ohne eigene Bedeutung → ***maskieren***

18 ✱ Trage die Wörter in die richtige Tabellenspalte ein. Schlage Wörter, die du nicht kennst, im Wörterbuch nach.

~~massenhaft~~ ▪ maßvoll ▪ Masern ▪ Maske ▪ Ausmaß ▪ Mast ▪ Maßstab ▪ Massentierhaltung ▪ Maßeinheit ▪ massiv (stark, kräftig) ▪ Mascara ▪ Menschenmasse

verwandt mit „Masse"	verwandt mit „messen"	Wortbaustein
massenhaft		

19 ✱✱ Trage die Wörter aus der Tabelle richtig im Text ein. Achtung: Ein Wort kommt zweimal vor, weil es zwei verschiedene Bedeutungen haben kann!

1 Früher erkrankten Kinder immer wieder ____*massenhaft*____ an ______________.

2 Der ______________ des Schiffes drohte im Sturm zu zerbrechen.

3 Immer mehr Menschen essen wenig oder kein Fleisch, weil sie die ______________ von Nutztieren und die ______________ nicht fördern wollen.

4 Mit der ______________ über Mund und Nase hätte ich dich fast nicht erkannt!

5 Die Landkarte ist im ______________ 1:25 000 erstellt.

6 In vielen englischsprachigen Ländern ist „Fuß" eine übliche ______________. Ein Fuß entspricht 30,48 Zentimeter.

7 Das ______________ der Zerstörung nach dem Sturm war ______________.

8 Kaufen Sie unseren neuen ______________ für strahlende „Augenblicke"!

9 Beim Kaffeekonsum sollte man ______________ sein.

Üben

B das und dass

REGEL

Erinnere dich:

„das"

- kann ein **Artikel** sein. **Ersatzwörter**: **„dies"** oder **„dieses"** (Aber nur als Gedankenhilfe, denn dadurch ändert sich die Bedeutung des Satzes.)
  → *Das (Dies / Dieses) **Haus** ist groß.*
- kann die **Funktion eines Demonstrativpronomens** (hinweisendes Fürwort) übernehmen. **Ersatzwörter**: **„dies / es"** oder **„jene / s"**
  → *Kennst du das (dies)?*
  → *Das (dies, jenes) ist ein **Musikinstrument**.*
- kann die **Funktion eines Relativpronomens** (bezügliches Fürwort) übernehmen. **Ersatzwort**: **„welche / s"**
  → *Ich liebe das **T-Shirt**, das (welches) ich heute trage.*

„dass"

ist immer eine **Konjunktion** (**Bindewort**) und kann durch **kein anderes Wort ersetzt** werden.

→ *Ich bin sicher, **dass** er Bescheid weiß.*

→ ***Dass** er Bescheid weiß, da bin ich sicher.*

TIPP

Mache die Ersatzprobe! Wenn du **statt „das"** eines der oben genannten **Ersatzwörter (oder „des" im Dialekt)** einsetzen kannst, **dann** schreibst du **nur ein s**.

20 ✱ Schreibe das passende Ersatzwort aus der Box in die Klammer.

welches ▪ dieses ▪ welches ▪ jenes ▪ ~~Dies~~ ▪ dieses ▪ dies

1 **A:** Das (_____Dies_____) ist das T-Shirt, das (_______________) ich gesucht habe.

B: Meinst du das (_______________) oder das (_______________) hier?

A: Keines von beiden, das (_______________) dort drüben!

2 Gib mir bitte das Buch, das (_______________) dort auf dem Regal steht.

3 Er glaubt das (_______________) wirklich!

21 ✱✱ Ergänze ein passendes Ersatzwort. Achtung: Das Ersatzwort klingt nicht immer besonders elegant.

1 Ist das (_____dies_____) der Film, von dem du erzählt hast?

2 Nein, das (_______________) kommt nicht in Frage!

3 Wieso weißt du das (_______________)?

4 Ich weiß nur das (_______________), was du mir gestern darüber erzählt hast.

5 Wem gehört denn das (_______________) Handy hier?

6 Oh Mann, was soll das (_______________) bloß?

7 Denk daran, das (_______________) Buch rechtzeitig zurückzubringen!

8 Es gibt ein Geheimnis, das (_______________) ich nie verraten darf.

TIPP

„Dass/dass" steht oft bei der indirekten Rede, also dann, wenn die Aussagen, Gedanken oder Gefühle einer Person wiedergegeben werden.

→ *Ich glaube, **dass** du recht hast.*
→ ***Dass** du recht hast, glaube ich.*
→ *Tim ist erstaunt, **dass** er gewonnen hat.*
→ ***Dass** er gewonnen hat, erstaunt Tim.*

22 ✱ Verbinde die Satzteile mit der Konjunktion „dass" und schreibe den Satz auf die Zeile. Drehe den Satz auch um und beginne mit „Dass". Achtung: Denke an den Beistrich!

> Ich hoffe – ich die Schularbeit gut schaffe.
> Ich hoffe, dass ich die Schularbeit gut schaffe.
> Dass ______________________________

1 Frau Schubert glaubt – ihr Hund schwer krank ist.

____

Dass ______________________________

2 Miriam freut sich darauf – bald ihre Geburtstagsparty steigt.

____

Dass ______________________________

Wissen

Üben

23 Setze die Wörter aus der Box richtig ein.
✱✱

Das ▪ ~~dass~~ ▪ das ▪ das ▪ das ▪ das ▪
das ▪ dass ▪ dass ▪ dass ▪ das

1 Es ist nicht erlaubt, _dass_ Hunde hier in der Wiese spielen!

2 Hast du ________ auch gehört, ________ Elena nicht mehr mit Ruth reden will?

3 Mike hofft, ________ er bald bei einem Match im Tor stehen wird.

4 Lass ________! ________ ist nichts für dich!

5 Aha! Woher willst du ________ wissen?

6 Wir wollen über ________ Buch sprechen, ________ Sie uns empfohlen haben.

7 Habt ihr ________ interessant gefunden?

8 Ja, so sehr, ________ wir uns entschlossen haben, eine Buchvorstellung zu machen.

24 Ergänze richtig: das oder dass?
✱✱✱

Er glaubt, ________ er das Richtige getan hat. Aber wir sind sicher, ________ sein Verhalten ein Fehler war. Es stimmt, ________ die Entscheidung des Schiedsrichters unklar war. Vielleicht war der Ball noch innerhalb der Linie, ________ weiß keiner so genau. ________ Leon dann so ausgerastet ist, ________ hat uns alle überrascht. Es tut ihm zwar leid, aber ________ er sich entschuldigen sollte, ________ sieht er nicht wirklich ein.

25 Finde die vier Fehler bei das/dass und korrigiere sie.
✱✱✱

Hi Lilli, hast du schon gehört, das morgen nach der Schule bei Tim ein Gartenfest ist?

Hey Marcel! Echt? Nein, das hat er mir gar nicht gesagt. ☹ Was soll das bloß?

Keine Sorge, dass ist nicht böse gemeint. Seine Mum hat das spontan entschieden, dass das in Ordnung geht. Er darf ein paar Leute einladen, aber jeder soll was mitbringen.

Ah cool! Dass ist etwas anderes.

Ich nehme das Slacklining-Set mit. Das kann man bei ihm aufspannen.

Super! Das würde ich eh gerne mal ausprobieren. Aber Lina sagt, dass das extrem schwierig ist.

Das lernst du schon. Kannst du das auch Irina und den anderen Mädels sagen?

Aber sicher, dass ist kein Problem! ☺

C Gemischte Übungen zur s-Schreibung und zu das / dass

26 Was meint Diego Dachs? Schreibe eine mögliche Erklärung in dein Übungsheft.

✱✱✱

27 Löse das Rätsel und trage die Wörter mit s-Laut ein.

✱✱

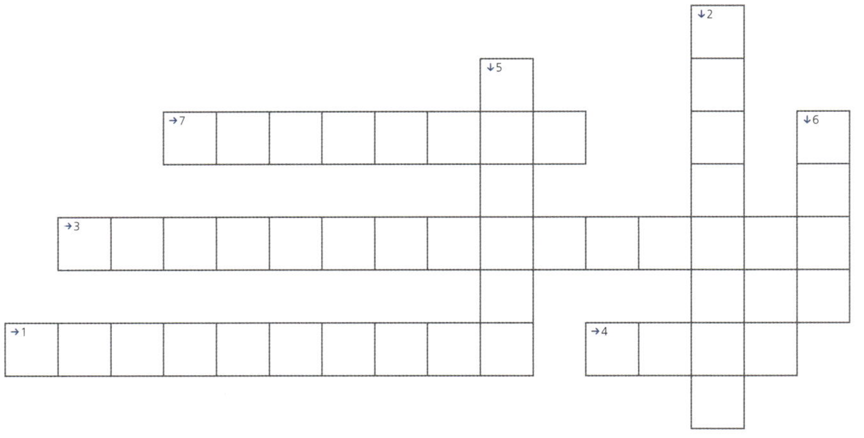

1. Plural von Ergebnis
2. Plural von Atlas
3. Wenn man jemanden falsch versteht, handelt es sich um ein M…
4. Gegenteil von lieb: f…
5. Ein sehr gefährliches Wesen: B…
6. beißen – … – gebissen
7. Die Polizei kann das Verbrechen b…

28 s, ss oder ß? Ergänze die Lücken mit dem korrekten s-Laut.

✱✱✱

Er verlie_____ das Zelt und _____ogleich war Mikion neben ihm. _____eit er ihn wiedergefunden hatte, schien sein Hund wie au_____gewechselt zu sein. Mikion wich ihm keinen Schritt mehr von der _____eite, lie_____ sich brav nieder, selb_____t, wenn er es ihm gar nicht befohlen hatte, und wartete geduldig, wa_____ pa_____ieren würde. Jetzt war Dareg doch froh, da_____ er ihn nicht ausgetauscht hatte. Er bahnte sich einen Weg durch die Menge der Krieger. Noch nie hatte er so viele Hopliten auf einem Fleck gesehen wie hier. […] Dareg wu_____te nur, da_____ Alexander immer noch Männer für einen Feldzug gegen den Gro_____könig der Perser, Dareios, _____ammelte. Er mu_____te an die Geschichten denken, die man bei ihm zu Hause darüber erzählte. Zum Beispiel, als Dareios erfuhr, da_____ Alexander gegen ihn zog. Der Perserkönig soll laut gelacht haben.

Roland Mueller: Der Kundschafter des Königs. Auf den Spuren Alexanders des Großen. München: cbj-Verlag 2005, S. 31f.

Wissen

Üben

Ähnlich klingende Laute

A end oder ent

REGEL

- **End / end** kommt von „**Ende**".
  → *endlich, endlos, Endergebnis*
- **Ent / ent** schreibst du immer, wenn keine Verwandtschaft mit „Ende" besteht. (Manchmal hat diese Silbe die Bedeutung „weg".)
  → *entfernen, entwickeln, Entführung*
  → *Entzündung, entdecken, entsetzlich*

29 ✱ **Finde die weiteren sieben Wörter mit End/end oder Ent/ent und schreibe sie richtig auf die Zeilen. Die Wörter können von links nach rechts oder von oben nach unten stehen und sich überkreuzen.**

E	B	E	N	T	D	E	C	K	E	N	B	Ü	X
A	A	N	M	R	Ä	E	N	T	S	E	T	Z	T
M	G	D	Ü	E	O	X	Q	J	W	M	L	M	Z
D	A	L	E	N	T	F	Ü	H	R	U	N	G	G
L	H	O	N	D	A	D	P	J	H	I	D	Ü	H
R	L	S	D	G	T	E	N	D	S	P	I	E	L
J	W	Y	L	Ü	O	R	O	A	O	L	P	A	Y
A	S	Ü	I	L	Ü	O	L	R	Ü	R	T	I	L
Q	K	M	C	T	O	B	Ü	H	T	T	P	D	F
P	D	H	H	I	P	D	Ä	F	N	J	M	A	J
T	E	N	T	G	E	H	E	N	N	M	Z	U	Q

End/end: ______________________________

Ent/ent: *entdecken,* ______________________________

30 ✱✱ **Trage die Wörter aus der Box richtig in die Sätze ein.**

Endlich ▪ entlarvte ▪ Endspurt ▪ enttäuschend ▪ entfernen ▪ ~~Endergebnis~~ ▪ entbehrt (fehlt) ▪ Endstation ▪ entkleiden ▪ endgültig

1 Das *Endergebnis* des Spiels war leider ______________.

2 Das Team beschloss, sich ______________ von dem Trainer zu trennen.

Bitte umblättern! ↺

3 ________________________ konnte ich den Gips ________________________ lassen.

4 Silja legte einen genialen ________________________ hin.

5 Al e aussteigen, ________________________!

6 Diese Beschuldigung ________________________ *(fehlt)* jeder Grundlage!

7 Es war mir unangenehm, mich beim Schularzt vor allen zu ______________________.

8 Das Haar am Tatort ________________________ den Dieb.

31 ✱✱✱

Ergänze die fehlenden Buchstaben.

Der En__führer en__riss dem Polizisten die Waffe. Das war ein en__scheidender Moment in dem Film! Mit En__setzen sah das Publikum, wie der Bösewicht en__gültig über das Gute zu siegen drohte. So manches Gesicht en__färbte sich und wurde blass. Das en__sprach so gar nicht dem En__ergebnis, das sich viele erhofft hatten. In meinem Kopf en__warf ich Möglichkeiten, wie die Geschichte doch noch zu einem guten En__e kommen könnte. Doch ich konnte keine Möglichkeit en__decken. Letzten__lich en__ete der Film für mich en__täuschend.

32 ✱✱✱

Finde und korrigiere die vier Fehler in den Sätzen. Schreibe dann Sätze mit diesen Wörtern auf die Zeilen unten.

1 M ke gab beim Endspurt alles, trotzdem war er vom Endergebnis seiner Gesamtwertung entäuscht.

2 Ich habe mich entschieden und mein Entschluss steht entgültig fest.

3 Jakob entwirft einen Plan für die Sitzordnung bei der Familienfeier.

4 Die Kommissarin entlarvte am Ende die Täterin.

5 Diese Entzündung entwickelt sich endlich zum Besseren.

6 Ich entfernte den Deckel und endeckte eine geheimnisvolle Vase.

7 Gehen Sie immer hier endlang, die Entfernung zum Ziel ist nicht mehr groß.

8 Entschuldige, bitte!

____

____

____

____

B ver oder fer, vor oder for

REGEL

- **Ver / ver** und **Vor / vor** sind **Vorsilben**. Du fügst sie an ein Wort an, das auch für sich stehen könnte.
  → *Verbrechen, Vorraum, verrechnen, vorturnen*
- Diese Vorsilben können auch verlängert werden:
  → *veranstalten, Vorhersage, Vorderrad*
- **Fer / fer** und **For / for** sind **Wortteile**.
  → *Ferkel, fern, fordern, Forelle*

TIPP

Vorsilben kannst du **erkennen**, indem du prüfst, ob das Grundwort auch für sich allein stehen könnte. Wenn es sich nicht um eine Vorsilbe handelt, schreibt man mit F/f.
→ *vor|turnen – turnen; for|dern – ~~dern~~*

33 *
Finde die weiteren acht Wörter mit Ver/ver, Vor/vor oder Fer/fer, For/for und schreibe sie richtig auf die Zeilen. Die Wörter können von links nach rechts oder von oben nach unten stehen und sich überkreuzen.

F	B	E	N	T	F	O	R	E	L	L	E	Ü	V
E	A	N	M	R	O	E	N	T	S	E	T	Z	E
R	G	D	F	O	R	M	U	L	A	R	L	M	R
N	A	L	E	N	D	F	Ü	H	R	U	G	A	K
L	H	O	N	F	E	R	I	E	N	I	D	Ü	E
V	E	R	H	Ö	R	E	N	D	S	P	I	E	H
J	W	Y	L	Ü	U	R	O	A	O	L	P	A	R
A	S	Ü	I	L	N	O	L	R	Ü	R	T	I	L
Q	Y	M	C	T	G	B	Ü	H	T	T	P	D	F
P	D	H	H	I	P	V	O	R	S	I	C	H	T
V	O	R	R	A	T	H	E	N	N	M	Z	U	Q

mit Vorsilbe:

verhören, ____________________

ohne Vorsilbe:

____

34 **

Trage die Wörter aus der Box richtig in die Sätze ein.

fernen ▪ verlässlich ▪ vorsichtig ▪ verrühren ▪ ~~Ferien~~ ▪ verspüre ▪ Ferkel ▪ Forscherin ▪ vorzüglich ▪ Ferse ▪ Verwandten ▪ verletzt

1 Auf dem _Ferien_ bauernhof gab es süße, kleine ____________.

2 Sei ____________, damit du dich nicht ____________!

3 Meine ____________ wohnen in einem ____________ Land.

4 Kannst du die Zutaten bitte gut ____________?

5 Die ____________ arbeitet sehr ____________. Ihre Ergebnisse sind ____________.

6 Ich ____________ einen Schmerz in der ____________.

35 ***

Ergänze die fehlenden Buchstaben. Schlage Wörter, die du nicht kennst, im Wörterbuch nach.

__erschmitzt lächelte der Kommissar, denn er hielt seine __erhöre für __orzüglich. Es musste doch auszu__orschen sein, wer das antike __ernglas des Stargastes beim Schulfest __orsätzlich entwendet hatte. __erloren gegangen war es sicher nicht. Der Professor hatte es __orsichtig unter __erschluss gehalten. Trotzdem war es plötzlich __ort. Stundenlang hatten er und die Direktorin es __ergeblich gesucht.

36 ***

Finde und korrigiere die vier Fehler in den Sätzen. Schreibe dann Sätze mit diesen Wörtern auf die Zeilen unten.

1 Hat Elena diese Zettel ferteilt?

2 Die Zeitung veröffentlichte die neuesten Forschungsergebnisse.

3 Sei forsichtig, damit du dich nicht verläufst!

4 Oh, die Likes haben sich ja vervielfacht!

5 Ich muss noch etwas für morgen Formittag vorbereiten.

6 Fersteh doch bitte, das Versteck darf ich nicht verraten!

____

____

____

____

C seid oder seit

REGEL

- **„seid"** ist die **3. Person Plural** von sein: ***(ihr) seid***
- **„seit"** bezieht sich auf einen **Zeitpunkt**, an dem etwas begonnen hat oder auf eine **Zeitdauer**: ***seit gestern***

37 Trage die Wörter aus der Box richtig in die Sätze ein.

**

Seit ▪ Seit ▪ seit ▪ ~~seid~~ ▪ seid ▪ Seid

1 Wo ___*seid*___ ihr denn gestern gewesen?

2 _________ drei Wochen habe ich nichts von ihr gehört.

3 _________ dem Kindergarten _________ ihr meine allerbesten Freunde.

4 _________ ihr damit einverstanden?

5 Auf die Bestellung wartet meine Mutter _________ Langem *(langem)*.

38 Ergänze die fehlenden Buchstaben.

**

1 Habt ihr sei__ gestern wirklich gar nichts von ihm gehört?

2 Wo sei__ ihr denn, ich warte schon sei__ zwanzig Minuten auf euch!

3 Sei__ wann sei__ ihr befreundet?

4 Konrad lebt sei__ drei Wochen bei seinem Papa.

5 Also, dann los! Sei__ ihr bereit?

39 Finde und korrigiere die vier Fehler in den Sätzen. Schreibe dann je einen Satz mit seid und seit auf die Zeilen unten.

***

Seit Irina regelmäßig im Team mitspielt, hat sich ihre Technik verbessert. Wenn ihr auch alle dafür seit, werde ich sie für das nächste Match aufstellen. Wir haben seid der vorigen Saison schon zwei sehr gute Spielerinnen verloren. Weil ihr manchmal etwas unfair seit, hat Lina ja unser Team verlassen. Seiddem läuft es nicht mehr so gut. Seid ihr da meiner Meinung?

____

____

D tod oder tot

REGEL

Erinnere dich:

- **Tod / tod** meint **die Person des Todes** oder **Eigenschaften** und steht **vor *-es***.
  → ***der Tod*, *Gevatter Tod*, *tödlich*, *Todesursache***
- **Tot / tot** meint **tote Personen** oder **Vorgänge** (Verben) und steht **vor *-en***.
  → ***der / die Tote*, *der / die Untote*** *(= Zombie)*, ***totlachen*, *totärgern*, *töten*, *Totenschein***

40 ✱ Finde die weiteren sechs Wörter mit Tod/tod oder Tot/tot und schreibe sie richtig auf die Zeilen. Die Wörter können von links nach rechts oder von oben nach unten stehen und sich überkreuzen.

T	O	D	E	S	A	N	G	S	T	Z	T	K	W
O	W	O	H	W	U	Z	L	I	O	A	Ö	A	N
T	A	Z	E	H	E	P	P	G	D	P	D	K	K
E	P	K	T	Ö	T	E	N	X	S	Ü	L	E	M
N	C	Ü	N	H	W	Z	X	Z	I	J	I	V	N
B	Z	Y	Ä	D	G	Z	W	I	C	A	C	B	W
L	A	I	D	P	A	L	Ä	I	H	W	H	A	I
A	Z	G	Z	L	D	E	Z	G	E	I	Z	O	W
S	W	Z	H	J	D	I	D	E	R	W	Z	K	W
S	I	T	O	T	E	N	S	T	I	L	L	E	Y
T	O	D	U	N	G	L	Ü	C	K	L	I	C	H

Tod/tod: *Todesangst,* ____________________

Tot/tot: ____________________

41 ✱✱ Ergänze die fehlenden Buchstaben.

1 Nach dem Knall herrschte To__enstille.

2 Was ist denn los? Du bist ja to__enblass.

3 Der Biss dieser Schlange endet oft tö__lich.

4 Darüber könnte ich mich to__ärgern.

5 Wenn Blicke tö__en könnten, wäre ich wohl to__ umgefallen.

E Ähnlich klingende Laute: gemischte Übungen

42 Löse das Rätsel. Die Wörter von Seite 19 bis 24 helfen dir.

**

1. Ein kleines Schwein nennt man:
2. Wenn man etwas nicht mehr weiß, dann hat man es …
3. Wenn man nicht bekommt, was man sich erhofft hat, dann ist man e…
4. die letzte Station, hier müssen alle aussteigen:
5. sich weh tun: sich …
6. heimische Fischart, häufiger Speisefisch: F…
7. Tageszeit von ca. 9 bis 12 Uhr: der …
8. anderes Wort für Zombie: der/die Un…
9. Etwas, das zum Tod führt, das ist: …lich

43 Buchstabensalat: Ergänze die Wörter richtig mit den Buchstaben aus der Box.

**

~~d~~ ▪ d ▪ d ▪ d ▪ d   t ▪ t ▪ t ▪ t ▪ t ▪ t

1 tö_d_lich – To__enstille – getö__et – To__eszeitpunkt – To__esangst – to__bringend – to__schlagen – to__ sein – To__estag – sich to__lachen – To__enschädel

v ▪ v ▪ v ▪ V ▪ V ▪ V ▪ V ▪ V   F ▪ F ▪ F ▪ F ▪ F

2 __erstehen – __erletzung – __ernseher – __orhang – __orderung – __orzüglich – __erse – __ertrauensvoll – __orscher – __orelle – __orderrad – __ersteck – __orsicht

Bitte umblättern!

t ▪ t ▪ t ▪ t ▪ t ▪ d

3 sei__dem – ihr sei__ – sei__lich – sei__wärts – sei__her – sei__wann

t ▪ t ▪ t ▪ t ▪ t
d ▪ d ▪ d ▪ d

4 en__sperren – en__wickeln – en__los – En__täuschung – en__lich – En__spiel – En__zündung – en__gültig – en__decken

44 Ergänze die fehlenden Buchstaben.

✱✱✱

Zwei Erdplatten teilen Kalifornien in zwei Hälften auf: Die Nordamerikanische Platte und die Pazifische Platte schlittern dort sei__lich aneinander vorbei. Die Bruchstelle wird San-Andreas-__erwerfung genannt. [...] Im Jahr __erschieben sich diese Erdplatten um 6 cm: Dabei rücken Los Angeles und San Francisco näher zusammen. [...] Teilbereiche der Platten __erhaken sich dabei und lösen sich nach kürzerer oder längerer Zeit wieder mit einem mächtigen Ruck: einem Erdbeben. [...] Das letzte schwere Beben in Südkalifornien mit tö__lichen Folgen war [...] im Jänner 1004. Dabei starben 72 Menschen, 9000 wurden __erletzt und es en__stand ein Milliardenschaden. [...] Sei__ Neuestem untersuchen amerikanische Wissenschafter winzige unterirdische Erdstöße en__lang der San-Andreas-__erwerfung. [...] Die __orscher rechnen bis 2039 mit dem „Big One": Die Wahrscheinlichkeit eines Erdbebens mit einer Stärke von 6,7 oder mehr in den kommenden Jahren liegt bei 99 Prozent.

Richterskala

Der amerikanische Seismologe* Charles Francis Richter en__wickelte [...] ein System zur Bewertung der Erdbebenstärke. Die Idee war, ein und dasselbe Erdbeben an mehreren Stationen zu messen und aus den unterschiedlichen En__fernungen seine Stärke im Epizentrum* zu berechnen. [...] Ein Punkt mehr auf der Richterskala bedeutet eine zehnfach stärkere Bewegung der Erde.

* die Seismologin/der Seismologe: Erdbebenforscherin/Erdbebenforscher
* das Epizentrum: Gebiet, das über dem Ursprung/dem Zentrum des Erdbebens liegt

Petra Bachmann: Die gefährlichsten Orte der Welt. München: arsEdition GmbH 2013, S. 22f.

Dehnung – lang gesprochene Vokale

A a / ä, ah / äh oder aa

REGEL

Lang gesprochene Vokale werden nicht immer gleich geschrieben. Das lang gesprochene **a / ä** kann man als **a / ä**, **ah / äh** oder **aa** schreiben.

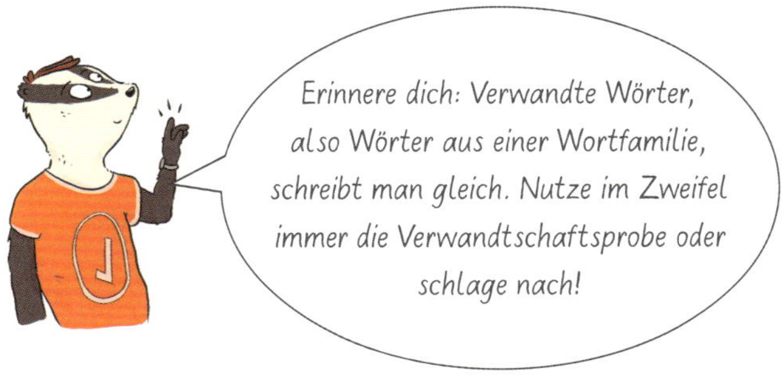

ACHTUNG

Umlaute werden nicht verdoppelt:
das Haar – das Härchen
der Saal – die Säle
das Paar – das Pärchen

45 ✱ Finde alle Wörter in der Wortschlange und schreibe sie richtig auf die Zeilen. Schlage unbekannte Wörter im Wörterbuch nach.

Brautpaar|bravabfahrenBärdankbardämlichDenkmal
DiebstahlheilsamhurraKameradermahnen
MaßstabpaarweiseMerkmalminimalTatNachtmahl
ParkPorzellanprivatratenRegalNagelSpaßSalat
schlagenHahnVaterwahrZahljährlichGefahrgefährlich

aa: Brautpaar, ______________________________

____

a / ä: ______________________________

____

ah / äh: ______________________________

____

ACHTUNG

Unterscheide genau:
-mal: Nachsilbe, kann nicht alleine stehen → *manchmal*
oder: „etwas (be)malen" → *anmalen, ausmalen*
-mahl-: abgeleitet von „das Mahl" (= das Essen)
→ *das Nachtmahl* oder: Getreide mahlen/fein zerreiben
→ *die Mühle*

46 mal/mahl: Ergänze die Lücken.

**

1 Das Nachtm_ah_l war heute wieder einm____l hervorragend!

2 Sie sahen dreim____l denselben Film.

3 M____lzeit! – Danke vielm____ls!

4 Das Denkm____l wurde nachts mit roter Farbe bem____lt.

5 Mehl besteht aus gem____lenem Getreide.

ACHTUNG

Unterscheide genau:
war: von „sein" oder „waren"; **wahr**: von „Wahrheit"

47 war/wahr: Ergänze die Lücken.

**

1 W_a_r das wirklich die W____rheit?

2 W____rscheinlich w____ren die Spieler nicht richtig aufgewärmt.

3 Was hast du erw____rtet?

4 Das w____r doch w____rlich keine Überraschung.

5 Erw____rtungsgemäß war der Test unw____rscheinlich knifflig.

ACHTUNG

Unterscheide genau zwischen **Silben** und **Wörtern**:
-sal: Nachsilbe, kann nicht alleine stehen (***Schicksal***)
-saal: großer Raum (***der Saal***, ***der Tanzsaal, der Speisesaal***)
-bar: Nachsilbe, kann nicht alleine stehen (***kostbar***, ***befahrbar***);
oder: von ***„bar bezahlen"***, ***„das Bargeld"***
-bahre: von „die Bahre", „die Tragbahre"

48 ✱✱ sal/saal, bar/bahre: Ergänze die Lücken.

1 Ich war dankb_a_r, dass ich humpeln konnte und keine B____re benötigte.

2 Im ganzen S____l herrschte gute Laune. Niemand blies Trübs____l.*

3 In Märchen erleiden viele Figuren ein schlimmes Schicks____l.

4 Beim S____leingang konnte man nur mit B____rgeld bezahlen.

5 Unser Turns____l ist derzeit leider nicht benützb____r.

* Trübsal blasen: traurig, bekümmert sein

49 ✱✱✱ Finde und korrigiere die drei Fehler im Kurztext.

Die Zeuginnen und Zeugen wurden mehrmahls befragt. Die Richterin wollte die Wahrheit herausfinden. Doch an dem Fall war vieles sonderbar. Das verschwundene Bahrgeld war unauffindbar. Nach der Mittagsmahlzeit kam das Publikum zurück in den Gerichtssaal. Der Angeklagte bat um ein gnädiges Schicksahl.

TIPP

Fremdwörter halten sich oft nicht an die Regeln der deutschen Rechtschreibung. Am besten lernst du sie auswendig – wie die Vokabeln einer Fremdsprache.

*die **A**der (Blutgefäß), der Alt**a**r (Tisch für religiöse Handlungen), das Aqu**a**rium, der Gep**a**rd (Raubkatzenart), das Gymn**a**sium, das Intern**a**t, der Kavi**a**r (Fischeier → eine Delikatesse), der Kommiss**a**r, die L**a**va (geschmolzenes Gestein), die M**a**nd**a**rine, die M**a**rine (Schifffahrt eines Staates), minim**a**l (sehr klein, sehr wenig), optim**a**l (am besten), der/die Paprik**a**, der Pyj**a**ma, die Rekl**a**me (Werbung), der Riv**a**le (Konkurrent, Gegenspieler)/die Riv**a**lin, die Saf**a**ri, die Sal**a**mi, der Skl**a**ve/die Skl**a**vin, die Strap**a**ze (große Anstrengung), die Tom**a**te, die V**a**se*

50 ✱✱ In diesen Sätzen sind die blauen, fettgedruckten Fremdwörter falsch verwendet worden. Streiche das falsche Wort durch und schreibe das richtige auf die Zeile. Die Wörter aus der Tipp-Box helfen dir.

Die ~~Tomate~~ _Ader_________ ist ein wichtiges Blutgefäß.

1 Ich möchte mit **optimalem** ____________________ Aufwand das **minimale** ____________________ Ergebnis erreichen.

Bitte umblättern! ↺

2 Hui, diese **Mandarine** ______________________ ist aber sehr scharf!

3 **Rivalinnen** ______________________ und **Rivalen** ______________________ mussten oft unter großen **Vasen** ______________________ schuften.

4 Meine Oma wohnte als Kind im **Altar** ______________________, weil es in ihrem Dorf kein **Aquarium** ______________________________ gab.

5 Bei der **Salami** ______________________ sahen wir sogar wilde **Pyjamas** ______________________.

6 **Kaviar** ______________________ ist ein anderes Wort für Werbung.

7 Meine Mutter sieht sich gerne Krimis mit cleveren **Sklaven** ______________________ an.

B e / ä, eh / äh oder ee

REGEL

Das lang gesprochene e kann man als **e / ä**, **eh / äh** oder **ee** schreiben. Du weißt schon: Umlaute werden nicht verdoppelt.
→ *das Haar – das Härchen*

51 ✱ **Finde alle Wörter in der Wortschlange und schreibe sie richtig auf die Zeilen. Schlage unbekannte Wörter in einem Wörterbuch nach.**

Beet|betenHeerabwehrenLehrerleermähtSehhilfeBadeseeWegwehtunGlücksklee KlebstoffVerkehrErdbeereentbehrenBrezelderzeitEkelEhreErbsekegelnMeermehr KaffeeKollegeKrebsTeeverzehrennehmenwedelnwerkenwesentlichHärchen

e / ä: ____

____

eh / äh: ____

____

ee: *Beet,* ____

____

ACHTUNG

Präge dir diese Fremdwörter ein:
die Fete (= die Party, das Fest), der Planet, die Reserve (Vorrat)

52 ✱ **Ergänze richtig. Die Wörter von Ü51 und der Achtung-Box helfen dir.**

1 Der Priester b_e_tet. – Wir bearbeiten die Blumenb____te.

2 Das H____r soll Gefahren abw____ren.

3 Schau mal, die Maus hat ganz zarte H____rchen an der Schnauze!

4 Die T____tasse der L____rerin ist l____r.

5 Der Kr____bs am Bades____ hat mich gekniffen. Das hat w____getan.

6 Auf der F____te verz____rte Milo alle Br____zeln.

7 Hast du noch Kl____bstoff in Res____rve?

8 Der Flugverk____r auf unserem Plan____ten wird immer m____r.

9 Der Schulwart m____t das Gras im Schulhof.

ACHTUNG

Achte auf die Wortverwandtschaft:

beten, das Gebet	→	*das Blumenbeet*
zu spät sein	→	*Er späht durch das Fernrohr.*
Wer ist das?	→	*sich wehren, das Gewehr*
der Bär, die Bären	→	*die Beere, die Beeren*
die Säge	→	*der Segen, segnen*
die Ähre (am Korn)	→	*die Ehre, das Ehrgefühl*
der Lehm (feuchte Erde)	→	*gelähmt, die Lähmung*
Gras rechen / der Rechen	→	*sich an jemandem rächen*

53 ✱✱ **Welches Wort aus der Liste oben passt? Ergänze richtig. Schreibe mit drei der Wörter eigene Sätze auf die Zeilen unter der Aufgabe auf Seite 32.**

1 Mit der ____Säge____ schnitt ich das Brett zurecht.

2 In Krimis wollen die Täter sich oft aus verletzter ____________ an jemandem ____________.

3 Nach dem ____________ ____________ der Priester die Gläubigen.

Bitte umblättern!

Wissen
Üben

4 Tim ______________ durch sein __________glas und sah einen ______________

zwischen den ______________ im Feld.

5 In vielen Gegenden der Welt ist ______________ ein wichtiges Baumaterial.

6 Ich war so erschrocken, ich war wie ______________________.

7 Du bist schon wieder zu ______________!

8 __________ auch immer dieses Posting verfasst hat: Du solltest dich dagegen

__________________.

____

____

____

54 Hier haben sich drei Fehler beim e-Laut eingeschlichen. Finde und korrigiere sie.

* * *

1 Willst du dir auch einen Glücksklee nehmen? – Ja, gerne. Gibst du mir einen heer?

2 Direkt beim Meer gibt es leider keine Plätze mehr.

3 Das kleine Kind gibt seinem Teddybären eine Himbeere.

4 Der Badesee ist derzeit fast lehr.

5 Den Erbseneintopf konnte niemand verzehren, weil er wirklich ehklig schmeckte.

6 Ich bitte Sie herzlich, nehmen Sie doch noch etwas Tee oder Kaffee!

C o / ö, oh / öh oder oo

REGEL

Das lang gesprochene o/ö kann man als **o**/**ö**, **oh**/**öh** oder **oo** schreiben.

55 Finde alle Wörter in der Wortschlange und schreibe sie richtig in dein Übungsheft. Schlage unbekannte Wörter im Wörterbuch nach.

*

Boot|TorlösenföhnenMoosShampooStoßPoolgroßZoofröhlichdoofMooratemlos
DrohungendlosErdgeschoßgehorsamGolfGondelgrobhöflichhohlirgendwo
KnoblauchsoßelobenlösenNotObstobwohlSchlagobersholenOhrverlor

Boot, ...

ACHTUNG

Präge dir diese Fremdwörter gut ein:
der Alkohol, der Balkon, der Beton, das Büro, cool, die Folie, der Ganove (Verbrecher), der Humor, die Kanone, die Kobra, das Mikroskop, die Narkose, das Omen (Vorzeichen, Anzeichen), die Polizei, die Strophe, das Telefon, der Thron

die Nachsilbe **-tion** ist bei Fremdwörtern häufig:
die Aktion (Tat, Handlung), die Organisation (Aufbau), die Portion, die Position (Lage, Stellung), die Station (Haltepunkt, Haltestelle)

56 ✱✱ Die färbigen Silben stehen beim falschen Wort. Schreibe jedes Wort richtig auf die kurze Zeile und bilde damit einen Satz. Die Liste oben hilft dir.

Be**ne** *Beton*________________

____

Kano~~ton~~ ________________

____

Ko**mor** ________________

____

Hu**bra** ________________

____

Organisa**kon** ________________

____

Bal**tion** ________________

____

57 ✱✱ Ergänze richtig. Die Wörter von Ü55 und der Achtung-Box helfen dir.

1. Ich finde es c*ool*______, dass du bei der A________ mitmachen willst.
2. Pfui, auf der Pizza ist aber eine gr_____ Po_____ Kn_____ s_____!
3. Wir spazierten fr_______ durch den Z_______.
4. Im Erd________ des Hotels ist ein P_______.
5. Nach dem Ausspülen des Sha________ f_______ ich die Haare.
6. Das B_____ l_____ sich vom Seil und verschwand irg______ im Schilf.

58 ✱✱ Löse das Rätsel. Schreibe danach mit drei Wörtern eigene Sätze in dein Übungsheft.

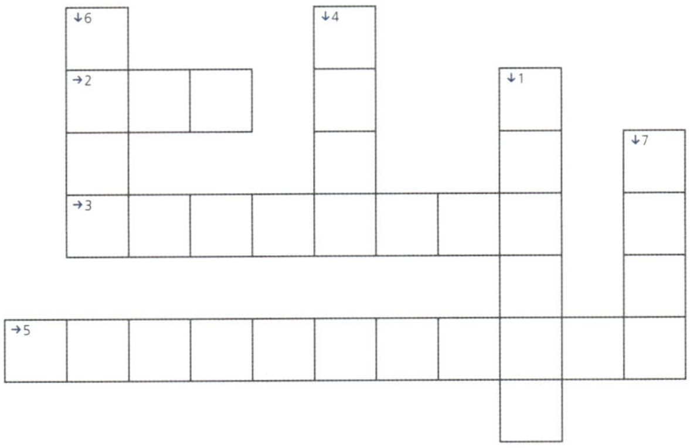

1. nasse Haare trocknen: die Haare …
2. jemandem etwas ins … flüstern
3. Sie ist nicht traurig, sondern …
4. englisches Wort für Schwimmbecken: …
5. österreichisches Wort für Sahne: …
6. etwas nicht gut finden: etwas … finden
7. grünes Gewächs, vor allem auf feuchtem, schattigem Boden: …

D u / ü, uh / üh

REGEL

Das lang gesprochene u / ü kann man als **u / ü** oder **uh / üh** schreiben.

ACHTUNG

Es gibt keine deutschen Grundwörter mit Doppel-u.
In folgenden Fällen können allerdings zwei „u" zusammenkommen:

- bei **Zusammensetzungen**:
  → *Ba**uu**nternehmen, Dona**uu**fer*
- Doppel-u kann durch die **Nachsilbe -ung** entstehen:
  → *Tra**uu**ng, Verda**uu**ng*
- „uu" kann in **Fremdwörtern** vorkommen:
  → *Individ**uu**m (einzelner Mensch), Vak**uu**m (Raum ohne Luft)*

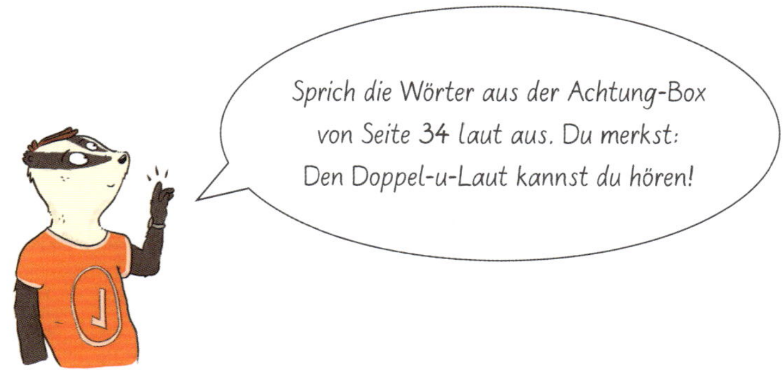

59 ✱ **Finde alle Wörter in der Wortschlange und schreibe sie richtig auf die Zeilen. Schlage Wörter, die du nicht kennst, im Wörterbuch nach.**

übel|fuhrHügelkühlenduzenGemüseGlutfrühjugendlichFrühjahrüblichHubschrauber mühseligGugelhupfGulaschGustosuchenKostümSchnurRuhmberühmtschnurstracks SchürzeUhrSekundeKundschaftTruthahnübenüberrührenUrlaubsüß

u/ü: *übel,* ____________________

____

____

____

____

uh/üh: ____________________

____

60 ✱✱ **Präge dir die Wörter aus Übung 59 gut ein. Ergänze dann die Lücken.**

1 Der G*ugelhupf* __________ muss nach dem Backen noch aus__________.

2 Kannst du bitte das G__________ um__________?

3 Im U__________ sah ich die b__________ Pyramide.

4 Im H__________ wurde mir leider ü__________.

5 Für den Fasching suche ich ein K__________.

6 Ich habe G__________ auf etwas S__________.

7 In dem Möbelhaus wird die K__________ von allen ge__________.

8 Aus der G__________ ein hohes Lagerfeuer zu entfachen, das ist m__________.

9 Die J__________ f__________ mit ihrem Skateboard den H__________ hinunter.

61 ✱✱✱ In diesem Text sind die farbigen Wörter in die falschen Sätze gerutscht. Suche das passende Wort, streiche es durch und schreibe es dann beim richtigen Satz auf die Zeile. (Tipp: Für das Muster-Beispiel mussten Wörter in Satz 4 und 7 durchgestrichen werden. Und: Natürlich brauchst du „Hubschrauber" und „duzten" noch an einer anderen Stelle in der Geschichte. ☺)

> *Nach drei* **Hubschrauber** *Stunden* ______ *Wanderung machten wir eine Pause und* **duzten** *ruhten* ______ *uns aus.*

1 Leider drückte mein linker **Huhn** ______, sodass ich ein Blasenpflaster brauchte.

2 Während wir in der Wiese saßen, besuchte uns eine **Huhn** ______.

3 Nach einer Weile kam auch noch ein **Kuh** ______ des Weges.

4 Wir waren höflich, und ~~**ruhten**~~ ______ die Tiere nicht, sondern siezten sie.

5 Das **Schuh** ______ war so **mühselig** ______, wir nannten es „Frau Gugelhupf".

6 Der Abstieg vom Berg war mit der Blase am **Apfelmus** ______ sehr **süß** ______.

7 „Hoffentlich brauchen wir keinen ~~**Stunden**~~ ______ für dich!", machte sich meine Schwester **schnurstracks** ______ mich lustig.

8 Zu Hause legte ich mich **über** ______ in die Badewanne.

9 Danach hatte ich **Gemüse** ______ auf ein Gulasch. Meine Schwester wollte nur ein Glas **Fuß** ______ essen. Im Kühlschrank gab es aber nur **Gusto** ______ und **Schürze** ______.

10 Ich nahm meine **Truthahnkeulen** ______ und kochte für uns etwas Gutes.

TIPP

Mach die Verwandtschaftsprobe! Manchmal „versteckt" sich ein **h** – du „findest" (und hörst) es, wenn du das Grundwort im Infinitiv aussprichst:
ausgeruht → *ruhen*
bemüht → *bemühen*

ACHTUNG

Unterscheide genau zwischen Silbe und Wort:

- **Uhr** (das Gerät):
  → *die Uhr, der Uhrzeiger*
- **Ur-** (Vorsilbe):
  → *der Urlaub, die Urzeit, das Urteil*

62 ✱✱✱ **Ergänze u/ü oder üh/uh. Verwende die Verwandtschaftsprobe und das Wörterbuch.**

1 In der __U__rzeit orientierten sich die Menschen noch nicht an der ____rzeit, sondern am Stand der Sonne.

2 Der ____beltäter muss mit einem harten ____rteil rechnen.

3 Ich s____che die Schn____r für das Kost____m. Wo ist sie n____r?

4 Manchmal mache ich mir frisches Apfelm____s. Man muss allerdings gut r____ren, damit es nicht anbrennt.

5 Österreich ist ber____mt für seinen G____gelhupf.

6 Der schnellste ____rzeiger zeigt die Sek____nden an.

7 Im Fr____jahr werden die H____gel rund um die Stadt gr____n.

8 Mir ist ____bel, kannst du bitte die Klimaanlage etwas k____ler stellen?

9 Auf Gem____se habe ich selten G____sto.

10 Die H____ner br____ten die Eier aus.

11 Der H____bschrauber landete um drei ____r Fr____.

12 Im ____rlaub möchte ich nichts M____seliges tun müssen.

E i oder ie(h)

REGEL

Das lang gesprochene **i** kann man als **i** oder **ie(h)** schreiben.

ACHTUNG

- Durch die **Nachsilben -ig** und **-isch** kann **Doppel-i** entstehen.
  → *breiig, unparteiisch (neutral, zu keiner bestimmten Gruppe zugehörig)*
- Bei **Zusammensetzungen** kann ii entstehen.
  → *Polizeiinspektion*
- Es kann in **Fremdwörtern auf -ieren** vorkommen.
  → *liniieren (mit Linien versehen)*

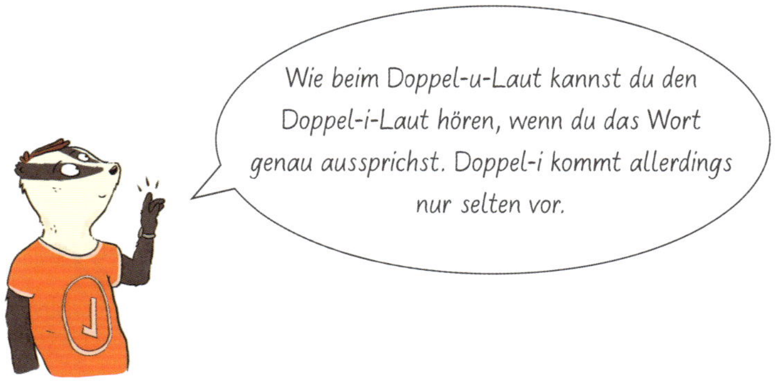

63 ✱ **Finde alle Wörter in der Wortschlange und schreibe sie richtig auf die Zeilen. Achtung: Ein Wort fällt aus der Reihe. Notiere es ganz unten. Schlage unbekannte Wörter im Wörterbuch nach.**

gießen|bewiesbietenViehDiebsiezenentschiederfrierenZielfiesgenießbarKabine MaschinekariertKiloKlimaliebNierenieselnkritischHandySpaziergangTurnierVampir VentilZiegegierigzierlichGiraffeempfiehltspieltSiegerziemlichdieserRiese

i: ______________________________

____

ie(h): *gießen,* ______________________________

____

____

dieses Wort fällt aus der Reihe: ______________________________

ACHTUNG

Wörter, die aus dem Englischen übernommen wurden, enden oft auf „y":
das Handy, die Handys; die Lady, die Ladys;
das Baby, die Babys; der Rowdy, die Rowdys (Raufbold, flegelhafter Mensch)

64 ✱✱ **i oder ie(h)? Ergänze den richtigen i-Laut. Die Wörter aus Ü63 helfen dir.**

1 Der l_ie_be R____se machte mit der G____raffe einen Spaz____rgang im N____selregen.

2 Beim Turn____r war d____smal nicht Gryffindor der S____ger.

3 Der D____b war z____mlich f____s: Er stahl die Hand____s aus den Spinden.

4 Das Vent____l der Masch____ne ist undicht.

5 Dieses Kl____ma b____tet gute Bedingungen für Z____gen.

TIPP

Mach bei deutschen Wörtern die Verwandtschaftsprobe und beachte die Bedeutung:
Mine (Bergwerk, Stift) – Miene (Gesichtsausdruck)
Stil (Art und Weise) – Stiel (langer Griff)

65 ✱✱ **Ergänze den i-Laut in der richtigen Schreibweise. Verwende die Verwandtschaftsprobe und das Wörterbuch.**

1 Oh je, die M_i_ne meines Druckbleistifts ist schon wieder abgebrochen.

2 Im Winter gen____ßen meine Großeltern das Kl____ma am Meer. Dort müssen sie nicht fr____ren.

3 Ich entsch____d mich für das kar____rte Shirt. In der Kab____ne betrachtete ich es kr____tisch.

4 Leider war es nicht mein St____l, obwohl es meiner Mutter sehr gef____l.

5 Der St____l an der Kehrmasch____ne ist klebrig.

6 Bitte g____ße die Pr____meln z____mlich v____l, sie brauchen das.

7 Der Händler b____tet selbstgemachten Z____genkäse an.

8 Beim Turn____r bew____s das Team gute Nerven.

9 Ich finde es f____s, dass d____r n____mand geholfen hat!

10 Irina sp____lt am Klav____r.

11 Passt auf, bei den R____biselsträuchern sind viele B____nen.

12 Das Sprichwort sagt: „Kleinv____h macht auch Mist."

13 Willst du l____ber im L____gestuhl oder in der Hängematte lesen?

ACHTUNG

Präge dir diese Fremdwörter auf -ieren gut ein:
alarmieren , dekorieren (schön gestalten), diskutieren (besprechen), experimentieren (erproben), faszinieren (beeindrucken), galoppieren, informieren, komponieren (etwas verfassen / erstellen), kontrollieren, maskieren, notieren (aufschreiben), nummerieren, operieren, rasieren, reagieren (mit Worten oder / und Taten antworten), reparieren, servieren, sortieren

66 ✱ **Welches Wort aus der Liste oben ist gemeint? Ergänze die Buchstaben. Schreibe mit drei Wörtern jeweils einen eigenen Satz auf die Zeilen unten.**

1 Wir d_i_ _s_kut_i_ _e_ren gerade darüber, ob der Test zu schwierig war.

2 Die Wissenschafter und Wissenschafterinnen __xper__me____ieren mit dem Virus.

3 Die Direktorin in__________ert uns über die neuen Regelungen.

4 Wolfgang Amadeus Mozart hat viele berühmte Stücke ko__po______rt.

5 Die Bankräuber waren mit Strümpfen m____k____rt.

6 Bitte n__t____rt euch das, es ist wichtig!

7 Mein Bruder muss sich schon fast jeden Tag r__si______n.

8 Die Sirene __larmie__t die Feuerwehr.

9 Das Geschenk für meine Freundin will ich schön de____rieren.

10 Diese Sätze sind alle nu____eriert.

11 Wie hat sie denn auf dein Mail ____agiert?

12 Linus findet Dokumentationen über das Weltall fa______n____rend.

13 Das Pferd ga__o____iert unkontro________rt über die Straße.

14 Die Kellnerin s__r__iert uns das bestellte Essen.

15 Oh je, ich glaube, nach dem Sturz kann man das Rad nicht mehr rep______________.

16 Wir müssen die Spielsteine nach Farben s__r____eren.

____

____

____

____

F Spezialfall: Wider / wider oder Wieder / wieder

REGEL

- **wieder** bedeutet „**noch einmal, erneut**"
  → *wiederholen, Wiederkäuer (z. B. Kühe), wiedersehen*
- **wider** bedeutet „(da)**gegen, zurück**"
  → *widersprechen, widersinnig (unsinnig)*

67 *

Finde die weiteren sieben Wörter mit Wieder/wieder oder Wider/wider. Schreibe sie richtig auf die Zeilen. Die Wörter können von links nach rechts oder von oben nach unten stehen und sich überkreuzen.

A	B	W	I	E	D	E	R	H	O	L	U	N	G
O	W	I	E	D	E	R	S	E	H	E	N	Z	P
W	I	D	E	R	S	I	N	N	I	G	Ü	M	U
W	I	E	D	E	R	A	U	F	B	A	U	A	K
U	H	R	O	K	P	U	A	T	J	A	J	Ü	L
A	I	L	B	L	F	H	I	D	S	P	I	E	A
Q	W	I	D	E	R	S	P	R	U	C	H	A	T
E	S	C	N	W	I	D	E	R	L	E	G	E	N
Q	W	H	Y	T	A	M	V	L	S	F	G	T	Ü
W	I	E	D	E	R	E	R	K	E	N	N	E	N

Wieder/wieder: *Wiederholung,* ______________________________

Wider/wider: ______________________________

68 * *

Trage die Wörter aus der Box richtig ein. Schlage unbekannte Wörter nach.

Widerrede ▪ Wiederkäuer ▪ Widersacher ▪ widerspenstig ▪ wiedergeben ▪ ~~widerlegen~~ ▪ wiederkommen

1 Ich kann diese Beschuldigung *widerlegen* __________.

2 Wann wirst du ______________________________? Ich vermisse dich jetzt schon!

3 Voldemort ist der große ______________________________ von Harry Potter.

4 „Genug jetzt! Ich dulde keine ______________________ mehr!", rief die Trainerin.

5 Das Pferd schnaubte und schüttelte ______________________________ den Kopf.

6 Kannst du in eigenen Worten ______________________________, was Tim gesagt hat?

7 Kühe und andere ______________________________ besitzen verschiedene Mägen.

69 ✱✱✱ **Ergänze die fehlenden Buchstaben.**

Trotz der w_i_drigen Umstände leistete Viola ihrer Müdigkeit W____derstand. Sie schaffte auch abends noch die dritte W____derholung der Vokabeln mit ihrer Lernkartei. Am nächsten Tag konnte sie alle fehlerlos w____dergeben. Damit w____derlegte sie ihre Angst, dass die Lehrerin ihre größte W____dersacherin sei. Tatsächlich war Frau Kern überhaupt nicht mehr w____derspenstig. Nein, ihr Gesicht spiegelte Anerkennung w____der! Bis zum Jahresende wollte Viola es w____der auf ein „Gut" bringen und ihre Freude an der Fremdsprache w____derherstellen.

70 ✱✱✱ **Finde und korrigiere die drei Fehler. Schreibe dann zwei Sätze mit den korrigieren Wörtern auf die Zeilen.**

1 Widerwillig gab Christopher zu, dass er uns angelogen hatte.
2 Pfui, diese verschimmelte Erdbeere in der Lade ist ja wiederlich!
3 Für die Umwelt ist die Wiederverwertung von Rohstoffen sehr wichtig.
4 Die Vortragende startete die Wiedergabe des Filmclips.
5 Kannst du mir das ausgeborgte Buch bitte morgen widerbringen?
6 Richie hat sich verändert. Du wirst ihn kaum wiedererkennen.
7 Trotz seiner vielen Wiedersacher stellt sich der Kandidat der Wiederwahl.

____

____

____

Wissen

Üben

G Lang gesprochene Vokale: gemischte Übungen

71 ✱ **Diese Sätze sind durcheinandergeraten. Schreibe sie richtig auf die Zeilen.**

1 probieren. Diese widerliche werde nie wieder Suppe ich

____

2 Maß die für ist Meter. Länge Ein

____

3 das Erik Spiel. konzentriert beobachtet

____

4 Stil ist im Diese chinesischen bemalt. Vase

____

72 ✱✱ **Lies die Tipp- und Achtung-Boxen auf S. 29, 31, 33, 34 und 40 noch einmal genau durch. Dann ist dieses Rätsel kein Problem für dich!**

1. Tisch für religiöse Handlungen
2. Konkurrent, Gegenspieler
3. anderes Wort für Fest, Party
4. Erde, Venus und Mars sind P…
5. Den geschmückten Sitz einer Herrscherin/eines Herrschers nennt man T…
6. Wenn jemand viel lacht, dann hat sie oder er viel H…
7. Lateinisches Wort für Handlungen, Tat: A…
8. luftleerer Raum
9. Wenn etwas kaputt ist, muss man es r…

73 ✱✱✱ **Welche langen Vokale passen? Ergänze richtig.**

1 W___i___r setzen uns für das Kl_____ma und die W_____derverwertung von R_____stoffen ein.

2 Bei der W_____derholung g_____b es v_____le V_____rer.

3 Fr_____er s_____zten Kinder ihre Eltern, sie zu d_____zen galt als unh_____flich.

4 Ich finde d_____se Z_____ge s_____r s_____ß.

5 Die L_____rerin ist meistens fr_____lich, aber heute verz_____t sie keine M_____ne.

6 Nach dem B_____den im P_____l muss ich noch die H_____re f_____nen.

74 ✱✱✱ **Hier haben sich bei der Schreibung der langen Vokale vier Fehler eingeschlichen. Finde und korrigiere sie. Schreibe mit den korrigierten Wörtern eigene Sätze in dein Übungsheft.**

Ehrlichkeit	übel	wiedersprechen	dankbahr
Narkoose	Diebstahl	Abwehr	jährlich
hohl	Turnsääle	Urlaub	Humor

Groß- und Kleinschreibung

A Nominalisierung von Verben

REGEL

Wenn du **Verben** zu **Nomen umwandelst** (= nominalisierst), musst du sie großschreiben. Achte auf folgende **Signalwörter** für die **Großschreibung**:

- Ein **bestimmter** oder ein **unbestimmter Artikel** stehen vor dem Verb:
  → ***das L**achen, **das T**urnen, **das S**ammeln*
  → ***ein L**äuten, **ein S**eufzen, **ein R**ascheln*
- Eine **Präposition** (mit Artikel verschmolzen) steht vor dem Verb:
  → ***zum Umb**lättern, **beim K**üssen, **fürs W**aschen*
- Ein **Pronomen** (Fürwort) steht vor dem Verb:
  ***ihr S**ingen, **dieses J**ammern, **jenes K**ichern, **sein H**usten*
- Ein **gebeugtes Adjektiv / Partizip** steht vor dem Verb:
  → ***heftiges S**chnarchen, **lautes G**rummeln, **echtes L**ieben*

Du schreibst das Verb groß, wenn der bestimmte oder der unbestimmte Artikel beim Verb steht, oder wenn du ihn in Gedanken einsetzen kannst, und der Sinn des Satzes trotzdem gleichbleibt.

75 ✱ Bilde Sätze aus den vorgegebenen Satzbausteinen und markiere die Signalwörter.

Lautes Schreien ▪ unsere Nachbarn ▪ gar nicht ▪ mögen ▪ .
Lautes Schreien mögen unsere Nachbarn gar nicht.

1 Zum Lernen ▪ ich ▪ aber jetzt wirklich ▪ keine Lust ▪ haben ▪ !

____

2 Fürs Üben ▪ ich mir ▪ einen eigenen Stift ▪ gekauft haben ▪ .

____

3 Ein heftiges Lachen ▪ aus Ivo ▪ herausbrechen ▪ .

____

4 Evas *(Ihr)* Kichern ▪ ihn ▪ hatte angesteckt ▪ .

____

5 Es ▪ wirklich ▪ zum Schreien ▪ komisch ▪ war ▪ .

____

6 Meine Schwester ▪ mit ▪ ihrer Freundin ▪ beim Shoppen ▪ sein ▪ .

____

76 ✱✱ **Trage die Signalwörter aus der Box richtig ein. Ergänze auch den Anfangsbuchstaben des nominalisierten Verbs.**

zum ▪ sein ▪ ihr ▪ zum ▪ ~~Beim~~ ▪ beim ▪ ins ▪
das ▪ regelmäßiges ▪ Lautes

Beim *W*andern haben wir etliche Blindschleichen gesehen. **(wandern)**

1 Wie lange brauchst du denn noch ____________ __bwaschen? *(abwaschen)*
2 Meine Katze genießt ____________ __treicheln und schnurrt. *(streicheln)*
3 Und ____________ __aaren, stört dich das nicht? *(haaren)*
4 Naja, ___________________________ __ürsten hilft. *(bürsten)*
5 Ich habe ____________ __ben fast die Zeit vergessen. *(üben)*
6 Lina findet dieses Lied ____________ __iederknien schön. *(niederknien)*
7 Oh Mann, ____________ __örgeln ist anstrengend. *(nörgeln)*
8 Bei der Prüfung geriet ich plötzlich ____________ __tocken. *(stocken)*
9 ____________ __ärmen und __pielen ist im Hof untersagt. *(lärmen, spielen)*

TIPP

Wenn du deine **Hobbys** ausdrückst oder was du – **ganz allgemein** – gerne oder nicht gerne magst und tust, dann verwende die **Großschreibung**. Außerdem kannst du gedanklich einen Artikel davorsetzen.
→ *Meine Hobbys sind (das) Schwimmen und (das) Lesen.*
→ *Ich mag (das) Schwimmen und (das) Lesen.*

ACHTUNG

Wenn du allerdings ausdrückst, was du **jetzt** – in **diesem Moment** – gerne oder nicht gerne tun würdest, dann verwende die **Kleinschreibung**.

→ *Jetzt mag ich schwimmen.*

→ *Später mag ich noch lesen.*

77 ✱✱ Trage die Anfangsbuchstaben aus der Box richtig ein.

W ▪ W ▪ W ▪ M ▪ Z ▪ T ▪ T ▪ H ▪ S ▪
~~L~~ ▪ L ▪ L ▪ L ▪ L ▪ R ▪ K ▪ s ▪ b ▪
z ▪ l ▪ k ▪ t ▪ g ▪ z ▪ w

1 Beim L̲aufen muss man auf die Technik achten, sonst __chmerzen die Knöchel.

2 Ernesto mag __aufen und __esen, __chwimmen macht ihm weniger Spaß.

3 Nach dem verpatzten Match war allen zum __eulen zumute.

4 Meine Eltern lieben das __anzen. Sie __esuchen wieder einen Kurs.

5 Echt? Darf ich ihnen beim __anzen einmal __uschauen? Ich möchte es auch __ernen!

6 Ja, __omm zu uns und wir __anzen gemeinsam. Ich habe beim __uschauen und __ittanzen schon viel __elernt.

7 Ich habe jetzt keine Lust zum __eden, kann ich dich später __urückrufen?

8 Sein __ügen finde ich nicht in Ordnung.

9 Der Wollpullover ist durch das häufige __aschen verfilzt. Man sollte bei Wolle häufiges __aschen vermeiden. Wolle also bitte nicht zu oft __aschen.

10 Ist ja gut. Nach diesem __iederholen habe ich es verstanden! ☺

11 Es war dunkel und ich hörte ein fieses __ichern. Mir war gar nicht zum __achen!

ACHTUNG

Manche Verben sind mit anderen Wörtern fix verbunden. Wenn du diese Verbindungen als Nomen verwendest, musst du sie **groß- und zusammenschreiben**. Denn du weißt ja: Ein Artikel kann immer nur zu **einem** Wort gehören, als schreibt man zusammen.

Fußball spielen	→	*beim (bei dem) Fuß**b**allspielen*
arbeiten gehen	→	*vorm (vor dem) Arbeite**ng**ehen*
verlassen werden	→	*das Verlasse**nw**erden*
gemeinsam lernen	→	*fürs (für das) Gemeinsa**ml**ernen*

78 *

Ergänze in den folgenden Sätzen jeweils die fehlende Form. Die Wörter aus der Achtung-Box auf Seite 46 helfen dir. Achte auf die Groß- und Kleinschreibung nach dem Signalwort.

1 Philip geht jeden Samstag zum ______________________________.
Dieser Sport macht ihm riesigen Spaß.

2 Meine Mutter muss heute in der Nacht noch arbeiten gehen. Vorm
______________________________ essen wir immer gemeinsam zu Abend.

3 In vielen Märchen geht es ums ______________________________. Wenn
Kinder verlassen werden, bestehen sie dann meist Abenteuer und werden Helden.

4 Ich möchte lieber mit dir ______________________________. Fürs
Gemeinsamlernen kann ich mich leicht motivieren.

79 ***

Lies dir den Abschnitt „Nominalisierung von Verben" (S. 44–46) noch einmal genau durch. Dann kannst du sicher die folgenden Lücken richtig ergänzen.

1 Beim _S_chwimmen und __aufen ist Luisa höchst motiviert.

2 Lilos Hobbys sind __esen und __ennisspielen.

3 Wir brauchen zum __ochen mehr Töpfe. Zu __ochen ist ganz schön viel Arbeit!

4 Wir müssen noch __ufräumen und die __äsche __ügeln.

5 Ich habe keine Lust aufs __ufräumen, kannst du das nicht __lleine __achen?

6 Meine Schwester geht gerne __eiten, aber sie hat ein bisschen Angst vorm __türzen.

7 Miro konnte mit sechs Jahren schon __esen, jetzt mag er das __esen immer noch.

B Nominalisierung von Adjektiven und Partizipien

REGEL

Du kannst auch **Adjektive** und **Partizipien** mit den **Signalwörtern** für die **Großschreibung** nominalisieren.

- **bestimmter / unbestimmter Artikel**
  → *die Kleine, eine Unbekannte, der Neue*
- **Pronomen**
  → *jener Kluge, dieses Rot, mein Liebstes*
- **Präposition (oft mit Artikel verschmolzen)**
  → *ins Schwarze (treffen), im Klaren (sein), vom Größten zum Kleinsten, im Geheimen, im Großen und Ganzen*

Wissen
Üben

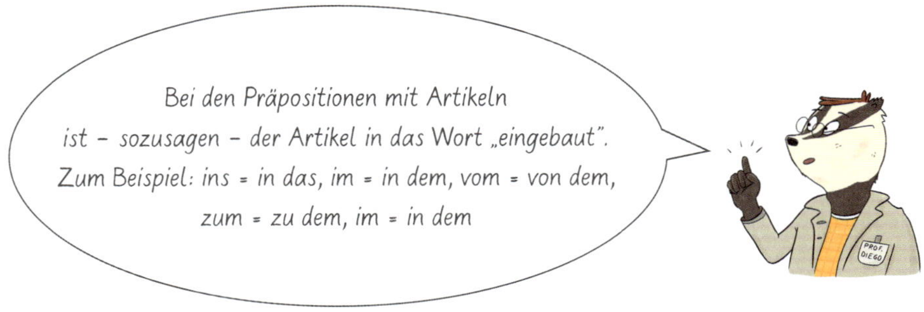

REGEL

Nur für Adjektive gilt:
Wenn das **Adjektiv / Partizip selbst gebeugt ist**, schreibt man es auch groß. Oft steht in so einem Fall ein **unbestimmtes Zahlwort** (***viel***, ***wenig***, ***allerlei / alles***, ***manches***, ***nichts***, ***etwas***, ***einiges***) davor.
***viel** Neues*, ***etwas** Schönes*, ***allerlei** Spannendes*, ***manch** Verhextes*, ***alles** Weitere*, ***einiges** Wertvolle*

TIPP

Erinnere dich an die **Artikelprobe**:
Wenn du gedanklich einen **Artikel einsetzen** kannst, dann schreibe das Adjektiv **groß**.
Dich wird Schönes erwarten!
Probe: *Dich wird **das** Schöne erwarten!*

Wissen
Üben

80 Trage die Nominalisierungen aus der Box passend in die Sätze ein.

*

das Unberechenbare ▪ einiges Altes und Wertvolles ▪ viel Neues ▪ ins Schwarze ▪ ~~etwas Süßes~~ ▪ in leuchtendem Orange ▪ Dieses Rot
Der Neue

1 Kannst du mir bitte ___*etwas Süßes*___ aus der Lade mitbringen?

2 Ich habe heute ______________________ gelernt.

3 In dem Museum gibt es ______________________ zu bestaunen.

4 Mit ihrer Bemerkung traf Alina genau ______________________.

5 ______________________ in der Klasse ist noch recht still.

6 Ich liebe ______________________ an meiner Katze.

7 ______________________ ist aber schon sehr auffällig!

8 Die Uniformen der Müllabfuhr sind ______________________ gehalten.

ACHTUNG

Bei Adjektiven ist **„am"** meistens **kein Signalwort**, sondern der Superlativ. Du kannst mit **„Wie?"** fragen.
Am nötigsten brauchen die Menschen sauberes Wasser.
→ (**Wie** brauchen sie Wasser? – **am** nötigsten)

Wenn du „am" in „an dem" zerlegen kannst, ist es ein Signalwort und du schreibst das Adjektiv groß. Das ist aber nur selten so.
Den Menschen fehlt es am Nötigsten.
→ (**Woran / An was** fehlt es? – **an dem** Nötigsten)

ACHTUNG

Wenn allerdings **Adjektive vor einem Nomen** stehen, dann musst du sie **kleinschreiben**, auch wenn ein Artikel oder Pronomen davorsteht. Der Artikel oder das Pronomen bezieht sich dann auf das Nomen.

das / dieses kaputte Handy

deine neue Haube

81 ✱✱ Groß- oder Kleinschreibung? Lies genau und ergänze die Lücken richtig. Achte darauf, ob sich der Artikel oder das Pronomen auf ein Nomen bezieht. Markiere das Signalwort, wenn du das Adjektiv großschreibst.

Eine Unbekannte überfiel gestern gegen Mittag die Bank.

1 Die __nbekannte Täterin flüchtete mit einem Fahrrad.

2 Dieser Weg ist am __teilsten, er ist nur für die __eübtesten begehbar.

3 Mein Kater ist das __iebste Tier, das ich kenne.

4 Tim und Tom waren sich nicht darüber im __laren, dass sie in Gefahr waren.

5 Tim und Tom, ist euch __lar, dass das gefährlich ist?

6 Mein kleiner Bruder liebt grelles __ink.

7 Mag er auch seine __inke Kleidung?

8 Von allen in der Gruppe singt Daria am __esten.

9 Sie ist die __este Sängerin in der Klasse.

10 Das neueste Lied der Band trägt den Titel „Du bist das __este, das mir je passiert ist."

82 ✱✱✱ Schreibe die Sätze in Schreibschrift auf die Zeilen.

1 LINAERKENNTMANAMLACHEN. SIELACHTVONALLENAMLAUTESTEN.

____

____

2 MIRGEFÄLLTDIESERSONGAMBESTEN. DASISTDERBESTESONG.

____

____

ACHTUNG

Bei Präpositionen musst du genau schauen:

- Ist ein **gebeugtes Adjektiv** mit einer **Präposition verbunden**, darfst du **groß- oder kleinschreiben**.
  → ***seit*** *langem / Langem;* ***vor*** *kurzem / Kurzem,* ***von*** *nahem / Nahem;* ***von*** *neuem / Neuem;* ***bei*** *weitem / Weitem*
- Ist ein **ungebeugtes Adjektiv** mit einer **Präposition verbunden**, schreibst du es ganz „normal" **klein**.
  → *von nah und fern, über kurz oder lang, durch dick und dünn, auf ewig, von klein auf*

83 ✱✱ In diesem Text sind die farbigen Wörter in die falschen Sätze gerutscht. Suche das passende Wort, streiche es durch und schreibe es dann beim richtigen Satz auf die Zeile. Achtung: Ein Satz ist korrekt, hier musst du keine anderen Wörter ergänzen!

Petar und ich warten **durch dick und dünn** ___seit Langem___ auf eine Nachricht von Tufan. **Von Nahem** ______________ noch hat er geschworen, dass wir gemeinsam ~~**seit Langem**~~ ______________ gehen würden. Wir wollten **auf ewig** ______________ Freunde sein. Tufan, Petar und ich kennen uns **bei Weitem** ______________. **Vor Kurzem** ______________ sehen wir aus wie Drillinge, dabei kommen wir drei **von klein auf** ______________. Tufans Eltern stammen aus Syrien, Petars Eltern aus Montenegro, meine Mutter aus Tschechien und mein Vater aus Deutschland. Doch das sind **von nah und fern** ______________ noch nicht alle Unterschiede zwischen uns. Trotz aller Streitigkeiten bekräftigen wir immer wieder von Neuem unsere Freundschaft.

84 ✱✱✱ Lies noch einmal alle Informationen zur Nominalisierung von Adjektiven und Partizipien (S. 47–50). Ergänze dann die fehlenden Buchstaben in den Sätzen und markiere die Signalwörter. Mach die Artikelprobe, wenn du unsicher bist.

Elvira hat mir aus dem Urlaub etwas B esonderes mitgebracht.

1 Danke, du hast heute beim Match __erausragendes geleistet!

2 Was ist denn so speziell an dem __euen Fahrrad? – Das __eniale ist, dass man den Lenker stufenlos umstellen kann.

3 OMG, das soll __ut aussehen? Das einzig __ute ist, dass du das Foto noch nicht auf die Schulwebsite gestellt hast!

4 Schau mal, das sind unsere __oten Dressen. – Wow! Dieses __ot sieht echt toll aus!

5 Jetzt habe ich dich doch glatt verwechselt! Von __ern siehst du aus wie dein Bruder, aber von __ahem natürlich überhaupt nicht mehr.

6 Das war bei __eitem der __este Film, den ich seit __angem gesehen habe. Am __esten spielte die Nebendarstellerin.

7 Wir überlegten uns allerlei __paßiges für den Wettbewerb.

C Tageszeitangaben und Wochentage

REGEL

- **Tageszeitangaben** und **Wochentage** schreibst du **groß**, wenn du sie als **Nomen** verwendest, also zum Beispiel einen **Artikel** oder ein **Zeitadverb** davorstellst, z. B.: ***der** **M**orgen, **die** / in **der** **F**rüh, **heute** **M**orgen, **gestern** **N**acht* (Spezialfall: *heute früh / Früh, Dienstag früh / Früh, morgen früh / Früh – aber: **früh** aufstehen*)

- Wenn du Angaben aus **Tageszeiten** und **Wochentagen** **zusammensetzt**, so schreibst du diese **groß**. ***M**ittwochabend, **S**onntagvormittag*

ACHTUNG

- **Adverbien (Umstandswörter)** der Zeit schreibst du **klein**. Du kannst sie aber durch ein Signalwort nominalisieren.
  → *gestern, heute, übermorgen, jetzt, täglich, früh*
  → *das Gestern, kein Morgen, im Jetzt*

- Wenn etwas **regelmäßig wiederholt** wird, schreibst du **Wochentage und Tageszeiten** mit der **Endung -s klein**.
  → *dienstags, morgens, abends (Ich putze mir immer **morgens** die Zähne.)*

85 ✱ Trage die Zeitangaben aus der Box richtig in die Sätze ein.

Freitag ▪ Jetzt ▪ zu Mittag ▪ montags ▪ Sonntagvormittag ▪ ~~morgens~~ ▪ Morgens ▪ Morgen

1 Mein Kater will ____*morgens*____ immer ein paar Streicheleinheiten.

2 Kommst du mich am ________________ besuchen? Am Samstag habe ich dann nämlich keine Zeit.

3 Jeden ________________________ geht meine Tante zum katholischen Gottesdienst.

4 Manchmal vergesse ich __________ in der Früh, dass das Wochenende vorbei ist.

5 Nach langer Wanderschaft kam der Bursch eines ______________ in ein Dorf.

6 Der Trainer lud uns ________________ zum Essen ein.

7 Er lebt ganz im ______________ und denkt nicht an das ______________.

86 ✱✱ In diesem Text sind die Zeitangaben durcheinandergeraten. Schreibe sie richtig auf die Zeilen. Achte auch auf die Groß- und Kleinschreibung.

Jeden RGENMO ____*Morgen*____ geht Herr Braun mit seinem Dackel Brownie spazieren. Als er GEERSTN ______________, am DIENTRGAGMSOEN ________________________, seine Runde drehte, fühlte sich Brownie wie immer wohl. Er machte sich keine Sorgen und war ganz im EZTJT ______________. Glücklich und froh trabte er seine Schnüffelspuren entlang und dachte nicht ans GMOREN ______________. Auch das GEERSTN ______________ war ihm egal. Er wusste, dass er TGLCHIÄ ______________ sein Fressen und BNDSAE ______________ sein Körbchen hatte.

87 ✱✱✱ **Ergänze in den folgenden Sätzen die richtigen Anfangsbuchstaben.**

1 Du musst die Salbe _t_äglich __bends und __orgens auftragen.

2 Mein Vater muss schon sehr __rüh aufstehen.

3 Ich bin in der __rüh meistens eher schlecht gelaunt.

4 Wir waren __orgestern __bend im Kino.

88 ✱✱✱ **Schau genau! Finde und korrigiere die drei Fehler bei der Schreibung der Tageszeitangaben und Wochentage.**

Am Montagmorgen mussten die Hexenschülerinnen und -schüler schon um 10 Uhr aufstehen, damit sie zu mittag pünktlich in der Schule waren. Denn montags war die erste Einheit immer Kochen. Nachdem sie das Mittagessen herbeigehext und gegessen hatten, stand am Montag Nachmittag Hausarbeit am Programm. Da wurden Haushaltsgeräte erfunden und bewegt, bis zum späten Abend. Die Schülerinnen und Schüler mussten nachts die wilden Tiere im Wald füttern und durften erst am frühen Morgen nach Hause fliegen. Dafür hatten sie jeden Dienstag frei und mussten mittwochs im Homeschooling von Früh bis spät Arbeitsblätter ausfüllen.

D Zahlwörter und Bruchzahlen

REGEL

- Bei den folgenden **Zahlwörtern** ist die **Groß- und Kleinschreibung** erlaubt:
  → *Dutzende / dutzende, Hunderte / hunderte, Tausende / tausende*
- **viel, wenig, einige,** der/die/das **eine**/**andere**/**meiste** schreibst du in allen Formen **klein**.
  → *Wir suchten nach den anderen, aber fanden nur wenige.*
  → *Es gab viele, die mithalfen. Die meisten taten es gerne.*
- Alle anderen unbestimmten Zahlfürwörter schreibst du immer **klein**:
  → *für alle, mit keinem, keine / keiner / keines, die beiden, jede / jeder / jedes, jedermann, man, niemand*
- **Bruchzahlen** auf **-tel** oder **-stel** schreibst du **vor Maßangaben** entweder **getrennt** und **klein** oder als ein Nomen **zusammen** und **groß**.
  → *ein **viertel Liter** / ein **Viertelliter**, eine **hundertstel Sekunde** / eine **Hundertstelsekunde***

89 ✱✱ **Ergänze die fehlenden Buchstaben. Tipp: Schreibe beide Formen hin, wenn die Groß- und Kleinschreibung gültig ist. Lies im Zweifelsfall in der Regel-Box nach.**

1. Bei der Demonstration waren T/tausende Menschen anwesend.
2. Die ____eisten verhielten sich friedlich.
3. Transparente hatten auch ____iele dabei und es wurden ____underte Flugblätter verteilt.
4. Gab es auch Ansprachen? Ja, ____inige.
5. Der Sieger entschied mit einer ____undertstel____ekunde Vorsprung das Rennen für sich.
6. Du brauchst für den Kuchen auch einen ____chtel ____iter Kirschsaft.
7. Dass du dagegen bist, das ist das ____ine, das ____ndere ist, dass uns keine Wahl bleibt.
8. Wo sind denn die ____nderen? Ich sehe nur so ____enige!
9. Lina und Lutz? Wo sind denn die ____eiden?

90 ✱✱✱ **Finde und korrigiere die drei Fehler bei den Zahlwörtern.**

Vor unserer Fahrradtour trafen wir uns Dutzende Male. Es gab immer Vieles zu bedenken: Welche Route wählen wir, was mussten wir alles einpacken? Die Tour sollte für jede und jeden interessant, für keine und keinen zu leicht, aber auch für Niemanden zu schwierig sein. Außerdem wollten wir uns entlang des Weges einiges anschauen, damit wir danach vor den anderen auch angeben konnten ☺. Weil es sehr heiß war, packte ich einige große Flaschen Wasser in die Satteltaschen. Die Beiden waren mit Essen, Regenausrüstung und dem Wasser rasch gefüllt. Ich hatte aber noch anderes, was ich mitnehmen wollte!

E Anredepronomen

REGEL

- Die **höfliche Anrede** mit „Sie" und davon abgeleitete Pronomen schreibst du **groß**.
- Die **freundschaftliche Anrede** mit „du/ihr" und die davon abgeleiteten Pronomen schreibst du **klein**.

ACHTUNG

Wenn du jemandem schreibst, mit dem du per Sie bist, musst du natürlich auch die **besitzanzeigenden Fürwörter** großschreiben!
→ *Bringen Sie bitte **Ihre** Dokumente mit.*
Aber: ***Die Kinder** bringen **ihre** Dokumente zum Schalter.*

91 ** Trage die Anredepronomen aus der Box richtig in den Text ein.

~~eure~~ ▪ euch ▪ ihr ▪ euer ▪ euch ▪ eure ▪ ihr ▪ eure ▪ Ihre ▪ Sie ▪ Sie ▪ Ihnen ▪ Ihren ▪ ihrer

Liebe Schülerinnen und Schüler der Klassen 3A und 3B,

für das bevorstehende Schulfest brauchen wir _eure_ Klassenräume. Bitte räumt alles, was __________ persönlich gehört, aus euren Bankfächern. Was Platz hat, könnt ________ in den Kästen oder den Spinden versperren. Den Wandschmuck könnt ihr belassen. Denkt aber daran, dass __________ selbst darauf achten müsst, dass die Gäste __________ Poster nicht herunterreißen oder beschädigen. Ich danke __________ sehr für __________ Verständnis und __________ Mithilfe!

Liebe Eltern, wir bitten __________ und __________ Kinder um Unterstützung: Bitte helfen __________ __________ Kindern beim sicheren Verstauen __________ Schulsachen. Ich danke __________,

Rosa Bauer-Öztürk, Direktorin

92 ** Ergänze in den folgenden Sätzen die richtigen Anfangsbuchstaben.

1 Liebe Lina, wie geht es _d_ir?

2 Sehr geehrte Frau Kasparov, wie geht es __hnen? Ich habe mich sehr über __hr E-Mail gefreut und möchte __hnen mitteilen, dass ich __hr Angebot annehme.

Bitte umblättern!

3 Wo habt __hr __ure Fahrräder abgestellt?

4 Sag mal, wieso haben __eine Freundinnen ihre Sachen hiergelassen?

5 Tom, wo hast __u __eine Trainingssachen? Ich gebe __ure Wäsche jetzt in die Waschmaschine!

6 Hi Reza, ich möchte __ich fragen, ob du mir __eine Kaninchen zeigen kannst. Ich bekomme vielleicht auch welche und wäre froh über __eine Tipps. – LG Tina

7 Aufgrund des erhöhten Verkehrsaufkommens bitten wir __ie, den Stau großräumig zu umfahren. Ansonsten müssen __ie mit bis zu 45 Minuten Wartezeit rechnen.

8 Frau Markovic, hier spricht __hre Babysitterin. Wo haben denn __hre Töchter __hre Pyjamas? Wir finden __ie nicht, können __ie uns helfen?

9 Bitte gestatten __ie __hren Kindern das Radfahren im Hof nicht!

93 ✱✱✱ **Finde die zwei Fehler bei den Anredepronomen im E-Mail und korrigiere sie.**

Neue Nachricht

Ina Meier Senden

An: Omar Sarsy cc bcc

Betreff: gestriger Ausflug

Lieber Omar,

ich berichte dir kurz vom Ausflug heute, dabei kann ich gleich die Anreden üben ☺. Die Museumsführerin hat uns nämlich gesiezt ☺! Wenn wir ihr zu laut wurden, hat Sie gerufen: „Ich bitte Sie um Ihre Aufmerksamkeit. Hier sehen Sie nämlich etwas ganz Besonderes. Das ist einer unserer Schätze!" OMG – du kannst dir vorstellen, dass wir uns ein bisschen komisch vorkamen. Andererseits fand ich es gar nicht so schlecht. Beim Abschlussfoto meinte sie: „Wir platzieren uns hier auf unsere Feststiege, sie ist im barocken Stil gestaltet und bekannt wegen ihrer wertvollen Vergoldungen. Bitte achten Sie auf ihre Taschen, damit Sie nichts beschädigen."
Okay, den Gefallen haben wir ihr getan! Bist du morgen wieder in der Schule?
LG Ina

F Gemischte Übungen zur Groß- und Kleinschreibung

94 ✱✱ Hier sind die farbigen Wörter durcheinandergeraten. Suche das passende Wort, streiche es durch und schreibe es dann beim richtigen Satz auf die Zeile.

1 Ich habe beim **Herausheben** ___Lesen___ die Zeit vergessen. Das ist das **Spannende** ___________ Buch, das ich bis jetzt kenne. – Was ist denn das **spannendste** ___________ daran?

2 Bei der Unfallstelle versammelten sich **Viertelliter** ___________ Schaulustige, um den Kranführer beim ~~**Lesen**~~ ___________ des beschädigten Schiffes aus dem Wasser zu beobachten.

3 Wir treffen uns morgen in der **Donnerstag** ___________ zum Wandern. – Ui, aber bitte nicht zu **Mittwochabend** ___________, ich bin keine Frühaufsteherin.

4 Wir suchten **wenige** ___________ Pilze, fanden aber nur **viele** ___________.

5 Bring bitte einen **zahlreiche** ___________ Schlagobers mit.

6 Kommst du am **früh** ___________ oder doch erst am **Früh** ___________ am Morgen?

95 ✱✱✱ Groß oder klein? Ergänze die Lücken im folgenden Text. Achte auf die Signalwörter.

Harry erstarrte. Er wusste, dass Hagrid ihm nie absichtlich etwas _G_efährliches schicken würde, allerdings hatte der Wildhüter seine eigenen Auffassungen von dem, was __efährlich war. […] Aus dem __nnern kam erneut ein __autes __chnappen. Er nahm die Lampe vom Nachttisch, packte sie fest mit der einen Hand und hob sie über den Kopf, bereit zum __uschlagen. Dann nahm er das __estliche Packpapier in die Hand und riss es herunter. Und heraus fiel – ein Buch. […] Geräuschvoll fiel das Buch vom Bett und schlurfte rasch durch das Zimmer. Harry folgte ihm __orsichtig. Das Buch versteckte sich im __unkeln unter seinem Schreibtisch. Harry flehte zum Himmel, dass die Dursleys noch tief __chlafen mochten, ließ sich auf die Knie nieder und streckte die Hand nach dem Buch aus […] Harry __irbelte herum, warf sich mit einem __prung auf das Buch

Bitte umblättern! ↺

Wissen | Üben

und presste es __lach auf den Boden. Im Zimmer nebenan ließ Onkel Vernon ein __autes, __chlaftrunkenes __runzen hören. Hedwig und Errol beobachteten interessiert, wie Harry das __iderspenstige __uch fest unter den Arm klemmte, zur Kommode hinüberstürzte, einen Gürtel herauszog und ihn stramm um das Buch schnürte. Das Monsterbuch __itterte __ornig, doch es konnte jetzt nicht mehr __lappen und __chnappen.

J. K. Rowling: Harry Potter und der Gefangene von Askaban. Hamburg : Carlsen Verlag GmbH 2017, S. 9

96 ✱✱✱ **Finde alle falschen Buchstaben der Groß- und Kleinschreibung. Schreibe sie auf die kurze Zeile und ordne sie dann in die beiden Lösungswörter ein. Gemeinsam beschreiben sie, wie Elena läuft und du die Übung gelöst hast.**

A, ____________________________

LÖSUNGSWORT: W __ R __ L __ C H F __ __ __ L __ __ __ T!

1 Elena ist die schnellste Läuferin von uns ~~A~~llen, sie ist einfach die beste. a

2 Sie trainiert schon seit langem und ist eine der wenigen, die man auch bei Bewerben nicht nervös machen kann.

3 Alles Hektische liegt ihr fern. Sie ist gut beim Konzentrieren und beim Einteilen Ihrer Kraft.

4 Zu den Wettkämpfen kommen Freundinnen und Freunde von nah und fern, die meisten kennt sie schon von Klein auf, aber nicht Alle.

5 Auch heute in der Früh hat sie fleißig trainiert. Sie steht gerne Früh auf.

6 Am Mittwochabend treffen wir uns und gehen gemeinsam zum Schwimmen.

7 Ich kann schneller schwimmen als Elena, nicht viel, aber doch mehr als nur eine hundertstelsekunde. ☺

8 Bei der vorigen Siegerehrung meinte der Preisrichter: „Fräulein Elena, erlauben Sie, dass ich Ihnen ihre Medaille überreiche!" – Von uns fanden das Einige übertrieben, aber Elena freute sich, dass ihre Leistung so wertgeschätzt wurde.

Zusammen- und Getrenntschreibung

A Verbindungen von Verb und Verb

REGEL

Verbindungen aus **Verb und Verb** schreibst du **getrennt**.

- **Infinitiv + Infinitiv oder Partizip II des Verbs:**
  → *spazieren gehen, spazieren gegangen*
- **Partizip II + Infinitiv oder Partizip II des Verbs:**
  → *getrennt schreiben, getrennt geschrieben*

Achtung: Wenn du diese Verbindungen zu einem Nomen machst, musst du sie zusammenschreiben:
→ ***Beim Kletternüben** habe ich mir den Knöchel verstaucht.*

Eine **Ausnahme** von dieser Regel ist das Verb „kennenlernen“, du **kannst** es also auch **zusammenschreiben**:
→ *kennen lernen / kennenlernen*

97 Trage die Wörter aus der Box richtig in die Sätze ein.

*

verhindern können ▪ reden lassen ▪ klettern üben ▪ liegen bleiben ▪ verloren gegangen ▪ lachen müssen ▪ wandern gegangen ▪ ~~einkaufen gehen~~ ▪ gefangen genommen ▪ baden gehen ▪ geschenkt bekommen ▪ getrennt schreiben ▪ erwischen lassen

1 Kannst du bitte kurz etwas *einkaufen gehen* ?
2 Bei dem Witz habe ich ______.
3 Sie durften sich dabei nicht ______.
4 Kannst du mich bitte auch mal ______?
5 Wie lange seid ihr denn gestern im Wald ______?
6 Schau, das habe ich zum Geburtstag ______!
7 Wo ist bloß mein Mathebuch ______?
8 Der gesuchte Verbrecher wurde ______.
9 Ich habe das leider nicht ______.
10 Komm, lass uns heute im See ______!
11 Diese Wörter musst du ______.
12 Sabrina möchte heute Nachmittag noch ______.
13 Pjotr ist noch ziemlich müde, er möchte noch etwas ______.

98 ✱✱✱ **Finde und korrigiere die fünf Fehler bei den Verbindungen von Verb + Verb.**

Gestern wollten wir kletternüben und danach baden gehen. Vor zwei Wochen habe ich nämlich neue Kletterschuhe geschenkt bekommen. Leider tun sie noch weh. Ich muss sie erst eingehen. „Die wirst du noch schätzenlernen!", hat mein Vater mir versichert. Gestern habe ich trotzdem wieder die alten Schuhe genommen. Ich darf mich dabei aber nicht erwischen lassen, sonst werden sie von meinem Papa „gefangengenommen". Nachdem wir kletterngeübt hatten, sind wir im Schotterteich baden gegangen. Ich habe nicht verhindern können, dass ich lachen musste, als meine kleine Schwester mit ihren Einhornschwimmflügeln schwimmen übte. Leider sind sie auf dem Heimweg verlorengegangen. Morgen müssen wir daher neue Schwimmhilfen kaufen gehen. Ich werde fragen, ob ich mir ein Schnorchelset aussuchen darf.

B Verbindungen aus Nomen und Verb

REGEL

Verbindungen aus **Nomen und Verb** schreibst du **getrennt**.
→ *Fußball spielen, Not leiden, Schlange stehen, Rad fahren, Musik hören, Computer spielen, Gitarre spielen ...*

REGEL

Auch für Verbindungen aus Nomen und Verben gilt: Wenn du sie **nominalisierst**, schreibst du sie **zusammen**.
→ ***Das*** *Fußball**sp**ielen ist ihre große Leidenschaft.*
→ *Er ist **beim** Ra**df**ahren gestürzt.*

ACHTUNG

Wenn es um deine Hobbys und Interessen geht, dann **nominalisierst** du die Verben – schreibe sie also **zusammen**.
Probe: Du kannst gedanklich „das" einsetzen.
→ *Meine Hobbys sind Schwimmen, Radfahren und Singen.*
→ *Iris liebt (das) Schwimmen, (das) Radfahren und (das) Singen.*

99 ✱

Welche Wörter gehören zusammen? Verbinde jeweils ein Wort aus beiden Spalten miteinander und schreibe mit jeder Verbindung einen kurzen Satz in dein Übungsheft.

~~Rad~~	abwaschen	Rad fahren
Geschirr	lesen	
Tee	~~fahren~~	
Maß	fahren	
Zeitung	nehmen	
Snowboard	trinken	
Gitarre	hören	
Musik	spielen	

100 ✱✱

Ergänze in den folgenden Sätzen die richtige Schreibweise. Schau genau, ob es sich um eine „normale" Verbindung von Nomen und Verb handelt oder um eine Nominalisierung.

1 Jenny ist Diabetikerin. Sie muss ___Diät halten___. *(DIÄT / HALTEN)*

2 Das ______________________ ist für Diabetikerinnen und Diabetiker häufig lebensnotwendig. *(DIÄT / HALTEN)*

3 Bitte auf das ______________________ achten! *(ABSTAND / HALTEN)*

4 Meine Eltern vergessen beim ______________________ oft die Zeit. *(WALZER / TANZEN)*

5 Mein Bruder darf schon ______________________. *(AUTO / FAHREN)*

6 Du brauchst keine ______________________! *(ANGST / HABEN)*

7 Wir müssen schnell ______________________ *(ALARM / SCHLAGEN)*, der Papierkorb hat ______________________ *(FEUER / GEFANGEN)*.

8 Beim ______________________ *(MUSIK / HÖREN)*, singe ich immer lauthals mit.

101 ✱✱✱ **Finde die drei Fehler bei den Verbindungen von Nomen und Verb. Achte auch auf die Nominalisierungen. Schreibe die Verbesserung auf die Zeile unter dem Text.**

Ich mag das Skateboardfahren nicht sonderlich gern. Vor dem Fallen muss man zwar keine Angst haben, aber das Rad fahren ist mir lieber. Ich kann mit einem Fahrrad besser umgehen als mit dem Skateboard. Früher konnte ich auch nicht gut Tennis spielen. Aber mit viel Training und Fleiß bin ich richtig gut geworden. Vor einiger Zeit besuchte ich sogar ein Match meiner Lieblingsspielerin in Wien. Vor dem Tennisstadion musste ich beim Kartenverkauf lange Schlangestehen. Gott sei Dank hatte ich mein Handy und meine Kopfhörer dabei, sodass ich beim Warten Musikhören konnte. Meine Mutter, die auch ein großer Tennisfan ist, begleitete mich zum Spiel. Wir bekamen ein spannendes Tennisspiel zu sehen und freuten uns umso mehr, als am Ende des Matches unsere Heldin mit einem Sieg vom Platz zog.

REGEL

Wie du bestimmt schon weißt, ist bei so genannten **verblassten Nomen** die Bedeutung des Nomens oft nicht mehr zu erkennen.
Merke dir: Wenn **verblasste Nomen** mit einem Verb verbunden sind, dann schreibt man diese Verbindungen **zusammen und klein**. Präge dir die folgenden Beispiele gut ein!

irre-: *irreführen, irreleiten*
preis-: *preisgeben*
stand-: *standhalten*
statt-: *stattfinden*
teil-: *teilnehmen*
kopf-: *kopfstehen*
eis-: *eislaufen*
schlaf:- *schlafwandeln*
heim-: *heimfahren / heimgehen / heimkehren*
leid-: *leidtun*

Wenn durch die Konjugation (Beugung) des Wortes der erste Teil **abgetrennt** wird, dann muss er weiterhin **kleingeschrieben** werden.
→ *Saleh nimmt am Ausflug **teil**.*

102 ✱✱ **Trage die Wörter aus der Box richtig in die Sätze ein. Achtung, manchmal musst du die verblassten Nomen als Partizip oder getrennt eintragen – die Beispiele zeigen es dir vor.**

stattfinden ▪ eislaufen ▪ ~~preisgeben~~ ▪ teilnehmen ▪ stattfinden ▪ standhalten ▪ ~~irreführen~~

1 Kalid gibt das Geheimnis nicht ___preis___.

2 Mit betrügerischen E-Mails werden immer wieder Leute ___irregeführt___.

3 Wird die Brücke der Last ______________?

4 Im Winter fahre ich gerne Schi und ich ______________ gerne ______________.

5 Wann ______________ denn deine Party ______________?

6 Alle wollten an dem Ausflug ______________.

7 Hat die Versammlung schon ______________?

103 ✱✱ **Lies noch einmal alle Informationen zu Verbindungen aus Nomen und Verb (S. 60–62). Unterstreiche dann in den folgenden Sätzen die richtige Schreibweise, streiche die falsche Schreibweise durch.**

1 Achtung, der Stuhl bricht. Er kann dem Gewicht nicht <u>standhalten</u>/~~Stand halten~~.

2 Meine kleine Schwester geht nachts öfter schlafwandeln/Schlaf wandeln.

3 Wir gehen radfahren/Rad fahren. Kommst du mit?

4 Beim Musikhören/Musik hören vergesse ich immer die Zeit.

5 Ich will noch nicht Heim fahren/heimfahren! Ich will Spaß haben/Spaßhaben.

6 Hast du alles eingepackt, was du zum Schifahren/Schi fahren brauchst?

7 Ich kann leider am Ausflug nicht teilnehmen/Teil nehmen.

8 Er ist so im Stress. Er steht kopf/Kopf.

9 Pass auf, dass die Bilder beim Speichern nicht auf dem kopf/Kopf stehen.

10 Achtung! Hier müssen wir Abstandhalten/Abstand halten.

11 Ich habe jetzt keine Lust aufs Klavierspielen/Klavier spielen.

12 Lola singt mit Leidenschaft beim Geschirrabwaschen/Geschirr abwaschen.

13 Findet das Rennen auch bei Schlechtwetter statt/Statt?

14 Ich weiß nicht, ob es dann stattfinden/Statt finden wird.

C Verbindungen aus Adjektiv und Verb

REGEL

- Verbindungen aus **Adjektiv und Verb** schreibt man grundsätzlich **getrennt**.
  → *gesund leben, schnell laufen, frei sprechen (beim Referat)*
- Wenn sich eine **neue, übertragene Bedeutung** ergibt, die **nicht wörtlich** gemeint ist, dann schreibst du **zusammen**.
  freisprechen (vor Gericht), schwarzfahren (ohne Fahrschein fahren), festnehmen (einen Dieb), schwerfallen (Schwierigkeiten haben), gutschreiben (anrechnen, eine Gutschrift bekommen), schwarzmalen (pessimistisch sein, stilllegen (auflösen, abschalten), lahmlegen (stoppen, ausschalten)

104 * Welche Adjektive und Verben passen zusammen? Trage die Verbindungen richtig in die Sätze unter den Bildern ein.

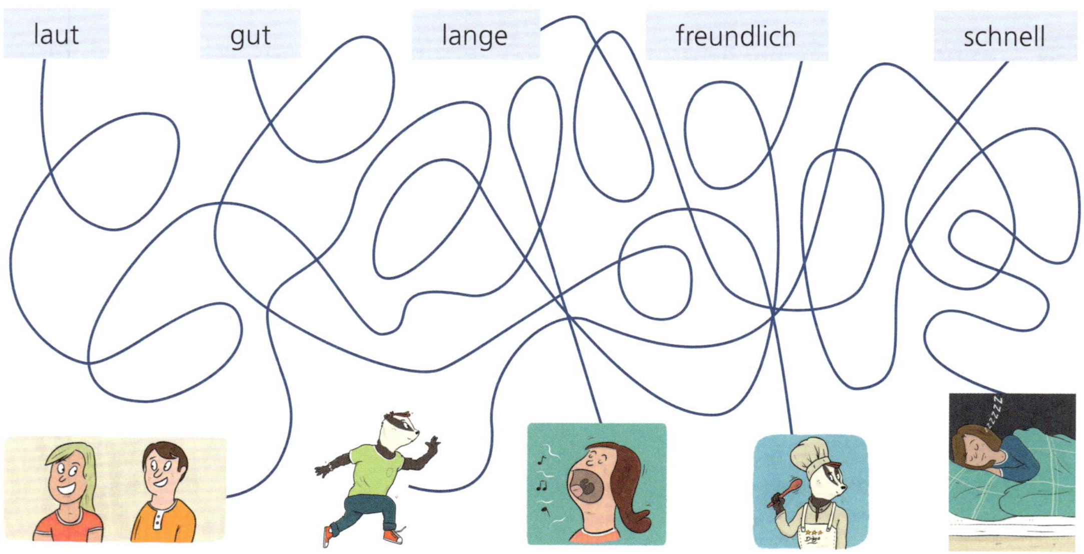

1 Die Soldaten müssen vor dem Palast wachen und dürfen dabei die Touristen nicht ______________________ ______________________.

2 In den Ferien kann ich ______________________ ______________________.

3 Mein Bruder kann wirklich ______________________ ______________________.

4 Du sollst nicht so ______________________ ______________________! Ich komme nicht nach!

5 Mein Papa ______________________ ______________________ in der Dusche, er liebt das. Wir nicht. ☺

105 ✱✱ **Bilde aus den Adjektiven (linke Spalte) und den Verben (rechte Spalte) Verbindungen mit einer neuen Bedeutung und trage sie richtig in die Sätze ein.**

~~fest~~ ▪ schwer ▪ lahm ▪ schwarz ▪ schwarz ▪ gut ▪ still	gelegt ▪ gefahren ▪ gefallen ▪ malen ▪ legen ▪ ~~genommen~~ ▪ geschrieben

1 Die Polizei hat die Betrügerin bereits *festgenommen* ______.

2 Die Aufgabe ist mir nicht ______.

3 Die Baustelle hat den Verkehr lange ______.

4 Ich habe mein Geld nicht zurückbekommen, aber das Geschäft hat die Summe für den nächsten Einkauf ______.

5 Die Gemeinde will die Regionalbahn ______.

6 Sei doch nicht so pessimistisch! Du musst nicht so ______!

7 Natürlich bin ich noch nie mit dem Bus ______.

106 ✱✱ **Trage die Wörter in der richtigen Schreibung ein. Überlege: wörtliche Bedeutung (= getrennt) oder übertragene, neue Bedeutung (= zusammen)?**

1 Ich will das nicht grün, sondern *schwarz malen*. *(SCHWARZ / MALEN)*

2 Ich will nicht ______, das finde ich uncool. *(SCHWARZ / FAHREN)*

3 Die Übung wird Sanel nicht ______. *(SCHWER / FALLEN)*

4 Schau wenig auf deine Notizen. Du sollst ______. *(FREI / SPRECHEN)*

5 Ich kann leider nicht ______. *(GUT / KOCHEN)*

6 Können Sie mir den Betrag bitte ______? *(GUT / SCHREIBEN)*

7 Du musst die Enden des Seils ______, sonst rutschen sie davon. *(FEST / NEHMEN)*

8 Die Spezialeinheit will die Täter ______. *(FEST / NEHMEN)*

107 ✱✱✱ **Finde und korrigiere die drei Fehler bei der Getrennt- und Zusammenschreibung. Schreibe die Verbesserung auf die Zeile auf Seite 66.**

Heute ist mir das Aufstehen sehr schwer gefallen. Ich fühlte mich wie lahmgelegt. Am liebsten hätte ich gemütlich gewartet und dann in aller Ruhe gut gekocht. Aber so musste ich mich hübschmachen und schnell gehen, damit ich den Bus noch pünktlich erwischen konnte. Dort musste ich aber lange anstehen.

Bitte umblättern! ↺

Warum kann man diese Zeit nicht in der Früh als Schlafenszeit gutschreiben? Naja, zum Glück kann ich gut schreiben und habe beim Warten ein schön formuliertes Gedicht verfasst. Außerdem trug ich meine Lieblingssneakers, in denen ich besonders gutgehen kann.

D Verbindungen aus Adjektiv und Adjektiv

REGEL

- Verbindungen aus **Adjektiv und Adjektiv** kannst du **getrennt** oder **zusammenschreiben**.
  → *schwer verständlich / schwerverständlich*
  → *allgemein gültig / allgemeingültig*
  → *leicht verdaulich / leichtverdaulich*
  → *super schlau / superschlau*

ACHTUNG

Du **musst** allerdings die Verbindung aus Adjektiv und Adjektiv **zusammenschreiben**:

- Wenn eines der beiden Adjektive **nicht alleine** vorkommt:
  → *mehrdeutig, zwiespältig*
- Wenn die beiden Adjektive **gleichrangig** sind und einander **näher bestimmen**.
  → *nasskalt, blaugrau, lauwarm*

ACHTUNG

Du **musst** die Verbindung aus Adjektiv und Adjektiv **getrennt** schreiben:

- Wenn das **erste** Adjektiv **erweitert oder gesteigert** wird:
  → *Das ist* ***sehr*** *leicht verständlich.*
  → *Das ist* ***besonders*** *schwer verdaulich.*
  → *Das ist* ***leichter*** *verdaulich.*
- Wenn der **erste** Teil auf **-ig**, **-lich** oder **-isch** endet:
  → *herz**lich** froh, schreck**lich** müde*
- Wenn der **erste** Teil ein **Partizip** ist.
  → *koch**end** heiß, **ge**stochen scharf*

TIPP

Mit der folgenden **Probe** kannst du prüfen, ob zwei Adjektive **gleichranging** sind und du **zusammenschreiben** musst.
→ Du könntest (gedanklich) einen Bindestrich einsetzen und die Wörter (gedanklich) umdrehen, ohne dass sich der Sinn ändert. → *nass-kalt = kalt-nass*
Und hier die **Probe** für die **Getrenntschreibung:**
→ Du könntest keinen Bindestrich machen oder die Wörter umdrehen, weil das erste Wort „über" dem anderen steht:
→ *herzlich froh* → ~~*froh herzlich*~~

108 Trage die Wörter aus der Box richtig ein.

*

schwer verdaulich ▪ gestochen scharf ▪ eisig kalt ▪ ~~allgemein gültig/allgemeingültig~~ ▪ zwiespältig ▪ kochend heiß ▪ leicht verdauliche/leichtverdauliche

1 Diese Regeln sind *allgemein gültig / allgemeingültig* ______.

2 Kannst du bitte ______________________________ Speisen kochen?

3 Rohe Gurken gelten als besonders ______________________________.

4 Autsch! Das Wasser aus der Leitung ist ______________________________!

5 Ja, und in den Duschen ist es ______________________________! Brrr!

6 Schau mal! Mit der neuen Handykamera sind die Bilder ______________________________

______________________________.

7 Hm, ich bin mir einfach nicht sicher. Ich sehe das Ganze ______________________________.

109 Schreibe die Wörter richtig in die Lücken.

***

1 Am Tag des Rennens schien die Sonne *brennend heiß* ______ *(BRENNEND / HEIẞ)* vom Himmel.

2 Ich bin ______________________________, dass alles gut ausgegangen ist. *(HERZLICH / FROH)*

3 Bei diesem ______________________________ Wetter will niemand nach draußen. *(NASS / KALT)*

4 Vor dem Referat war ich ______________________________. *(SCHRECKLICH / NERVÖS)*

Bitte umblättern! ↺

Wissen

Üben

5 Oh nein! Ich glaube, ich habe dein Handy ______. *(KAPUTT / GEMACHT)*

6 Bringst du bitte ______ Wasser zum Saubermachen? *(LAU / WARM)*

7 Jetzt mach nicht so eine ______ Miene! *(BITTER / BÖSE)*

8 Ich bin aber ______! *(RASEND / WÜTEND)*

9 Dieses Gebiet war schon in der Antike ______. *(DICHT / BESIEDELT)*

10 Kannst du diese Gebrauchsanleitung entziffern? Ich finde sie ______ ______. *(SEHR SCHWER / VERSTÄNDLICH)*

11 Was ist daran ______? *(SCHWER / VERSTÄNDLICH)* Man muss nicht ______ sein, um das zu verstehen. *(SUPER / SCHLAU)*

E Gemischte Übungen zur Getrennt- und Zusammenschreibung

110 Trenne die Wörter und schreibe die Sätze in Schreibschrift auf die Zeilen.

✱✱

1 LASS|UNSDOCHAMSEERUDERNGEHEN.

Lass ...

2 WILLSTDUBEIMFUẞBALLSPIELENMITMACHEN?

______

3 IMWINTERGEHEICHOFTEISLAUFEN.

______

4 WENNTIMOHEUERSITZENBLEIBT,MUSSERINEINEANDEREKLASSE.

______

111 Ergänze die Wörter in der richtigen Schreibweise.

✱✱

Wenn irgendetwas den Sieg der Gryffindoors *endgültig besiegelte* *(ENDGÜLTIG / BESIEGELTE)*, dann dies. Ron, der sich zu Harry durchgekämpft hatte, krümmte sich vor Lachen, während sie Malfoy zusahen, wie er sich aus seinem Umhang, in dem immer noch Goyles Kopf steckte, ________________________________

(FREI / ZU / STRAMPELN) versuchte. „Komm mit, Harry!", sagte George, der sich ebenfalls durchgedrängelt hatte. „Fete ist angesagt! Jetzt gleich im Gemeinschaftsraum!" „Gut!", sagte Harry, der sich seit Ewigkeiten nicht mehr so ____________________________ *(GLÜCKLICH / GEFÜHLT)* hatte. Er ging mit den anderen Spielern, immer noch in den ____________________________ *(SCHARLACH / ROTEN)* Umhängen, voran, aus dem Stadion hinaus und zurück ins Schloss. […] Nur eine nahm nicht an den Festlichkeiten ___________ *(TEIL)*. Hermine, es war nicht zu fassen, saß tatsächlich in einer Ecke und versuchte […] zu lesen. Harry löste sich von dem Tisch […] und ging zu ihr hinüber. „Warst du wenigstens beim Spiel?", fragte er sie. „Natürlich", sagte Hermine, ohne aufzusehen, mit ____________________________ *(MERKWÜRDIG / HOHER)* Stimme. „Und ich bin sehr froh, dass wir gewonnen haben, und du warst ______________________ *(WIRKLICH / GUT)*, aber ich muss das hier bis Montag gelesen haben." „Komm schon, Hermine, iss doch wenigstens etwas", sagte Harry, blickte hinüber zu Ron und fragte sich, ob der so ____________________________ *(GUT / GELAUNT)* war, dass er das Kriegsbeil begraben würde.

J. K. Rowling: Harry Potter und der Gefangene von Askaban. Hamburg : Carlsen Verlag GmbH 2017, S. 200

112 ✱✱✱ **Finde die fünf Fehler bei der Zusammen- und Getrenntschreibung und schreibe die Wörter richtig auf die Zeile. Mit ein paar der korrigierten Wörter kannst du den Lösungssatz vervollständigen. Schau genau!**

____

Bald wird mir vom ______________________ der ___________ ___________!

1 Geübte Turnerinnen und Turner können mehrere Minuten auf dem Kopfstehen.

2 Das Fest kann leider nicht stattfinden.

3 Das hat mir wirklich leid getan, ich wollte dich nicht kränken!

4 Das E-Gitarre spielen gehört zu Johannes' größten Hobbys.

5 Mia kann keinen Kopfstand, aber sie kann super Rad schlagen.

6 Beim Rechtschreiben üben brauche ich stets viel Zeit und Ruhe.

7 Ich werde nie Zigarettenrauchen, ich finde den Geruch eklig.

Beistrichsetzung

A Wiederholung: Aufzählungen, Anreden und Ausrufe

REGEL

Erinnere dich:
In folgenden Fällen **musst** du **Beistriche** setzen:

- Bei Aufzählungen zwischen **gleichrangigen Satzteilen** bzw. **Wörtern**. **Probe:** Du kannst (gedanklich) „und" ergänzen.
  → ***dunkle,*** *(und)* ***schwere,*** *(und)* ***deckende*** *Farben*
- Wenn aufzählende Wörter oder Satzteile mit **aber, doch, jedoch, sondern** verbunden werden, musst du einen **Beistrich** setzen.
  → *Er kaufte sich schöne,* ***aber*** *unbequeme Schuhe.*

REGEL

Keine Beistriche brauchst du:

- Wenn die **gleichrangigen** Satzteile bzw. Wörter durch **und, oder, sowohl – als auch, weder – noch, entweder – oder** verbunden sind.
  → ***dunkle, schwere und deckende*** *Farben*
- Zwischen **nicht gleichrangigen** Satzteilen oder Wörtern. **Probe:** Wenn du (gedanklich) kein „und" ergänzen kannst, dann bestimmt das Wort ein anderes näher.
  → ***frisch␣gepflückte,*** *saftige Kirschen*

Wissen
Üben

113 ✱✱ Ergänze, falls nötig, die fehlenden Beistriche. Lies im Zweifelsfall in den Regel-Boxen nach.

1 Heute war ich in der Schule, beim Gesangunterricht und bei meiner Freundin.

2 Die Startnummern eins zwei drei und vier bitte nach vorne kommen!

3 Das sind schöne und erfreuliche aber sehr überraschende Neuigkeiten.

4 Der Sänger johlte jaulte schrie und hüpfte.

5 Irinas Adresse ist Krumbachstraße 9 Stiege 2 3. Stock Tür 12.

6 Selim fand unseren Streich weder witzig noch klug.

7 Leons Schuss war nicht nur super sondern hervorragend.

8 Das sind unsere neu gestalteten Fußballdressen.

9 Wir aßen erfrischend kühle samtige Pfirsiche.

REGEL

Erinnere dich!

- **Ausrufe** und **Anreden** musst du durch einen **Beistrich** vom restlichen Satz abtrennen. Wenn Ausrufe und Anreden mitten im Satz eingeschoben sind, stehen sie **zwischen zwei** Beistrichen.
  → *Achtung, **Sabrina**, ein Auto kommt!*
  → ***Sabrina**, ein Auto kommt!*
  → *Ein Auto kommt, **Sabrina**!*
- Kombinationen aus **Namen** und kurzen **Grußformen** wie „Liebe/r" und „Hallo" musst du nicht noch einmal durch einen Beistrich trennen. Auch mehrteilige Ausrufe musst du nicht durch einen weiteren Beistrich trennen.
  → ***Liebe Aisha!***
  → ***Liebe Frau Yildiz**, wie geht es Ihnen?*
  → ***Hallo Aisha**, kommst du heute mit?*
  → ***Ach herrjemine**, das wusste ich nicht!*

114 ✱✱ Ergänze die fehlenden Beistriche.

1 Danke für eure Hilfe, liebe Freunde!

2 Huch ich habe dich gar nicht kommen sehen!

3 Nein Timo das will ich auf gar keinen Fall!

4 Sehr geehrte Damen und Herren ich wende mich mit einer Frage an Sie.

5 Schau Nilay dort drüben steht Amar!

6 Stopp ich will sofort aussteigen!

115 ✱✱✱ **Finde und korrigiere die vier Fehler bei der Beistrichsetzung. Lies im Zweifelsfall in den Regel-Boxen auf Seite 70 und 71 nach.**

1 Wir haben Eier, Mehl und Zucker aber keine Kuchenform.

2 Achtung, hier ist eine Einbahn!

3 Vorsicht, Ella die Tasse ist sehr heiß!

4 Liebe Lena, kommst du morgen mit?

5 Nilay, Amar, Stella und Kira werden auch da sein.

6 Sollen wir uns sowohl morgen, als auch übermorgen treffen?

7 Hm, ich habe nur entweder morgen oder übermorgen Zeit.

8 Tim ist nicht groß doch sehr durchsetzungsfähig.

B Hauptsatzreihen und Satzgefüge

REGEL

Wenn du **Hauptsätze** verbindest, dann musst du einen **Beistrich** setzen. Eingeschobene Hauptsätze werden durch zwei Beistriche abgegrenzt.

→ *Dieser Roman ist spannend. Ich habe ihn gelesen.*
→ *Dieser Roman ist spannend, ich habe ihn gelesen.*
→ *Dieser Roman, ich habe ihn gelesen, ist spannend.*

- Diese **Konjunktionen** (Bindewörter) und **Adverbien** (Umstandswörter) zeigen dir, dass es sich um einen Hauptsatz handelt:
  → ***auch, dann***
  → ***aber, doch, trotzdem***
  → ***denn, deshalb, daher***

*Tine und Mariam waren dort, **auch** Jelena war dabei.*
*Wir waren erschöpft, **trotzdem** schafften wir den Sieg.*

ACHTUNG

Bei den Konjunktionen **und** sowie **oder** setzt man nur einen Beistrich, wenn es für den Sinn des Satzes wichtig ist.

116 * Verbinde die Sätze zu Hauptsatzreihen und setze die Beistriche. Verwende das Binde- bzw. Umstandswort in der Klammer.

Das Virus wird über Tröpfchen übertragen. Ich wasche mir oft die Hände. **(daher)**
Das Virus wird über Tröpfchen übertragen, daher wasche ich mir oft die Hände.

1 Lina und Tom sind müde. Sie waren lange wandern. *(denn)*

____

2 Das T-Shirt ist alt. Ich ziehe es am liebsten an. *(trotzdem)*

____

3 Erkan hatte verschlafen. Er kam zu spät zum Unterricht. *(deshalb)*

____

4 Meine Katze ist wirklich nicht sehr schön. Ich liebe sie über alles. *(doch)*

____

REGEL

Satzgefüge bestehen aus **Hauptsätzen und Gliedsätzen**. Sie werden durch einen **Beistrich** getrennt.
Diese **Einleitewörter** zeigen dir, dass es sich um einen Gliedsatz handelt:

- ***als, bis, nachdem, während* (Temporalsatz – Zeit)**
- ***weil, da* (Begründungssatz)**
- ***indem* (Modalsatz – Art und Weise)**
- ***damit* (Zwecksatz)**
- ***sodass* (Folgesatz)**
- ***wenn, falls* (Bedingungssatz)**

→ *Es war schon spät, **als** wir losgingen.*
→ *Die Schule ist geschlossen, **da** es eine Corona-Infektion gibt.*
→ *Öffnen Sie den Verschluss, **indem** Sie fest nach unten drücken.*
→ *Fahr vorsichtig, **damit** du nicht stürzt!*
→ *Wir gingen schneller, **sodass** wir rechtzeitig ankamen.*
→ *Nimm dein Skateboard mit, **wenn** du zu mir kommst!*

ACHTUNG

Der **Gliedsatz** kann auch der **erste Teil im Satzgefüge** sein. Dann steht der **Beistrich** direkt nach der **Personalform**.
→ *Als wir **losgingen**, war es schon spät.*
→ *Da es eine Corona-Infektion **gibt**, ist die Schule geschlossen.*
Eingeschobene Gliedsätze werden durch **zwei Beistriche** abgegrenzt.
→ *Achte, wenn du über die Straße gehst, auf die Autos!*

117 ✱✱ **Verbinde die Sätze zu Satzgefügen und setze die Beistriche. Lasse die Reihenfolge der Sätze gleich und verwende das Einleitewort in der Klammer.**

> *Wir hatten eingekauft. Wir holten den Hund vor dem Geschäft ab.* **(nachdem)**
> *Nachdem wir eingekauft hatten, holten wir den Hund vor dem Geschäft ab.*

1 Der Hund wartet draußen. Wir gehen einkaufen. *(während)*

2 Tom und Lina sind müde. Sie waren lange wandern. *(weil)*

3 Nimm doch bitte Eis mit! Du kommst bei einem Eissalon vorbei. *(falls)*

4 Du musst hier drücken. Der Verschluss öffnet sich. *(damit)*

5 Der Verschluss öffnet sich. Du musst hier drücken. *(damit)*

118 ✱✱ **Ergänze die fehlenden Beistriche. Markiere jeweils das Binde- bzw. Umstandswort zwischen den Hauptsätzen oder das Einleitewort des Gliedsatzes.**

> *Wenn du nicht so viel gegessen hättest, dann wäre dir jetzt nicht übel.*

1 Wir feierten ausgelassen weil wir gewonnen hatten.

2 Wir hatten gewonnen doch die Verletzung des Tormanns trübte die Stimmung.

3 Heute ist es extrem heiß deswegen gehen wir schwimmen.

4 Die Kühe trotteten langsam in den Stall als die Sonne unterging.

5 Während ich fleißig übe macht mein kleiner Bruder einen Höllenlärm.

6 Wir hatten erst Mathe dann hatten wir Deutsch und in der letzten Stunde war Turnen.

119 ✱✱✱ Hier folgen in den Satzgefügen mehrere Gliedsätze aufeinander. Leider sind die Beistriche an die falschen Stellen gerutscht. Streiche die falschen Beistriche, trage die richtigen ein und markiere diese dann farbig. Die Beispiele zeigen es dir vor.

Lieber, Umar,

es tut, mir sehr leid, dass ich dich beleidigt habe. Ich wollte, nicht gemein sein denn ich finde dich sehr nett. Ich mag dich weil du immer, fair bist. Ich hatte heute, einen Streit mit meiner Mutter dann musste ich, aber schon schnell zum Bus laufen, trotzdem kam ich zu spät sodass die Schule auch, noch meine Mutter angerufen hat weil das schon öfter vorgekommen ist. Ich war, also sehr gestresst deswegen habe ich dich in der Pause so angefahren.

Ich würde mich, wirklich freuen wenn du nicht mehr sauer bist. Sorry nochmal!

Noah

C Apposition und Relativsatz

REGEL

- Wenn du ein Nomen durch eine **nachgestellte Erläuterung** (Apposition) näher beschreibst, wird sie durch **Beistriche** abgetrennt.
  → *Die Tasche, ein sehr schönes Modell, ging leider verloren.*
- Wenn du ein Nomen durch einen **Relativsatz** näher beschreibst, wird dieser durch einen oder **zwei Beistriche** abgetrennt.
  → *Die Berge, die sich in der Ferne erheben, faszinieren mich.*
  → *Ist das der Film, den du gemeint hast?*
  → *Schlangen sind etwas, das ich interessant finde.*

TIPP

Relativsätze werden durch **Relativpronomen** eingeleitet:
→ *der, die, das*
→ *welcher, welche, welches*
→ *wer, was*
Sie verändern ihre Form mit dem Fall. Falls du unsicher bist, lies in deiner Schülergrammatik nach.

120 Bring die Sätze in die richtige Reihenfolge.

*

> *Tino kaufte sich das Buch, und begann sofort zu lesen. einen dicken Wälzer,*
> *Tino kaufte sich das Buch, einen dicken Wälzer, und begann sofort zu lesen.*

1 ein zarter Lichtschein am Horizont, Der Komet, heißt Neowise.

____

2 das mich sehr freut! Das ist etwas,

____

3 nehmen den Bus. die zum Training fahren, Die Kinder,

____

4 geht uns alle an. ein wichtiges Thema, Der Klimaschutz,

____

5 die wir je gespielt haben! Das war eines der besten Matches,

____

121 Markiere die Apposition farbig und ergänze die Beistriche.

**

1 Manpreets Vater, ein eher strenger Mann, war überraschend freundlich.
2 Diese Klasse eine eingeschworene Gemeinschaft hat das Fest organisiert.
3 Dr. Prantner der Leiter der Abteilung führte uns durch die Räume.
4 Der alte Mann ein pensionierter Feuerwehrmann rettete die Katze.
5 Unser Hund ein kleiner Witzbold schnappte sich die neuen Schuhe.
6 Diesen Brief hat Karim unser Klassensprecher an die Direktorin geschickt.

122 Markiere das Relativpronomen jeweils farbig und ergänze den Beistrich.

**

1 Wo sind denn die Erdbeeren, die wir gepflückt haben?
2 Das ist der Film welchen die Kritikerinnen und Kritiker so gelobt haben.
3 Ist es wirklich das Spiel das du willst?
4 Timo kann endlich den Star treffen den er schon so lange bewundert.
5 Mirka suchte die Tasche die sie im Spind eingesperrt hatte.
6 Hast du dir schon das Kostüm ausgesucht das du zum Fest anziehen wirst?

123 Ergänze die fehlenden Beistriche.

✱✱✱

Mein großer Bruder, ein Tierfreund, und ich gingen gemeinsam in die Tierhandlung die gerade neu eröffnet worden war. Ein Verkäufer ein sehr junger Mann kam auf uns zu und fragte nach unseren Wünschen. „Das große Aquarium das dort in der Ecke steht wie viel kostet das?", fragte mein Bruder. Der Verkäufer nannte einen Preis den wir uns unmöglich leisten konnten. Doch mein Bruder wie üblich ein ziemliches Großmaul wollte das nicht zugeben. „Und die bunten Fische die hier oben ausgestellt sind wie viel kosten die?", wollte er wissen. Der junge Verkäufer ebenfalls etwas frech grinste ihn an und meinte: „Das sind die Porsches unter den Salzwasserfischen die ohnehin nicht einfach zu halten sind. Dazu braucht man ein Salzwasseraquarium das spezielle Messgeräte benötigt. Vielleicht kauft ihr euch einfach Schaufeln?" Ich hatte eine böse Ahnung die sich bestätigte. – „Warum?", fragte mein Bruder der Blitzgneißer doch tatsächlich. – „Dann könnt ihr euch einen Teich buddeln!", grinste der Frechdachs.

D Direkte Rede und indirekte Rede

REGEL

Erinnere dich an die Zeichensetzung bei der direkten Rede:

→ *„ ...", sagt er. (Aussagesatz)*

→ *„ ... !", ruft er. (Ausrufesatz)*

→ *„ ... ?", fragt sie. (Fragesatz)*

→ *„Kannst du mir bitte helfen?", fragte er.*

→ *„Kein Wort mehr!", rief sie laut. „Ich habe genug gehört."*

Einen **eingeschobenen Begleitsatz**, der den Satz der direkten Rede **unterbricht**, musst du durch **Beistriche** abtrennen:

→ *„Heute Abend", rief sie, „bringe ich die Sachen vorbei!"*

124 Schreibe die Sätze richtig mit Satzzeichen auf die Zeilen.

✱✱

1 „Das|habeichnichtgewusstmeinteRichi

„Das ______________________________

2 LassdasbittebleibenriefmeineMutter

____

3 BistduganzsicherfragtederPolizist

____

125 ✱✱✱ **Ergänze die fehlenden fünf Beistriche bei den direkten Reden.**

Pharao Artaxerxes tobte vor Wut.

Seit beinahe drei Wochen hielt man ihn hier in seinem eigenen Palast gefangen. […]

„Wo ist die Palastwache?" wollte er plötzlich wissen. –

„Es gibt sie nicht mehr, Göttlicher! Die Griechen haben sie entwaffnet." – „Die Griechen, die Griechen, die Griechen!" höhnte der Pharao. „Seit Wochen höre ich nur die Griechen hier, die Griechen da. In meinem eigenen Palast bin ich ein Gefangener. Hat auch nur ein Soldat versucht, mich zu befreien? […] Los, antworte mir, Pindar!" –

„Göttlicher Pharao! Beruhige dich." Er sammelte sich ein wenig und trat dann auf den jungen Herrscher zu. „Alexander hat die ganze Armee entwaffnet und …" –

„Entwaffnet?" fragte der Pharao verblüfft. „Jawohl, Artaxerxes, entwaffnet. […] Das ganze Land liegt nun in der Hand der Griechen, und wir alle tun gut daran, uns gut mit ihnen zu stellen. Nur so können uns die Götter beistehen." Die Miene des Pharao wechselte von Überraschung wieder hin zu mühsam unterdrückter Wut […]. „Dieses Land habe ich einst erobert" begann der Pharao, und er knirschte mit den Zähnen. […]

„Göttlicher Pharao" begann Pindar zu sprechen und während er das tat, trat er noch näher auf ihn zu „Alexander ist der Herr und er hat Ägypten im Handstreich genommen. Vergiss das nicht. Lass uns klug sein."

Roland Mueller: Der Kundschafter des Königs. Auf den Spuren Alexanders des Großen. München: cbj-Verlag 2005, S. 160ff.

REGEL

- Indirekte Reden kannst du auch mit einem dass-Satz formulieren.
  → *Er behauptet, **dass** er nicht dabei gewesen sei.*
  → ***Dass** er nicht dabei gewesen **sei**, behauptet er.*
- Mit dem Einleitewort „ob" bildest du **indirekte Fragesätze** bei Entscheidungsfragen. W-Fragen (= Ergänzungsfragen) werden mit dem Fragewort eingeleitet.
  → *Er fragte, **ob** wir etwas gesehen hätten.*
  → ***Ob** ich dabei war, wollte er wissen.*
  → *„Wann hast du Geburtstag?", fragte er.*
  → *Er fragte, **wann** ich Geburtstag habe.*
  → ***Wann** ich Geburtstag habe, fragte er.*

126 ✱✱ Du triffst Diego Dachs nach seinem Urlaub wieder. Du hast viele Fragen. Wandle sie in indirekte Fragesätze um. Erfinde selbst möglichst unterschiedliche Begleitsätze und achte auf die richtigen Beistriche.

Warst du auf Urlaub?

Wo warst du auf Urlaub?

Mit wem warst du dort?

Wieso hast du mir keine Nachricht und keine Fotos geschickt?

Was hast du gemacht?

Hat es dir gefallen?

Ich möchte gerne wissen, ob du auf Urlaub warst.

Kannst du mir bitte sagen, ______________________

____

____

____

____

____

____

127 ✱✱✱ Wandle die Sätze jeweils in die direkte oder indirekte Rede um und schreibe sie auf die Zeilen.

1 Umar erzählt, dass er bei seiner Oma in der Türkei war.

Umar erzählt: „Ich ... ______________________

2 „Wohnt deine Oma am Meer?“, will Ina wissen.

____

3 Seine Oma wohne nicht am Meer, sondern im Landesteil Yozgat, berichtet Umar.

____

4 Ob das nahe bei Ankara oder Istanbul sei, fragt Radko.

____

E Gemischte Übung zur Beistrichsetzung

128 ✱✱✱ Ergänze die fehlenden 17 Beistriche. (Die vorgegeben Beistriche in Klammern sind nicht Pflicht.)

Als der Staub sich ein wenig legte und gerade eine Lücke zu sehen war, lief er los. Kallimachos und Dareg folgten ihm. „Was hast du vor, Onkel?" rief Kallimachos(,) und Euphiletos lachte nur. „Kommt mit!" rief er noch einmal. Sie eilten alle zurück zu ihrem Lagerplatz. [...] Beide Männer griffen nach ihren Waffen Kallimachos stülpte sich noch schnell seinen Helm über. Seine Beinschienen ließ er liegen nur sein Schwert nahm er mit. Euphiletos wuchtete den schweren Schild auf seine linke Schulter. [...] Dann schritt er den Weg entlang den sie gerade gekommen waren. Auf dem Hauptweg der quer durch das Lager führte blieb er stehen und rief [...]:

„Griechen, zu mir! Phalanx! Phalanx!"

Kallimachos war der Erste, der sich neben seinen Onkel stellte. [...] Inmitten all dem Lärm und Getümmel eilten plötzlich Hopliten* heran. Darek staunte als er sie beobachtete. Es waren viele Gefährten darunter die Darek schon seit Jahren kannte: Acheron und Vergil Freunde aus seinem Nachbardorf Ageilaos einziger Sohn einer Witwe benannt nach einem spartanischen König. [...] Diese und weitere Männer dienten seit ihrem Aufbruch aus Griechenland in Alexanders Heer und sie alle sammelten sich jetzt um Euphiletos und seinen Neffen. Manche kamen barfuß andere bis auf einen Lendenschutz nackt. Eben so, wie sie den persischen Reitern gerade noch entkommen waren. Aber alle waren mit Schild und Sarissen* bewaffnet die meisten trugen auch ihr Schwert. Kurz darauf stand eine kleine Phalanx von 30 Kriegern unter Euphilestos Kommando. „Phalanx, geht!" rief er laut(,) und sie setzten sich in Bewegung. Und noch während sie das taten wurde die Gruppe größer.

* Die Hopliten (ein griechisches Volk) waren erfolgreiche Krieger. Unter anderem deswegen, weil sie in einer geschlossenen Reihe, einer Phalanx, marschierten.

* die Sarissa: eine stangenähnliche Waffe

Roland Mueller: Der Kundschafter des Königs. Auf den Spuren Alexanders des Großen. München: cbj-Verlag 2005, S. 256f.

Lücken-Lesetexte

A s-Schreibung

129 Lies nochmals die Informationen zur s-Schreibung und ergänze die Lücken.

✱✱

Energie – Gewu_ss_t wie!

La_ss_ Waschmaschine und Geschirrspüler lieber nachts laufen und Handys nachts laden. Am späten Nachmittag und frühen Abend verbrauchen wir in____ge____amt den mei____ten Strom, wenn nach Feierabend die Fernseher laufen und da____ E____en auf dem Elektroherd steht. Wenn der Ökostrom nicht reicht, wird bi____weilen mit Strom aus Kohle und Atom zugefüttert, selb____t, wenn du Ökostrom gekauft ha____t. Haare trocken auch an der Luft, den Stromfre____er Föhn kannst du dir sparen. Übrigen____ verbraucht auch das Internet Strom und verursacht dabei in etwa so viel CO_2-Au____to____ wie der weltweite Flugverkehr. Wenn du nur eine Sekunde lang googelst, wird so viel CO_2 freigesetzt, da____ 23 Bäume nötig sind, um die Emissionen wieder zu binden. Und es verbraucht sogar Strom, wenn du gerade gar nicht im Internet bi____t. Denn alles, was du online, also auf den Servern und nicht auf der eigenen Fe____tplatte gespeichert ha____t, braucht Energie. Du kannst daher Strom sparen, indem du das Internet weniger nutzt und ein Buch lie____t, statt einen Film zu streamen oder tatsächlich – ganz 90er! – in einem Lexikon blätterst oder einen Menschen fragst statt Google. Bis zu 10 Gramm CO_2-Au____to____ verur____acht eine Suchanfrage bei Google. Bei mindestens 63 000 Suchanfragen pro Sekunde kommt da einiges zusammen. […]

La____ die Mu____keln spielen

Viele Haushalts- und Gartenhelfer gibt es auch als stromlo____e Alternative. Statt eines elektrischen Rührgeräts nutze einfach Schneebe____en, Quirl oder Löffel. Statt eines Laubbläsers nimmst du Harke oder Be____en, auch Ra____enmäher gibt es als stromlose Variante. Da____ ist zwar anstrengender, bringt aber Kraft in die Oberarme. Und wenn du die Treppe benutzt, statt den Fahrstuhl, tu____t du auch noch was für deine Beinmu____keln.

Anja Reumschüssel: Carlsen Klartext: Klima- und Umweltschutz. Hamburg: Carlsen Verlag 2020, S. 148f.

Wissen

Üben

B s-Schreibung und Dehnung (lang gesprochene Vokale)

130 ✱✱ Lies nochmals die Informationen zur s-Schreibung und zur Dehnung und ergänze die fehlenden Laute.

„Wer von _Ih_ nen kann mir sagen, wie man einen W____rwolf von einem richtigen Wolf unterscheidet?", fragte Snape. Alle s____ßen sie reglo____ und schweigend da; alle au____er Hermine, deren Hand wie so oft nach oben geschnellt war. „Keiner?", sagt Snape, ____ne Hermine eines Blickes zu w____rdigen. W____der setzte er sein sch____fes Lächeln auf. [...] „Schön, schön, schön, ich hätte n____ gedacht, da____ ich einmal auf eine dritte Klasse sto____en würde, die nicht m____l einen W____rwolf erkennt, wenn sie einem gegenüberst____t. Ich werde Professor Dumbledore ausdrücklich davon in Kenntni____ setzen, wie weit S____ hinterh____r sind ..." „Bitte, Sir", sagte Hermine, die Hand immer noch nach ____ben gestreckt, „der W____rwolf ist vom echten Wolf durch m____rere kleine Merkm____le zu unterscheiden. Die Schnauze des W____rwolfs –" „Da____ ist da____ zweite Mal, da____ S____ einfach reinreden, Miss Granger", sagt Snape k____l. „Noch einmal fünf Punkte Abzug für Gryffindor, weil S____ eine unertr____gliche Alle____wi____erin sind." Hermine wurde puterrot, lie____ die Hand sinken und starrte mit wä____rigen Augen zu B____den. Wie s____r sie alle Snape ha____ten, erwie____ sich jetzt, als die ganze Kla____e ihn mit zornfunkelnden Augen anstarrte, obw____l jeder von ihnen Hermine irgendwann einmal eine Alle____wi____erin genannt hatte, und Ron, der Hermine mindestens zweimal die Woche so nannte , sagte laut: „Sie haben uns eine Frage gestellt und sie wei____ die Antwort! Warum fragen Sie eigentlich, wenn Sie es doch nicht wi____en wollen?" Noch w____rend Ron spr____ch, erkannte die Kla____e, da____ er zu weit gegangen war. Snape ging langs____m auf Ron zu und ringsum h____lten sie den ____tem an. „Strafarbeit, Weasley", sagte Snape [...]. „Wenn ich noch einmal h____re, da____ Sie meine Unterrichtsweise kritis____ren, dann wird Ihnen da____ wirklich leidtun." W____rend der restlichen Stunde machte keiner einen Mucks. Sie s____ßen da und schr____ben [...], w____rend Snape [...] die Arbeiten pr____fte, die sie bei Professor Lupin geschr____ben hatten.

J. K. Rowling: Harry Potter und der Gefangene von Askaban. Hamburg : Carlsen Verlag GmbH 2017, S. 129f.

Wissen

Üben

C Dehnung und Groß- / Kleinschreibung

131 ✱✱✱ Lies nochmals die Informationen zur Dehnung und zur Groß- und Kleinschreibung und ergänze die Lücken.

Klüger kühlen und kochen

Stelle den K*üh*__lschrank an einem k____len Ort auf und rücke ihn etwas von der Wand ab, damit warme Luft entweichen und der Rückk____ler gut arbeiten kann. Die T____r immer nur kurz öffnen, damit möglichst wenig warme Luft hineinstr____mt, die dann w____der heruntergek____lt werden muss. Und stelle keine heißen Speisen in den K____lschrank, auch da muss er m____r arbeiten, um das ____ssen zu k____len. Ein vereister K____lschrank verbraucht m____r Energ____, also taue ihn l____ber gelegentlich ab. Den Stecker zu z____hen lo____t sich auch, wenn du länger unterw____gs bist *(Tür offen stehen lassen, sonst schimmelt es)*. Verzichte auf einen Gefr____rschrank, ein Gefr____rfach reicht ____eistens aus. Stelle K____lgeräte nicht zu kalt ein, 8 Grad im K____lschrank und –18 Grad im Gefr____rgerät reichen aus. Auch Mikrowellen sind Str____mfresser, f____r die es ____essere Alternativen gibt. Essen lässt sich auch auf ____leiner ____lamme auf dem Herd aufw____rmen. Eingefr____rene Lebensmittel kann man auch an der Luft auftauen (dauert nur etwas ____änger). Oder lass gefr____rene Lebensmittel im K____lschrank auftauen, wenn du die Zeit dazu hast. Dann g____ben sie die Kälte an den K____lschrank ab. Decke beim ____ochen Töpfe und Pfannen mit einem Deckel ab, das ____part ____nergie und verkürzt die Kochzeit. Auch Schnellkochtöpfe sparen Zeit und Energie. Wasser muss das Gem____se nur knapp bedecken. Heize Kochplatten nur zu ____eginn auf, danach auf n____driger St____fe weiterkochen und vor Ende des ____ochens ganz ____usschalten, die Restwärme reicht noch aus. Im Backofen sp____rt Umluft im Vergleich zu Ober- und Unterhitze bis zu 40 % der Str____mkosten. Außerdem solltest du die T____r beim ____acken zu lassen, bei jedem ____ffnen entweicht sonst ein ____rittel der ____nergie.

Anja Reumschüssel: Carlsen Klartext: Klima- und Umweltschutz. Hamburg: Carlsen Verlag 2020, S. 149f.

Wissen

Üben

D Groß- / Kleinschreibung und ähnlich klingende Laute

132 ✱✱✱ Lies nochmals die Informationen zur Groß- und Kleinschreibung und zu den gleich und ähnlich klingenden Lauten. Ergänze anschließend die Lücken.

„Aber warum sollte der seine Spuren in der Nähe des eigenen Lagers _v_erwischen?" Jetzt schwiegen alle und sahen auf Alexander, der nun leise lächelte. „Ich muss schon sagen, Dareg, du hast ein __charfes __uge und einen genauso scharfen __erstand. Ich möchte dir einen __orschlag machen, aber dafür lasst uns erst zurückreiten." [...] Dieser Ausbilder, ein großer, __reitschultriger __rieche mit einem __ichten schwarzen __art schrie einen Befehl und Darek lief los. Doch kaum hatte er die ersten Schritte in die Gasse hinein gemacht, schwangen die Krieger die Säcke gegen ihn. Dareg musste ihnen ausweichen oder sie mit dem Schild oder Schwert abwehren. Das __rste __al fiel Dareg gleich auf den Boden, denn ein __chwerer, mit Erde gefüllter __ack sauste auf ihn zu und warf ihn einfach um. Mikail trat zu ihm und half ihm wieder auf die Beine. Dareg rieb sich die Ellenbogen und das Knie. „Wenn das dein Feind gewesen wäre, wärst du schon to__. Er hätte dich mit seinem Schild umgeworfen und dann mit seinem Speer getö__e__. Merk dir, niemals darfst du dich von einem Gegner zu Boden werfen lassen. Auf der Erde krauchen* nur Schlangen und Würmer, aber keine Griechen. Also auf, probier's nochmal." Dareg gehorchte, den ganzen __ormittag über __ersuchte er, durch die Gasse zu gelangen, aber __ergeblich. Irgendein schwerer Sack warf ihn immer zu Boden, be__or er das Ende des Weges erreicht hatte. Oder er stolperte über einen der Steine oder über an Riemen aufgehängte Äste, die __esonders __iedrig über dem Boden hingen. Die Sonne brannte heiß und Mikail reichte ihm einen Krug Wasser. Das war __risch und __ühl. Darek schwitzte. „Hat es schon mal __emand geschafft?", wollte er wissen, als er lange getrunken hatte, und zeigte auf die Gasse mit den schaukelnden Säcken. „Jeder muss es üben," begann Mikail. Darek sah ihn an. „Sag, Mikail, hat es schon mal __iner geschafft?" „Natürlich, ja." Er lächelte und strich sich über seinen Bart. „Aber noch nie ein Kundschafter." Darek __erstand. „Ich werde es noch einmal probieren."

* Schreibweise im Originaltext

Roland Mueller: Der Kundschafter des Königs. Auf den Spuren Alexanders des Großen. München: cbj-Verlag 2005, S. 25; 38f.

E s-Schreibung, Groß- / Kleinschreibung und Zusammen- / Getrenntschreibung

133 ✱✱✱ Lies nochmals die Informationen zu den oben genannten Themen und ergänze die Lücken.

Wenn wir so viel Schaden anrichten, warum tut denn kaum jemand etwas dagegen?

Wir wi_ss_en zwar, da____ die Klimakrise ein Problem ist, verhalten uns aber nicht entsprechend. Die Aussicht, was mit unserer Welt pa____ieren könnte, ist so unvorstellbar, da____ wir lieber etwas anderes tun, etwa eine witzige ____________ *(SERIE / SCHAUEN)*, ____________ *(COMPUTER / SPIELEN)*, uns mit ____________ *(FREUNDE / TREFFEN)*. Und die leben ja schlie____lich auch weiter wie bi____her, fahren ____uto, fliegen in den ____rlaub, essen ____leisch aus Ma____entierhaltung. Warum solltest du auf etwas ____erzichten? Richtig? Psychologinnen nennen dieses Phänomen Intentions-Verhaltens-Lücke […]. Wir wi____en, was getan werden mu____, verhalten uns aber nicht so, weil andere sich auch nicht so verhalten. Und wir wollen ja gerne wie die anderen sein. Dieses Phänomen lä____t sich aber auch für den ____________ *(UMWELT / SCHÜTZEN)* nutzen. […] Wenn du nicht mehr fliegst, kein Fastfood und kein Fleisch mehr i____t *(oder zumindest weniger von all dem)*, dann fällt da____ irgendwann auch deinen Freunden auf. […] Aber wenn sie irgendwann *(manchmal dauert das etwas)* kapieren, worum es geht, machen sie mit.

[…]

Wie Staaten zusammenarbeiten

Am 17. Juli 1912 erschien in einer Zeitung im Südwesten Australiens eine winzige Randnotiz. Zwischen der Ankündigung, da____ auf dem Marktplatz eine Maschine zum ____________ *(SEIL / HÜPFEN)* aufgebaut wurde […] bringt die Braidwood Dispatch diese ____leine ____eldung: „Die Feuerungsanlagen der Welt verbrennen […] Kohle […]. Wenn sie verbrannt wird und mit Sauerstoff reagiert, werden jährlich ____ieben ____illiarden Tonnen CO_2 […] ausgestoßen. Dies scheint […] die Temperatur zu erhöhen."

Anja Reumschüssel: Carlsen Klartext: Klima- und Umweltschutz. Hamburg: Carlsen Verlag 2020, S. 86f.

F Beistrichsetzung

134 ✱✱✱ Lies nochmals die Informationen zur Beistrichsetzung und ergänze die elf fehlenden Beistriche.

Harry öffnete den Koffer und kramte unter seinen Sachen nach dem Tarnumhang. Doch bevor er ihn gefunden hatte richtete er sich plötzlich auf und sah sich um. Ein komisches Prickeln im Nacken gab ihm das Gefühl, er würde beobachtet. Doch die Straße schien immer noch menschenleer und kein Fenster der großen quadratischen Häuser war erleuchtet. Er beugte sich wieder über seinen Koffer, doch fast sofort stand er erneut auf die Hand um den Zauberstab geklammert. Er ahnte es eher, als dass er es hörte: Jemand oder etwas stand hinter ihm, im schmalen Durchgang zwischen dem Zaun und einer Garage. Harry spähte in die Dunkelheit hinein. Wenn es sich nur bewegen würde, dann würde er sehen ob es nur eine streunende Katze war – oder etwas anderes. „Lumos" murmelte Harry und an der Spitze seines Zauberstabs erschien ein Licht das ihn fast blendete. Er hielt den Zauberstab hoch über den Kopf, und die grau verputzten Mauern von Nummer zwei glitzerten plötzlich; die Garagentür schimmerte und dazwischen sah Harry ganz deutlich die mächtigen Umrisse von etwas sehr Großem mit weit aufgerissenen glühenden Augen. Harry wich zurück – er stieß mit dem Bein gegen seinen Koffer und stolperte. Der Zauberstab flog ihm aus der Hand, als er einen Arm ausstreckte um den Sturz abzufangen, und er landete schmerzhaft im Rinnstein. Da ertönte ein ohrenbetäubender Knall und Harry riss die Hände vors Gesicht, um seine Augen vor dem jähen blendenden Licht eines Scheinwerfers zu schützen Mit einem Schrei rollte er zurück auf den Gehweg, gerade noch rechtzeitig. Eine Sekunde später kam ein gigantisches Paar Reifen ebendort quietschend zum Stehen, wo Harry gerade gelegen hatte. Sie gehörten, wie er erkannte, als er den Kopf hob, zu einem grellvioletten Bus, einem Dreidecker der aus dem Nichts aufgetaucht war. Goldene Lettern über der Windschutzscheibe verkündeten: Der Fahrende Ritter. Einen kurzen Moment lang fragte sich Harry ob er nach seinem Sturz noch alle Tassen im Schrank hatte.

J. K. Rowling: Harry Potter und der Gefangene von Askaban. Hamburg : Carlsen Verlag GmbH 2017, S. 25

Wissen

Üben

G Für Profis: Finde die Fehler!

135 ✱✱✱ Finde die zehn Fehler aus folgenden Kategorien. Schreibe die Verbesserung auf die Zeilen.

s-Schreibung	3 Fehler
Ähnlich klingende Laute/Dehnung	2 Fehler
Groß-/Kleinschreibung	2 Fehler
Zusammen-/Getrenntschreibung	1 Fehler
Beistrichsetzung	2 Fehler

Tornado Alley

Ein Teil der USA wird immer wieder von Tornados heim gesucht. Die schweren Wirbelstürme ziehen eine Schneise der Verwüstung, hauptsächlich durch den Mittleren Westen bis nach Texas und Florida, weshalb das Gebiet als „Tornado Alley" bezeichnet wird. Sie verwandeln dabei ganze Ortschaften in Schutthalden. Die gewaltigste Tornadoserie ereilte die Bundesstahten Kansas und Oklahoma. Am 3. Mai 1999 endstanden allein an einer Gewitterfront innerhalb weniger Stunden weit über 50 Tornados. Der heftigste hielt zwei Stunden an, war 1,6 Kilometer breit und mit 511 km/h der Tornado mit der Höchsten bissher gemeßenen Windgeschwindigkeit. 48 Menschen starben 10.500 Gebäude wurden zerstört.

Stürmischer Rüßel

Tornados gehören zu den Heftigsten Winden der Erde. Sie treten immer mit Gewittern auf und bilden sich dort, wo ein Tiefdruckgebiet auf sehr warme Luftmassen trifft. Durch den Temperaturunterschied baut sich eine kreisende Luftsäule auf die von den Wolken bis runter auf den Boden reicht: der für Tornados typische Schlauch oder Rüssel.

Petra Bachmann: Die gefährlichsten Orte der Welt. München: arsEdition GmbH 2013, S. 36

136 ✱✱✱ Finde die 15 Fehler aus den folgenden Kategorien. Schreibe die Verbesserung auf die Zeilen.

s-Schreibung	2 Fehler
Groß-/Kleinschreibung	4 Fehler
Beistrichsetzung	5 Fehler

Ähnlich klingende Laute/Dehnung	3 Fehler
Zusammen-/Getrenntschreibung	1 Fehler

Immer früher, immer öfter

Normaler weise beginnt die Tornadosaison in den USA im April. 2012 zogen die verhehrenden Luftwirbel bereits Anfang März übers Land. Die Behörden mussten Tornadowarnungen für ein halbes Dutzend US-Bundesstaaten ausrufen da eine ganze Armada* von 80 Wirbelstürmen anrückte. Die „Finger Gottes", wie die Tornados von den Amerikanern auch genannt werden, fehgten Häuser und Fahrzeuge weg, viele Menschen wurden unter den Trümmern verschüttet verletzt oder starben. Wetterforscher sagen voraus dass mit der Klimaerwärmung die Tornadoserien in den USA immer früher auftreten und zunehmen werden.

Nächtliches grauen

Nicht nur bei Tageslicht tritt die Sturmgewalt auf. Immer öfter verwüsten die seltenen Nacht-Tornados in den USA ganze Siedlungen. Sie tauchen ohne Vorwarnung auf, was aber auch daran liegt, das sie im dunkeln schwieriger auszumachen sind. Im April 2012 zohgen gleich mehrere dieser Tornados über die Kleinstadt Woodward im US-Bundesstaat Oklahoma hinweg. […]

Fujita-Skala

Um die Windstärke eines Tornados angeben zu können, wurde eine eigene Skala entwickelt. Sie ist nach Dr. Ted Fujita benannt einem der Bekanntesten Tornadoforscher in den USA und reicht von F 0 bis F 5. Sie erfast Windgeschwindigkeiten von unter 117 km/h bis über 419 km/h. Die Höchste bisher gemessene Geschwindigkeit eines Tornados liegt bei 511 km/h.

* die Armada: feindliche Schiffsflotte

Petra Bachmann: Die gefährlichsten Orte der Welt. München: arsEdition GmbH 2013, S. 36f.

Tests

A s-Schreibung

137 Ergänze die 100 Lücken, vergleiche mit der Lösung und schreibe deine Punkteanzahl neben die zu erreichenden Punkte.

1 Ich wei____, da____ du ge____tern dabei war____t. 4/__

2 Da____ ist gewi____, da____ wir da____ machen mü____en! 5/__

3 Wa____ soll da____? La____ da____, bitte! 4/__

4 Sie erwie____ sich als gewi____enhaft, flei____ig und bela____tbar. 4/__

5 Mit we____en Roller ra____t du denn da den Ra____en entlang? 3/__

6 Wei____ die Kommi____arin von dem gefa____ten Verdächtigen? 3/__

7 Meine Ku____ine rülp____te und der Grie____gram schnitt eine Grima____e. 4/__

8 Der Ku____ beim E____tisch war unverge____lich nu____ig. 4/__

9 Es war hei____ und der Schwei____ flo____, doch wir hatten Spa____ am Flo____. 5/__

10 Die Di____ku____ion war endlo____, aber trotzdem fa____zinierend. 4/__

11 Schau mal, eine sü____e Ech____e sonnt sich drau____en. 3/__

12 Die Brennne____eln sprie____en em____ig und ma____los. 4/__

13 Mit dem Ma____band me____e ich, ob die Länge pa____t. 3/__

14 Der Aufprall war ma____iv, die Verunglückte war bewu____tlo____. 3/__

15 Da____ Au____ma____ der ma____enhaften Ma____ernerkrankung wurde unterschätzt. 5/__

16 Bi____t du sicher, da____ da____ dein Atla____ ist? 4/__

17 Da____ Viru____, da____ du mein____t, da____ hei____t Sars-CoV-2. 6/__

18 Sie hat Verständni____, da____ wir die Fri____t verpa____t haben. 4/__

19 Da____ da____ ein Mi____verständni____ gewe____en sein mu____, kann ich bewei____en. 7/__

20 Mein Hund ist eine Be____tie. ☺ Er hat fa____t alle Sü____igkeiten zerbi____en. 4/__

Bitte umblättern! ↺

Wissen

Üben

21 Der Kreb____ fa____te meine Fü____e. – Da____ war gewi____ gru____elig! 6/__

22 Die Horni____en sind aggre____iv und fie____, da____ mü____en wir bü____en. 6/__

23 Magst du die So____e ko____ten, einen Schluck Wa____er trinken oder einen Bi____en von der Pa____ta? 5/__

Auswertung	
mind. 90 richtig	Wow! Du bist Profi!
mind. 78 richtig	Super! Das kannst du gut!
mind. 68 richtig	Saubere Arbeit!
mind. 55 richtig	Das geht sich knapp aus. Wenn du Zeit hast, dann wiederhole das Kapitel!
weniger als 55 richtig	Ui! Schau dir das Kapitel unbedingt nochmal genau an!

B Ähnlich klingende Laute

138 ✱✱✱ Ergänze die 100 Lücken, vergleiche mit der Lösung und schreibe deine Punkteanzahl neben die zu erreichenden Punkte.

1 Sie haben das en__lose En__spiel en__gültig __erloren und sind en__täuscht. 5/__

2 Sei__ gestern __ersuche ich __ergeblich, dich auszu__orschen und zu erreichen. 4/__

3 Mit unen__lichem En__setzen sah sie die en__färbte Haut des To__en. 4/__

4 Aus der __erne naht ein en__setzliches Gewitter! En__fernt euch vom __eldweg! 4/__

5 Beim __erhör __ersuchte das Team __ergeblich, den __erschmitzten Täter zu einer un__orsichtigen Aussage zu __erleiten. 6/__

6 Dieses __ormular ist un__erständlich und en__behrt jeder Logik. 3/__

7 Nach dem __orfall herrschten To__enstille und En__setzen. 3/__

8 Sei__ wann sei__ ihr denn schon beim En__spiel? 3/__

9 Manpreet fing en__lich eine kleine __orelle, aber war en__täuscht. 3/__

10 __or dem __erkel musst du doch nicht so eine To__esangst haben! 3/__

11 Schon sei__ Jahren __ordert er __ermehrte __orschung zu tö__lichen Krankheiten. 5/__

12 Sei__ dem Biss in die __erse weiß ich, dass Krebse sei__wärts krabbeln. 3/__

13 Sei__ dem __orfall bist du en__sprechend __orausschauend und __orsichtig. 5/__

14 Die En__zündung heilt en__täuschend langsam, zum Glück ist sie nicht tö__lich. 3/__

15 Ich lachte mich in dem __orzüglichen __ersteck fast to__, keiner en__deckte mich. 4/__

16 Kannst du bitte am __ormittag en__lich das Handy en__sperren lassen? 3/__

17 To__enblasse Unto__e beißen, aber sie tö__en nie en__gültig. ☺ 4/__

18 Elena ist to__unglücklich, ent__äuscht und to__sicher, dass ihr beide schuld sei__. 4/__

19 Geh hier en__lang, die En__fernung bis zur En__station ist nicht groß. 3/__

20 Der En__wurf der __orscherin __erschlug letzten__lich allen die Sprache. 4/__

21 En__lich kann ich das en__standene Miss__erständnis en__gültig besei__igen. 5/__

22 Der __orzügliche En__spurt war __ermutlich der schnellste sei__ Jahren. 4/__

23 Das En__ergebnis en__sprach en__lich den An__orderungen auf dem __ormular. 5/__

24 Sei__ dem tö__lichen Unfall __ersucht er, den __orfall en__gültig zu __erdrängen. 6/__

25 Auf dem To__enschein __ermerkt der Arzt die __ermutliche To__esursache. 4/__

Auswertung	
mind. 90 richtig	Wow! Du bist Profi!
mind. 78 richtig	Super! Das kannst du gut!
mind. 68 richtig	Saubere Arbeit!
mind. 55 richtig	Das geht sich knapp aus. Wenn du Zeit hast, dann wiederhole das Kapitel!
weniger als 55 richtig	Ui! Schau dir das Kapitel unbedingt nochmal genau an!

C Dehnung

139 ✱✱✱ Ergänze die 100 Lücken, vergleiche mit der Lösung und schreibe deine Punkteanzahl neben die zu erreichenden Punkte.

1 Hurr____, der Sch____den am Reg____l ist nur mini____l. 4/__

2 Wir werden n____ch dem Nachtm____l im S____l zum Denkm____l f____ren. 5/__

3 Wir suchten m____rm____ls, aber das B____rgeld war w____l gest____len w____rden. 6/__

4 Am Bades____ tr____nken manche Kaff____, ich ____ß Erdb____reis. 5/__

5 Die ____rbsen aus den B____ten können wir bald verz____ren. 3/__

6 Der L____rer erm____nt seine Koll____gen w____gen der l____ren S____le. 6/__

7 Ich habe mir nicht w____sentlich w____getan, mir wurde kaum ein H____r gekrümmt. 3/__

8 Mira will sich keine Br____zel m____r n____men, sie w____rt die Einladung ab. 4/__

9 Es ist also w____r, der Schulw____rt hat die W____rntafel versehentlich umgem____t. 4/__

10 Ist h____r noch ____rgendwo Schlag____bers für die B____rens____ße? 5/__

11 Das gr____ße T____r am Hafen l____ste sich und verl____r den Halt. Es f____l auf das B____t. 6/__

12 Dieses Shamp____ finde ich ____klig und d____f, es r____cht nach M____r. 5/__

13 Den St____ß in den P____l n____m er mit Hum____r. 4/__

14 Hast du G____sto auf Gem____seg____lasch oder auf G____gelhupf? 4/__

15 Wir f____ren durch den N____selregen m____sam bis zum Turn____rplatz. 4/__

16 Oh, diese kar____rte Sch____rze finde ich z____mlich l____b! 4/__

17 Der Vamp____r fl____gt mit grimmiger M____ne der B____ne davon. 4/__

18 Beim Spaz____rgang fr____ß die n____dliche Z____ge g____rig den Kl____. 6/__

19 Die Lehrerin inform____rt uns, dass es eine W____derholung geben wird. 2/__

20 Die Kri____ik ihres Riv____len findet Elli w____dersinnig. 3/__

21 Das ____rband hat Kira mit v____l L____be schön verz____rt. 4/__

22 Sei nicht so w____derspenstig, Chico, und bring den Ball w____der! 2/__

Wissen Üben

23 Sein Motto: Nicht kritis____ren und w____derwillig reag____ren, aber besser machen! 3/__

24 Die Forscherin experiment____rt mit dem V____rus und inform____rt uns m____rmals täglich. 4/__

Auswertung	
mind. 90 richtig	Wow! Du bist Profi!
mind. 78 richtig	Super! Das kannst du gut!
mind. 68 richtig	Saubere Arbeit!
mind. 55 richtig	Das geht sich knapp aus. Wenn du Zeit hast, dann wiederhole das Kapitel!
weniger als 55 richtig	Ui! Schau dir das Kapitel unbedingt nochmal genau an!

D Groß- und Kleinschreibung

140 ✱✱✱ Ergänze die 100 Lücken, vergleiche mit der Lösung und schreibe deine Punkteanzahl neben die zu erreichenden Punkte.

1 Beim __ben ist das __enaue __chauen und __onzentrieren am __ichtigsten. 5/__

2 Dein __chnelles __ingreifen hat __eute für __lle das __chlimmste verhindert. 5/__

3 Ich gehe __etzt __chwimmen, beim __chwimmen kann ich am __esten entspannen. 4/__

4 Das __atte __elb des __euen __chirms leuchtet auch im __unkeln. 5/__

5 Der Film ist für __lt und __ung geeignet. Auch die __üngeren Kinder mögen ihn. 3/__

6 Wir warten seit __angem darauf, etwas __esonderes zum __esen zu finden. 3/__

7 Lina und ich gehen durch __ick und __ünn, wir kennen uns von __lein auf. 3/__

8 Das __rün deines Rades sieht toll aus. Doch Mias __elbes Rad gefällt mir am __esten. 3/__

9 Im __roßen und __anzen bin ich __bends meistens mit dem Tag zufrieden. 3/__

10 Nur __estern __bend wollte ich nicht ans __orgen denken: Ich hatte Angst. 3/__

11 Was machst du __bends immer so? – Also heute werde ich __aden und nach dem __ernen noch __esen. 4/__

Bitte umblättern! ↺

12 Tiere leben ganz im __ier und __etzt und kennen kein __estern und kein __orgen. 4/__

13 Mirka ist __etzt schlecht gelaunt, sie ist __eute zum __bwaschen dran. 3/__

14 Von __ontag__orgen bis __ienstag__bend tobte ein heftiger Sturm. 4/__

15 Immer am __ittwoch ist Training und __reitags gehe ich __ingen und __pazieren. 4/__

16 Wir __lle wollen, dass __ede und __eder zum __andern mitkommen kann. 4/__

17 Meine Katze ist etwas __esonderes und ich mag sie am __iebsten von __llen. 3/__

18 Wie viele __undert Seiten hast du wohl beim __ug__ahren schon gelesen? 3/__

19 Zum __ausendsten __al! Zum __aus__ehen sind die __elben Stiefel, nicht die roten. 5/__

20 Nicht für __ede und __eden war das __andern toll, aber die __eisten mochten es. 4/__

21 Lieber Timo, kannst __u mir __eute beim __ufräumen und __utzen helfen? 4/__

22 Wo bleibst __u denn? Ich habe schon __utzende __ale geklingelt! 3/__

23 Liebe Eltern, bitte geben __ie __hren Kindern die Sachen fürs __chwimmen mit. 3/__

24 Wir brauchen zum __acken einen __iertel__iter Milch zum __erdünnen. 4/__

25 Das ist noch nicht das __rgste! Am __rgsten fand ich das __anzen und __ingen. 4/__

26 Wie sie __anzten und __angen, das war sicher nicht am __esten von __llen. 4/__

27 Aber die __esten von __ielen zu sein, das ist nicht immer am __chönsten. 3/__

Auswertung	
mind. 90 richtig	Wow! Du bist Profi!
mind. 78 richtig	Super! Das kannst du gut!
mind. 68 richtig	Saubere Arbeit!
mind. 55 richtig	Das geht sich knapp aus. Wenn du Zeit hast, dann wiederhole das Kapitel!
weniger als 55 richtig	Ui! Schau dir das Kapitel unbedingt nochmal genau an!

E Zusammen- und Getrenntschreibung

141 ✱✱✱ Ergänze die 50 Lücken, vergleiche mit der Lösung und schreibe deine Punkteanzahl neben die zu erreichenden Punkte. Bei der Getrennt- und Zusammenschreibung gibt es viele Doppelmöglichkeiten und Spezialfälle. Du kannst ein Wörterbuch benützen. Überlege auch, ob die beiden Wörter zusammen eine übertragene Bedeutung haben.

1 Wir wollten ______________________ *(BADEN / GEHEN)*, damit ich ______________________ *(SCHWIMMEN / ÜBEN)* konnte. 2 / __

2 Beim ______________________ *(SCHWIMMEN / ÜBEN)* ist mein Armband ______________________ *(VERLOREN / GEGANGEN)*. 2 / __

3 Dieses Jahr wird in unserer Klasse niemand ______________________ *(SITZEN / BLEIBEN)*, keiner wird ______________________ *(VERLOREN / GEHEN)*, denn alle haben ______________________ *(FLEIẞIG / LERNEN)*. 3 / __

4 Die Geiseln wurden ______________________ *(GEFANGEN / NEHMEN)* und in einem Versteck ______________________ *(FEST / HALTEN)*, erst nach Stunden wurden sie ______________________ *(LAUFEN / LASSEN)*. 3 / __

5 Beim ______________________ *(LAUFEN / LASSEN)* Ihrer Tiere bitte die Wiese ______________________ *(SAUBER / HALTEN)*. 2 / __

6 Zum ______________________ *(GESCHIRR / ABWASCHEN)* nach dem ______________________ *(ESSEN / KOCHEN)* hatte niemand von uns Lust. 2 / __

7 Lass uns ______________________ *(KICKBOARD FAHREN)* und dann ______________________ *(SCHWIMMEN / GEHEN)*. 2 / __

8 Ich muss leider schon ______________________ *(HEIM / FAHREN)*, auch wenn mir das ______________________ *(LEID / TUN)*. 2 / __

Bitte umblättern!

9 Er liebt das ______________________ *(RAD / FAHREN)*, genießt aber auch die Ruhe beim ______________________ *(ZEITUNG / LESEN)*. 2 / __

10 Diese Werbung will bewusst ______________________ *(IRRE / FÜHREN)*. Sie hat schon viele Leute in die ______________________ *(IRRE / FÜHREN)*. 2 / __

11 Das Fest wird am Sonntag ______________________ *(STATT / FINDEN)*, aber alle müssen wegen der Viren ______________________ *(ABSTAND / HALTEN)*. 2 / __

12 Du hast das Geheimnis ______________________ *(PREIS / GEBEN)*, weil du den Fragen nicht ______________________ *(STAND / HALTEN)* hast. 2 / __

13 Bist du beim ______________________ *(SCHLAF / WANDELN)* schon einmal ______________________ *(RAD / FAHREN)*? 2 / __

14 Beim ______________________ *(REFERAT / HALTEN)* soll man möglichst ______________________ *(FREI / SPRECHEN)*. 2 / __

15 Du brauchst dir keine ______________________ zu ______________________ *(SORGEN / MACHEN)* und sollst nicht ______________________ *(SCHWARZ / MALEN)*, auch wenn es dir ______________________ *(SCHWER / FALLEN)*. 3 / __

16 Lass es dir ______________________ *(GUT / GEHEN)*, auch wenn du ______________________ *(DIÄT / HALTEN)* und nur ______________________ *(LEICHT / VERDAULICH)* Speisen zu dir nimmst. 3 / __

17 Nur mit den Krücken kann er ______________________ *(GUT / GEHEN)* und am Fest ______________________ *(TEIL / NEHMEN)*. 2 / __

18 Es gab Stau und alles ______________________ *(KOPF / STEHEN)*, weil der öffentliche Verkehr ______________________ *(LAHM / LEGEN)* war. 2 / __

19 Ihre Hobbys sind das ______________________ *(EIS / LAUFEN)*, das ______________________ *(TENNIS / SPIELEN)* und das ______________________ *(LESEN)*. 3 / __

20 Dem Einspruch vor Gericht wurde ______________________ *(STATT / GEBEN)* und der Verurteilte wurde ______________________ *(FREI / SPRECHEN)*. 2 / __

21 Deine ______________________ *(BITTER / BÖSE)* Nachricht hat ihn

______________________ *(ORDENTLICH / WÜTEND)* gemacht. 2 / __

22 Sie redete in einer ______________________ *(SCHWER / VERSTÄNDLICH)* Sprache. 1 / __

23 Können Sie mir bitte diesen Betrag auf mein Kundenkonto

______________________ *(GUT / SCHREIBEN)*? 1 / __

24 Ich möchte an der Verlosung ______________________ *(TEIL / NEHMEN)*. 1 / __

Auswertung	
mind. 45 richtig	Wow! Du bist Profi!
mind. 40 richtig	Super! Das kannst du gut!
mind. 35 richtig	Saubere Arbeit!
mind. 30 richtig	Das geht sich knapp aus. Wenn du Zeit hast, dann wiederhole das Kapitel!
weniger als 25 richtig	Ui! Schau dir das Kapitel unbedingt nochmal genau an!

F Beistrichsetzung

142 *** **Ergänze die fehlenden 50 Beistriche. Tipp: Ein Beistrich ist keine Pflicht.**

1 Für den Strudel brauchst du noch Äpfel Rosinen Brösel Zimt Zucker und Obers.

2 Danke für deinen lieben Brief Marianne er hat mich sehr gefreut!

3 Das fand sie weder interessant noch witzig aber es war wichtig.

4 Das hast du nicht einfach gut sondern ganz hervorragend gemacht Kalim!

5 Autsch dass du mir auf die Zehen treten sollst das habe ich aber nicht gesagt!

6 Die Adresse ist Lennergasse 2 Stiege 2 3. Stock Tür 12.

7 Ich habe sowohl heute als auch morgen Zeit aber am Mittwoch kann ich nicht.

8 Weil es gestern so heiß war mussten wir die Blumen gießen.

9 Dr. Yildiz unser Hausarzt ist bis nächste Woche auf Urlaub.

10 Die Übungen die ich gestern gemacht habe kann ich schon sehr gut.

11 „He Svetlana!" rief ihre Freundin. „Komm doch mit wir gehen schwimmen!"

12 Der Wandersmann zog aus um den verwunschenen Schatz zu finden.

13 Brr es ist kalt trotzdem muss der Hund raus ob ich will oder nicht.

Bitte umblättern!

14 „Ich bitte dich" rief Elmar laut „das kann doch nicht dein Ernst sein!"

15 Wir glaubten dass wir das Match gewinnen könnten daher waren wir motiviert

16 Dass du mitmachen willst obwohl du krank bist das kann ich gut verstehen. Um mitmachen zu können musst du erst gesund werden dann sehen wir weiter.

17 Während wir schliefen baute unser Hamster ein kuscheliges Nest.

18 Was das hast du gesagt obwohl du Bescheid wusstest?

19 „Das ist ja" stotterte sie empört „das ist ja kaum zu glauben!"

20 Während ich übte kaufte meine Schwester Stifte Papier und Klebstoff für uns.

21 Wir waren mit dem Basteln erst fertig als es schon dunkel war.

22 Dieses Kuscheltier es ist uralt liebe ich noch immer obwohl es hässlich aussieht.

23 Der Film den wir gemeinsam sahen beschäftigte uns noch lange.

24 Elena komm hier rüber denn dort drüben ist es zu schattig!

Auswertung	
mind. 45 richtig	Wow! Du bist Profi!
mind. 40 richtig	Super! Das kannst du gut!
mind. 35 richtig	Saubere Arbeit!
mind. 30 richtig	Das geht sich knapp aus. Wenn du Zeit hast, dann wiederhole das Kapitel!
weniger als 25 richtig	Ui! Schau dir das Kapitel unbedingt nochmal genau an!

DURCH STARTEN

DEUTSCH
RECHTSCHREIUNG ÜBEN
Lösungen

3

VERITAS
Gemeinsam besser lernen

Liebe Eltern!

Dieses Lernhilfebuch umfasst **alle wichtigen Lerninhalte zur Rechtschreibung in der 3. Klasse in Deutsch**. Damit ist Durchstarten **die ideale Lernhilfe während des Schuljahres zum Thema Rechtschreibung**. Egal, welches Rechtschreibthema in der Schule gerade besprochen wird, Durchstarten bietet dazu **verständliche Erklärungen, umfangreiche Übungen** in drei Schwierigkeitsgraden. Sie müssen sich nicht mehr überlegen, wo Sie passende Übungen für Ihr Kind herbekommen oder wie Sie das Thema Ihrem Kind noch einmal verständlich erklären können – Durchstarten erledigt das für Sie!

Damit entlastet Sie Durchstarten und verhilft Ihnen zu einem entspannten Familienleben ohne Schul- und Notenstress.

Wie das Üben mit dem Buch **funktioniert**, lesen Sie bitte auf der **inneren Umschlagseite** 2 nach.

Wo Sie das jeweils passende **Übungsthema** finden, steht vorne im **Inhaltsverzeichnis**.

Wenn Ihr Kind die **Mittelschule** besucht, wird es in Deutsch im **Leistungsniveau „Standard"** oder **„Standard AHS"** unterrichtet. Die Übungen mit einem ✱ oder zwei ✱✱ entsprechen dem Leistungsniveau „Standard", die Übungen mit drei ✱✱✱ dem Leistungsniveau „Standard AHS". So kann Ihr Kind **je nach** seinem **Leistungsniveau optimal trainieren und** sich **verbessern**.

Unsere Leitlinien

- Diese Durchstarten-Lernhilfe wurde **von erfahrenen PädagogInnen / LehrerInnen entwickelt**.
- Wir orientieren uns an den **aktuellen Anforderungen des österreichischen Lehrplans**.
- Diese Lernhilfe kann **unabhängig vom jeweils verwendeten Schulbuch** eingesetzt werden.
- Bei der Produktentwicklung haben wir den Fokus auf die Anforderungen und **Wünsche von Ihnen und Ihrem Kind** gelegt.
- Digitale Inhalte und Funktionen werden nur dort eingesetzt, wo sie das **Lernen sinnvoll unterstützen**.

Immer am neuesten Stand
Auf www.durchstarten.at/aktuell informieren wir Sie gratis über inhaltliche Neuerungen / Ergänzungen zum Buch.

Wir wünschen Ihnen und Ihrem Kind ein erfolgreiches Schuljahr in der 3. Klasse!

Ihr Durchstartenteam

1

Angst	stehlen	durstig
Atlas	Echse	Dinosaurier
Obst	ernst	diskutieren
Staub	stechen	Ergebnis
lästig	endlos	rasieren
Bestie	fies	faszinierend
Krebs	Frist	Gämse
gratis	senden	beweisen
Kusine	Maske	Griesgram

2

bissig	Gasse	aggressiv
nussig	pressen	Entschluss
lassen	Esstisch	vermissen
Fessel	Anlass	vergesslich
passen	fassen	misstrauisch
Rasse	Prozess	Passagier
nass	Schuss	unerlässlich
wissen	Masse	Verfasser
Wasser	küssen	ungewiss
Fass	Schlüssel	Bewusstsein

3

Schweiß	äußerlich	gießen
süß	Fußball	genießen
Ruß	Stoß	mäßig
Spaß	Soße	Erdgeschoß
außen	Strauß	grüßen
reißen	bloß	fließen
dreißig	heiß	büßen
Größe	heißen	verdrießen
Floß	fleißig	gefräßig
Geiß	weiß	Gießkanne

4 Angst, gratis, faszinierend, Bestie, fies, Griesgram

5 aggressiv, Schluss, misstrauisch, nass, ungewiss, vergesslich

6 äußerlich, weiß, Spaß, süß, heiß, fleißig

7 süßen – süß; misstrauisch – misstrauen; Fußballtor – Fußballfan; durstig – Durst; bissig – Biss; fassen – Fass; Größe – groß; geistreich – Geist; lästig – Last

8

1 Die weiße Geiß ist voller Ruß.
2 Tim gießt maßvoll Soße in die Schüssel. / Tim gießt die Soße maßvoll in die Schüssel.
3 Ich will (auch) das Geheimnis (auch) wissen!
4 Der Freistoß war wirklich unfair!
5 Diese Hunderasse ist selten bissig.
6 Das Ergebnis des Prozesses ist ungewiss.
7 Die riesige Rasenfläche wird regelmäßig gegossen.
8 Lass mich bloß in Ruhe!
9 Du warst äußerst fies!
10 Hast du das vergessen?
11 Die Spielerin gab dem Ball mit dem Fuß einen aggressiven Stoß.

9

Folgende Wörter musst du durchstreichen:
1 die Wiesenblume
2 gewesen
3 ich weiß
4 das Nashorn
5 riesig
6 wir lasen
7 zerreißen
8 das Eis genießen

10

1 Schweißnass und voller Schweißflecken stand ich vor der Klasse.
2 Elena liebt Süßspeisen und Süßigkeiten. Sie süßt allerdings immer mit Süßstoff.
3 Beim Fallschirmspringen muss man fest an der Reißleine reißen.
4 Der Entfesselungskünstler fesselte unsere gesamte Aufmerksamkeit, während er sich von den Fesseln befreite.
5 Hast du dich in eurem neuen Haus schon häuslich eingerichtet oder fühlst du dich noch nicht zu Hause?
6 Bei der Diskussion diskutierten alle Diskussionsteilnehmerinnen und -teilnehmer mit guten Argumenten.

11

kurzer Vokal	langer Vokal
der Schuss	schießen
wissbegierig	ich weiß
genüsslich	genießbar
goss	die Gießkanne
der Spross	sprießen
zerrissen	zerreißen
bissfest	die Beißzange
die Messung	das Maßband
essen	aß

12

Nomen	Verb
der Gruß	grüßen
der Biss	beißen
der Spross	sprießen
das Maß	messen
der Schuss	schießen
der Schluss	schließen
der Guss	gießen

13

1 beißen	biss	gebissen	beiß(e)!
2 fließen	floss	geflossen	fließ(e)!
3 fressen	fraß	gefressen	friss!
4 gießen	goss	gegossen	gieß(e)!
5 reißen	riss	gerissen	reiß(e)!
6 schießen	schoss	geschossen	schieß(e)!

14

1 Die schusssichere Weste schützt die Heldin vor den Schüssen der schießwütigen Bösewichte.
2 Die Vergesslichkeit meines Opas war so weit fortgeschritten, dass er seine Adresse vergaß.
3 Mit der Gießkanne goss ich reichlich Wasser über die Blumen.
4 Bald darauf entdeckte ich einen frischen, grünen Spross. Schön, wenn die Pflanzen so üppig sprießen!
5 Die gesamte Gruppe aß das indische Essen, wie es der Tradition entspricht, nämlich ohne Essbesteck: mit den Fingern und mit Brot.
6 Gibst du mir einen Bissen von deinem Müsliriegel? – Sehr gern, ich kann ihn ohnehin nicht beißen, er ist mehr als bissfest, er ist steinhart!
7 „Weißt du über die neuesten Erkenntnisse der Wissenschaft Bescheid?", will meine wissbegierige kleine Schwester wissen.
8 „Jetzt ist aber Schluss mit der Streiterei", ruft der Bademeister, „sonst schließe ich die Wasserrutsche!"
9 Pass auf, dass der Riss in der Hose nicht weiter aufreißt!
10 Wo der Fluss ruhig fließt, dort kann man ihn mit einem Floß überqueren.
11 Ich dachte, dieses Eis wird ein Genuss, aber ich muss sagen, so wirklich genießbar ist es leider nicht.

15

1 Mein gutes Zeugnis ist das Ergebnis meiner konsequenten Arbeit!
2 Es war eine turbulente Zeit: Die Ereignisse überstürzten sich.
3 Elena hat sowohl sehr gute Kenntnisse in ihrer Erstsprache als auch in Deutsch.
4 Dieses Konzert war ein ganz besonderes Erlebnis.
5 Meine Eltern gaben mir die Erlaubnis, gemeinsam mit meiner Tante hinzugehen.
6 Ich finde, dass man Zirkusse verbieten sollten: Die Tiere leiden zu sehr!
7 Ja, Tierleid muss man verhindern. Aber deswegen gleich jeden Zirkus zu verbieten, halte ich für übertrieben.
8 Das stimmt vielleicht. Aber die Verhältnisse für die Tiere sind dort meistens sehr schlecht.

16

1 Der wertvolle A**tla**s ist dreihundert Jahre alt. Er ist der schönste aller A**tlant**en, die ich bisher gesehen habe. Man sieht darin sogar Skizzen von fernen G**alaxien**, das ist sehr ungewöhnlich!
2 Lena hat sich gestern die neuen J**ean**s gekauft, auf die sie sich schon lange gefreut hat.
3 Dieser K**aktus** hat aber viele Stacheln. Ich mag K**aktee**n nicht sehr.
4 Mmh, hier riecht es nach P**o**m**m**es f**rites**!
5 Ein V**iru**s ist ein Krankheitserreger, der einen so genannten „Wirt" zum Überleben braucht. Gegen manche V**ire**n gibt es Impfungen.

17

Der Trainer hat viel Verständnis für die Mannschaft. Die guten Ergebnisse bei den Spielen haben auch damit zu tun, dass er nicht in einer anderen Galaxis lebt, sondern die Probleme seines Teams versteht. Er kann ein Geheimnis für sich behalten! Manche Menschen verbreiten Geheimnisse ja wie ein Virus. Dann gibt es einen Zirkus, weil sich jemand beleidigt fühlt und stachelig wie ein Kaktus reagiert. Aber mit Kakteen haben wir Menschen eigentlich nicht so viel gemeinsam! Mit viel Glück hilft eine Einladung zu Pommes frites, um das frostige Verhältnis wieder zu entspannen. Zu oft sollte das dann aber nicht passieren, sonst passt keiner der Beteiligten mehr in seine Jeans.

18

massenhaft	maßvoll	Masern
Massentierhaltung	Maßstab	Maske
Menschenmasse	Ausmaß	Mast
massiv	Maßeinheit	Mascara

19

1 Früher erkrankten Kinder immer wieder **massenhaft** an **Masern**.
2 Der **Mast** des Schiffes drohte im Sturm zu zerbrechen.
3 Immer mehr Menschen essen wenig oder kein Fleisch, weil sie die **Mast** von Nutztieren und die **Massentierhaltung** nicht fördern wollen.
4 Mit der **Maske** über Mund und Nase hätte ich dich fast nicht erkannt!
5 Die Landkarte ist im **Maßstab** 1:25 000 erstellt.
6 In vielen englischsprachigen Ländern ist „Fuß" eine übliche **Maßeinheit**. Ein Fuß entspricht 30,48 Zentimeter.
7 Das **Ausmaß** der Zerstörung nach dem Sturm war **massiv**.
8 Kaufen Sie unseren neuen **Mascara** für strahlende „Augenblicke"!
9 Beim Kaffeekonsum sollte man **maßvoll** sein.

20

1 A: Das (Dies) ist das T-Shirt, das (welches) ich gesucht habe.
B: Meinst du das (dieses) oder das (dieses) hier?
A: Keines von beiden, das (jenes) dort drüben!
2 Gib mir bitte das Buch, das (welches) dort auf dem Regal steht.
3 Er glaubt das (dies) wirklich!

21

1 Ist das (dies) der Film, von dem du erzählt hast?
2 Nein, das (dies) kommt nicht in Frage!
3 Wieso weißt du das (dies)?
4 Ich weiß nur das (dieses/jenes), was du mir gestern darüber erzählt hast.
5 Wem gehört denn das (dieses) Handy hier?

6 Oh Mann, was soll das (dies) bloß?
7 Denk daran, das (dieses) Buch rechtzeitig zurückzubringen!
8 Es gibt ein Geheimnis, das (welches) ich nie verraten darf.

22

1 Ich hoffe, dass ich die Schularbeit gut schaffe. Dass ich die Schularbeit gut schaffe, hoffe ich.
2 Frau Schubert glaubt, dass ihr Hund schwer krank ist. Dass ihr Hund schwer krank ist, glaubt Frau Schubert.
3 Miriam freut sich darauf, dass bald ihre Geburtstagsparty steigt. Dass bald ihre Geburtstagsparty steigt, darauf freut sich Miriam.

23

1 Es ist nicht erlaubt, **dass** Hunde hier in der Wiese spielen!
2 Hast du **das** auch gehört, **dass** Elena nicht mehr mit Ruth reden will?
3 Mike hofft, **dass** er bald bei einem Match im Tor stehen wird.
4 Lass **das**! **Das** ist nichts für dich!
5 Aha! Woher willst du **das** wissen?
6 Wir wollen über **das** Buch sprechen, **das** Sie uns empfohlen haben.
7 Habt ihr **das** interessant gefunden?
8 Ja, so sehr, **dass** wir uns entschlossen haben, eine Buchvorstellung zu machen.

24

Er glaubt, **dass** er das Richtige getan hat. Aber wir sind sicher, **dass** sein Verhalten ein Fehler war. Es stimmt, **dass** die Entscheidung des Schiedsrichters unklar war. Vielleicht war der Ball noch innerhalb der Linie, **das** weiß keiner so genau. **Dass** Leon dann so ausgerastet ist, **das** hat uns alle überrascht. Es tut ihm zwar leid, aber **dass** er sich entschuldigen sollte, **das** sieht er nicht wirklich ein.

25

Hi Lilli, hast du schon gehört, dass morgen nach der Schule bei Tim ein Gartenfest ist?

Hey Marcel! Echt? Nein, das hat er mir gar nicht gesagt. ☹ Was soll das bloß?

Keine Sorge, das ist nicht böse gemeint. Seine Mum hat das spontan entschieden, dass das in Ordnung geht. Er darf ein paar Leute einladen, aber jeder soll was mitbringen.

Ah cool! Das ist etwas anderes.

Ich nehme das Slacklining-Set mit. Das kann man bei ihm aufspannen.

Super! Das würde ich eh gerne mal ausprobieren. Aber Lina sagt, dass das extrem schwierig ist.

Das lernst du schon. Kannst du das auch Irina und den anderen Mädels sagen?

Aber sicher, das ist kein Problem! ☺

26

Die Schreibung ist korrekt. Es handelt sich bei den Wörtern nicht um ein Doppel-s nach kurzem Vokal, sondern um zwei Wörter, die verbunden werden. Dadurch folgen zufälligerweise zwei „s" aufeinander.

27

1 Ergebnisse
2 Atlanten
3 Missverständnis
4 fies
5 Bestie
6 biss
7 beweisen

28 Er verlie**ß** das Zelt und **s**ogleich war Mikion neben ihm. **S**eit er ihn wiedergefunden hatte, schien sein Hund wie au**s**gewechselt zu sein. Mikion wich ihm keinen Schritt mehr von der **S**eite, lie**ß** sich brav nieder, selb**st**, wenn er es ihm gar nicht befohlen hatte, und wartete geduldig, wa**s** pa**ss**ieren würde. Jetzt war Dareg doch froh, da**ss** er ihn nicht ausgetauscht hatte. Er bahnte sich einen Weg durch die Menge der Krieger. Noch nie hatte er so viele Hopliten auf einem Fleck gesehen wie hier. [...] Dareg wu**ss**te nur, da**ss** Alexander immer noch Männer für einen Feldzug gegen den Gro**ß**könig der Perser, Dareios, **s**ammelte. Er mu**ss**te an die Geschichten denken, die man bei ihm zu Hause darüber erzählte. Zum Beispiel, als Dareios erfuhr, da**ss** Alexander gegen ihn zog. Der Perserkönig soll laut gelacht haben.

Roland Mueller: Der Kundschafter des Königs. Auf den Spuren Alexanders des Großen. München: cbj-Verlag 2005, S. 31f.

29

E	B	E	N	T	D	E	C	K	E	N	B	Ü	X
A	A	N	M	R	Ä	E	N	T	S	E	T	Z	T
M	G	D	Ü	E	O	X	Q	J	W	M	L	M	Z
D	A	L	E	N	T	F	Ü	H	R	U	N	G	G
L	H	O	N	D	A	D	P	J	H	I	D	Ü	H
R	L	S	D	G	T	E	N	D	S	P	I	E	L
J	W	Y	L	Ü	O	R	O	A	O	L	P	A	Y
A	S	Ü	I	L	Ü	O	L	R	Ü	R	T	I	L
Q	K	M	C	T	O	B	Ü	H	T	T	P	D	F
P	D	H	H	I	P	D	Ä	F	N	J	M	A	J
T	E	N	T	G	E	H	E	N	N	M	Z	U	Q

End/end: endlos, endlich, endgültig, Endspiel
Ent/ent: entdecken, entsetzt, Entführung, entgehen

30

1 Das **Endergebnis** des Spiels war leider **enttäuschend**.
2 Das Team beschloss, sich **endgültig** von dem Trainer zu trennen.
3 **Endlich** konnte ich den Gips **entfernen** lassen.
4 Silja legte einen genialen **Endspurt** hin.
5 Alle aussteigen, **Endstation**!
6 Diese Beschuldigung **entbehrt** jeder Grundlage!
7 Es war mir unangenehm, mich beim Schularzt vor allen zu **entkleiden**.
8 Das Haar am Tatort **entlarvte** den Dieb.

31 Der En**t**führer en**t**riss dem Polizisten die Waffe. Das war ein en**t**scheidender Moment in dem Film! Mit En**t**setzen sah das Publikum, wie der Bösewicht en**d**gültig über das Gute zu siegen drohte. So manches Gesicht en**t**färbte sich und wurde blass. Das en**t**sprach so gar nicht dem En**d**ergebnis, das sich viele erhofft hatten. In meinem Kopf en**t**warf ich Möglichkeiten, wie die Geschichte doch noch zu einem guten En**d**e kommen könnte. Doch ich konnte keine Möglichkeit en**t**decken. Letzten**d**lich en**d**ete der Film für mich en**t**täuschend.

32

1 Mike gab beim Endspurt alles, trotzdem war er vom Endergebnis seiner Gesamtwertung en**tt**äuscht.
2 Ich habe mich entschieden und mein Entschluss steht en**d**gültig fest.
3 Jakob entwirft einen Plan für die Sitzordnung bei der Familienfeier.
4 Die Kommissarin entlarvte am Ende die Täterin.
5 Diese Entzündung entwickelt sich endlich zum Besseren.
6 Ich entfernte den Deckel und en**td**eckte eine geheimnisvolle Vase.
7 Gehen Sie immer hier en**t**lang, die Entfernung zum Ziel ist nicht mehr groß.
8 Entschuldige, bitte!

33

F	B	E	N	T	F	O	R	E	L	L	E	Ü	V
E	A	N	M	R	O	E	N	T	S	E	T	Z	E
R	G	D	F	O	R	M	U	L	A	R	L	M	R
N	A	L	E	N	D	F	Ü	H	R	U	G	A	K
L	H	O	N	F	E	R	I	E	N	I	D	Ü	E
V	E	R	H	Ö	R	E	N	D	S	P	I	E	H
J	W	Y	L	Ü	U	R	O	A	O	L	P	A	R
A	S	Ü	I	L	N	O	L	R	Ü	R	T	I	L
Q	Y	M	C	T	G	B	Ü	H	T	T	P	D	F
P	D	H	H	I	P	V	O	R	S	I	C	H	T
V	O	R	R	A	T	H	E	N	N	M	Z	U	Q

mit Vorsilbe: verhören, Verkehr, Vorrat, Vorsicht
ohne Vorsilbe: fern, Forderung, Formular, Ferien, Forelle

34

1 Auf dem Ferienbauerhof gab es süße, kleine Ferkel.
2 Sei vorsichtig, damit du dich nicht verletzt!
3 Meine Verwandten wohnen in einem fernen Land.
4 Kannst du die Zutaten bitte gut verrühren?
5 Die Forscherin arbeitet sehr verlässlich. Ihre Ergebnisse sind vorzüglich.
6 Ich verspüre einen Schmerz in der Ferse.

35

Verschmitzt lächelte der Kommissar, denn er hielt seine **V**erhöre für **v**orzüglich. Es musste doch auszu**f**orschen sein, wer das antike **F**ernglas des Stargastes beim Schul**f**est **v**orsätzlich entwendet hatte. **V**erloren gegangen war es sicher nicht. Der Professor hatte es **v**orsichtig unter **V**erschluss gehalten. Trotzdem war es plötzlich **f**ort. Stundenlang hatten er und die Direktorin es **v**ergeblich gesucht.

36

1 Hat Elena diese Zettel verteilt?
2 Die Zeitung veröffentlichte die neuesten Forschungsergebnisse.
3 Sei vorsichtig, damit du dich nicht verläufst!
4 Oh, die Likes haben sich ja vervielfacht!
5 Ich muss noch etwas für morgen Vormittag vorbereiten.
6 Versteh doch bitte, das Versteck darf ich nicht verraten!

37

1 Wo **seid** ihr denn gestern gewesen?
2 **Seit** drei Wochen habe ich nichts von ihr gehört.
3 **Seit** dem Kindergarten seid ihr meine allerbesten Freunde.
4 **Seid** ihr damit einverstanden?
5 Auf die Bestellung wartet meine Mutter **seit** Langem (langem).

38

1 Habt ihr sei**t** gestern wirklich gar nichts von ihm gehört?
2 Wo sei**d** ihr denn, ich warte schon sei**t** zwanzig Minuten auf euch!
3 Seit wann sei**d** ihr befreundet?
4 Konrad lebt sei**t** drei Wochen bei seinem Papa.
5 Also, dann los! Sei**d** ihr bereit?

39

Seit Irina regelmäßig im Team mitspielt, hat sich ihre Technik verbessert. Wenn ihr auch alle dafür sei**d**, werde ich sie für das nächste Match aufstellen. Wir haben sei**t** der vorigen Saison schon zwei sehr gute Spielerinnen verloren. Weil ihr manchmal etwas gemein sei**d**, hat Lina ja unser Team verlassen. Sei**t**dem läuft es nicht mehr so gut. Seid ihr da meiner Meinung?

40

T	O	D	E	S	A	N	G	S	T	Z	T	K	W
O	W	O	H	W	U	Z	L	I	O	A	Ö	A	N
T	A	Z	E	H	E	P	P	G	D	P	D	K	K
E	P	K	T	Ö	T	E	N	X	S	Ü	L	E	M
N	C	Ü	N	H	W	Z	X	Z	I	J	I	V	N
B	Z	Y	Ä	D	G	Z	W	I	C	A	C	B	W
L	A	I	D	P	A	L	Ä	I	H	W	H	A	I
A	Z	G	Z	L	D	E	Z	G	E	I	Z	O	W
S	W	Z	H	J	D	I	D	E	R	W	Z	K	W
S	I	T	O	T	E	N	S	T	I	L	L	E	Y
T	O	D	U	N	G	L	Ü	C	K	L	I	C	H

Tod/tod: Todesangst, todsicher, tödlich, todunglücklich
Tot/tot: töten, Totenstille, totenblass

41

1 Nach dem Knall herrschte To**t**enstille.
2 Was ist denn los? Du bist ja to**t**enblass.
3 Der Biss dieser Schlange endet oft tö**d**lich.
4 Darüber könnte ich mich to**t**ärgern.
5 Wenn Blicke tö**t**en könnten, wäre ich wohl to**t** umgefallen.

42

1 Ferkel
2 vergessen
3 enttäuscht
4 Endstation
5 verletzen
6 Forelle
7 Vormittag
8 Untote
9 tödlich

43

1 tö**d**lich – To**t**enstille – getö**t**et – To**d**eszeitpunkt – To**d**esangst – to**d**bringend – to**t**schlagen – to**t** sein – To**d**estag – sich to**t**lachen – To**t**enschädel

2 **v**erstehen – **V**erletzung – **F**ernseher – **V**orhang – **F**orderung – **v**orzüglich – **F**erse – **v**ertrauensvoll – **F**orscher – **F**orelle – **V**orderrad – **V**ersteck – **V**orsicht

3 sei**t**dem – ihr sei**d** – sei**t**lich – sei**t**wärts – sei**t**her – sei**t** wann

4 en**t**sperren – en**t**wickeln – en**d**los – En**t**täuschung – en**d**lich – En**d**spiel – En**t**zündung – en**d**gültig – en**t**decken

44

Zwei Erdplatten teilen Kalifornien in zwei Hälften auf: Die Nordamerikanische Platte und die Pazifische Platte schlittern dort sei**t**lich aneinander vorbei. Die Bruchstelle wird San-Andreas-**V**erwerfung genannt. [...] Im Jahr **v**erschieben sich diese Erdplatten um 6 cm: Dabei rücken Los Angeles und San Francisco näher zusammen. [...] Teilbereiche der Platten **v**erhaken sich dabei und lösen sich nach kürzerer oder längerer Zeit wieder mit einem mächtigen Ruck: einem Erdbeben. [...] Das letzte schwere Beben in Südkalifornien mit tö**d**lichen Folgen war [...] im Jänner 1004. Dabei starben 72 Menschen, 9000 wurden **v**erletzt und es entstand ein Milliardenschaden. [...]
Seit Neuestem untersuchen amerikanische Wissenschafter winzige unterirdische Erdstöße en**t**lang der San-Andreas-**V**erwerfung. [...] Die Forscher rechnen bis 2039 mit dem „Big One": Die Wahrscheinlichkeit eines Erdbebens mit einer Stärke von 6,7 oder mehr in den kommenden Jahren liegt bei 99 Prozent.

Richterskala

Der amerikanische Seismologe Charles Francis Richter en**t**wickelte [...] ein System zur Bewertung der Erdbebenstärke. Die Idee war, ein und dasselbe Erdbeben an mehreren Stationen zu messen und aus den unterschiedlichen En**t**fernungen seine Stärke im Epizentrum zu berechnen. [...] Ein Punkt mehr auf der Richterskala bedeutet eine zehnfach stärkere Bewegung der Erde.

Petra Bachmann: Die gefährlichsten Orte der Welt. München: arsEdition GmbH 2013, S. 22f.

45

a/ä: brav, Bär, dankbar, dämlich, Denkmal, heilsam, hurra, Kamerad, Maßstab, Merkmal, minimal, Tat, Park, Porzellan, privat, raten, Regal, Nagel, Spaß, Salat, schlagen, Vater
aa: Brautpaar, paarweise
ah/äh: abfahren, Diebstahl, ermahnen, Nachtmahl, Hahn, wahr, Zahl, jährlich, Gefahr, gefährlich

46

1 Das Nachtm**ah**l war heute wieder einm**a**l hervorragend!

2 Sie sahen dreim**a**l denselben Film.

3 M**ah**lzeit! – Danke vielm**a**ls!

4 Das Denkm**a**l wurde nachts mit roter Farbe bem**a**lt.

5 Mehl besteht aus gem**ah**lenem Getreide.

47

1 War das wirklich die W**ah**rheit?

2 W**ah**rscheinlich w**a**ren die Spieler nicht richtig aufgewärmt.

3 Was hast du erw**a**rtet?

4 Das w**a**r doch w**ah**rlich keine Überraschung.

5 Erw**a**rtungsgemäß w**a**r der Test unw**ah**rscheinlich knifflig.

48

1 Ich war dank**bar**, dass ich humpeln konnte und keine **Bahre** benötigte.
2 Im ganzen **Saal** herrschte gute Laune. Niemand blies Trüb**sal**.
3 In Märchen erleiden viele Figuren ein schlimmes Schick**sal**.
4 Beim **Saal**eingang konnte man nur mit **Bar**geld bezahlen.
5 Unser Turn**saal** ist derzeit leider nicht benütz**bar**.

49

Die Zeuginnen und Zeugen wurden mehrm**a**ls befragt. Die Richterin wollte die Wahrheit herausfinden. Doch an dem Fall war vieles sonderbar. Das verschwundene B**a**rgeld war unauffindbar. Nach der Mittagsmahlzeit kam das Publikum zurück in den Gerichtssaal. Der Angeklagte bat um ein gnädiges Schicks**a**l.

50

1 Ich möchte mit **minimalem** Aufwand das **optimale** Ergebnis erreichen.
2 Hui, diese **Paprika** ist aber sehr scharf!
3 **Sklavinnen** und **Sklaven** mussten oft unter großen **Strapazen** schuften.
4 Meine Oma wohnte als Kind im **Internat**, weil es in ihrem Dorf kein **Gymnasium** gab.
5 Bei der **Safari** sahen wir sogar wilde **Geparden**.
6 **Reklame** ist ein anderes Wort für Werbung.
7 Meine Mutter sieht sich gerne Krimis mit cleveren **Kommissaren** an.

51

e/ä: beten, Weg, Klebstoff, Brezel, derzeit, Ekel, Erbse, kegeln, Kollege, Krebs, wedeln, werken, wesentlich, Härchen

eh/äh: abwehren, Lehrer, mäht, Sehhilfe, wehtun, Verkehr, entbehren, Ehre, mehr, verzehren, nehmen

ee: Beet, Heer, leer, Badesee, Glücksklee, Erdbeere, Meer, Kaffee, Tee

52

1 Der Priester b**e**tet. – Wir bearbeiten die Blumenb**ee**te.
2 Das H**ee**r soll Gefahren abw**e**hren.
3 Schau mal, die Maus hat ganz zarte H**ä**rchen an der Schnauze!
4 Die T**ee**tasse der Lehrerin ist l**ee**r.
5 Der Kr**e**bs am Bades**ee** hat mich gekniffen. Das hat w**eh**getan.
6 Auf der F**e**te verz**eh**rte Milo alle Br**e**zeln.
7 Hast du noch Kl**e**bstoff in Res**e**rve?
8 Der Flugverk**e**hr auf unserem Plan**e**ten wird immer m**e**hr.
9 Der Schulwart m**äh**t das Gras im Schulhof.

53

1 Mit der **Säge** schnitt ich das Brett zurecht.
2 In Krimis wollen die Täter sich oft aus verletzter **Ehre** an jemandem **rächen**.
3 Nach dem **Gebet segnet** der Priester die Gläubigen.
4 Tim **spähte** durch sein **Fernglas** und sah einen **Bären** zwischen den **Ähren** im Feld.
5 In vielen Gegenden der Welt ist **Lehm** ein wichtiges Baumaterial.
6 Ich war so erschrocken, ich war wie **gelähmt**.
7 Du bist schon wieder zu **spät**!
8 Wer auch immer dieses Posting verfasst hat: Du solltest dich dagegen **wehren**.

54
1 Willst du dir auch einen Glücksklee nehmen? – Ja, gerne. Gibst du mir einen her?
2 Direkt beim Meer gibt es leider keine Plätze mehr.
3 Das kleine Kind gibt seinem Teddybären eine Himbeere.
4 Der Badesee ist derzeit fast leer.
5 Den Erbseneintopf konnte niemand verzehren, weil er wirklich eklig schmeckte.
6 Ich bitte Sie herzlich, nehmen Sie doch noch etwas Tee oder Kaffee!

55
o/ö: Tor, lösen, Stoß, groß, atemlos, endlos, Ergeschoß, gehorsam, Golf, Gondel, grob, höflich, irgendwo, Knoblauchsoße, loben, lösen, Not, Obst, Schlagobers, holen, verlor
oh/öh: föhnen, fröhlich, Drohung, hohl, obwohl, Ohr
oo: Boot, Moos, Shampoo, Pool, Zoo, doof, Moor

56
Beton: Viele Häuser werden aus Beton gebaut.
Kanone: Im Museum sah ich alte Kanonen.
Kobra: Die Kobra ist eine faszinierende Schlange.
Humor: Mein Papa hat viel Humor.
Organisation: Die Organisation des Schulfestes liegt bei den 3. Klassen.
Balkon: Unsere Katze schläft im Sommer am liebsten auf dem Balkon.

57
1 Ich finde es **cool**, dass du bei der **Aktion** mitmachen willst.
2 Pfui, auf der Pizza ist aber eine **große Portion Knoblauchsoße**!
3 Wir spazierten **fröhlich** durch den **Zoo**.
4 Im **Erdgeschoß** des Hotels ist ein **Pool**.
5 Nach dem Ausspülen des **Shampoos föhne** ich die Haare.
6 Das **Boot löste** sich vom Seil und verschwand **irgendwo** im Schilf.

58
1 föhnen
2 Ohr
3 fröhlich
4 Pool
5 Schlagobers
6 doof
7 Moos

59
u/ü: übel, Hügel, duzen, Gemüse, Glut, jugendlich, üblich, Hubschrauber, Gugelhupf, Gulasch, Gusto, suchen, Kostüm, Schnur, schnurstracks, Schürze, Sekunde, Kundschaft, Truthahn, üben, über, Urlaub, süß
uh/üh: fuhr, kühlen, früh, Frühjahr, mühselig, Ruhm, berühmt, Uhr, rühren

60
1 Der **Gugelhupf** muss nach dem Backen noch **auskühlen**.
2 Kannst du bitte das **Gulasch umrühren**?
3 Im **Urlaub** sah ich die **berühmte** Pyramide.
4 Im **Hubschrauber** wurde mir leider **übel**.
5 Für den Fasching suche ich ein **Kostüm**.
6 Ich habe **Gusto** auf etwas **Süßes**.
7 In dem Möbelhaus wird die **Kundschaft** von allen **geduzt**.
8 Aus der **Glut** ein hohes Lagerfeuer zu entfachen, das ist **mühselig**.
9 Die **Jugendlichen fuhren** mit ihrem Skateboard den **Hügel** hinunter.

61 Nach drei **Stunden** Wanderung machten wir eine Pause und **ruhten** uns aus.

1 Leider drückte mein linker **Schuh**, sodass ich ein Blasenpflaster brauchte.
2 Während wir in der Wiese saßen, besuchte uns eine **Kuh**.
3 Nach einer Weile kam auch noch ein **Huhn** des Weges.
4 Wir waren höflich, und **duzten** die Tiere nicht, sondern siezten sie.
5 Das **Huhn** war so **süß**, wir nannten es „Frau Gugelhupf".
6 Der Abstieg vom Berg war mit der Blase am **Fuß** sehr **mühselig**.
7 „Hoffentlich brauchen wir keinen **Hubschrauber** für dich!", machte sich meine Schwester **über** mich lustig.
8 Zu Hause legte ich mich **schnurstracks** in die Badewanne.
9 Danach hatte ich **Gusto** auf ein Gulasch. Meine Schwester wollte nur ein Glas **Apfelmus** essen. Im Kühlschrank gab es aber nur **Gemüse** und **Truthahnkeulen**.
10 Ich nahm meine **Schürze** und kochte für uns etwas Gutes.

62

1 In der **U**rzeit orientierten sich die Menschen noch nicht an der **Uh**rzeit, sondern am Stand der Sonne.
2 Der **Ü**beltäter muss mit einem harten **U**rteil rechnen.
3 Ich suche die Schn**u**r für das Kost**ü**m. Wo ist sie n**u**r?
4 Manchmal mache ich mir frisches Apfelm**u**s. Man muss allerdings gut r**üh**ren, damit es nicht anbrennt.
5 Österreich ist ber**üh**mt für seinen G**u**gelhupf.
6 Der schnellste **Uh**rzeiger zeigt die Sekunden an.
7 Im Fr**üh**jahr werden die H**ü**gel rund um die Stadt gr**ü**n.
8 Mir ist **ü**bel, kannst du bitte die Klimaanlage etwas k**üh**ler stellen?
9 Auf Gem**ü**se habe ich selten G**u**sto.
10 Die H**üh**ner br**ü**ten die Eier aus.
11 Der H**u**bschrauber landete um drei **Uh**r Früh.
12 Im **U**rlaub möchte ich nichts M**üh**seliges tun müssen.

63 **i:** Kabine, Maschine, Kilo, Klima, kritisch, Vampir, Ventil, Giraffe
ie(h): gießen, bewies, bieten, Vieh, Dieb, siezen, entschied, erfrieren, Ziel, fies, genießbar, kariert, lieb, Niere, nieseln, Spaziergang, Turnier, Ziege, gierig, zierlich, empfiehlt, spielt, Sieger, ziemlich, dieser, Riese
dieses Wort fällt aus der Reihe: Handy

64

1 Der **liebe Riese** machte mit der **Giraffe** einen **Spaziergang** im **Nieselregen**.
2 Beim **Turnier** war **diesmal** nicht Gryffindor der **Sieger**.
3 Der **Dieb** war **ziemlich fies**: Er stahl die **Handys** aus den Spinden.
4 Das **Ventil** der **Maschine** ist undicht.
5 Dieses **Klima bietet** gute Bedingungen für **Ziegen**.

65

1 Oh je, die M**i**ne meines Druckbleistifts ist schon wieder abgebrochen.
2 Im Winter gen**ie**ßen meine Großeltern das Klima am Meer. Dort müssen sie nicht fr**ie**ren.
3 Ich entsch**ie**d mich für das kar**ie**rte Shirt. In der Kab**i**ne betrachtete ich es kr**i**tisch.
4 Leider war es nicht mein St**i**l, obwohl es meiner Mutter sehr gef**ie**l.
5 Der St**ie**l an der Kehrmasch**i**ne ist klebrig.
6 Bitte g**ie**ße die Pr**i**meln z**ie**mlich v**ie**l, sie brauchen das.
7 Der Händler b**ie**tet selbstgemachten Z**ie**genkäse an.

8 Beim Turn**ie**r bew**ie**s das Team gute Nerven.
9 Ich finde es f**ie**s, dass d**i**r n**ie**mand geholfen hat!
10 Irina sp**ie**lt am Klavier.
11 Passt auf, bei den R**i**biselsträuchern sind viele B**ie**nen.
12 Das Sprichwort sagt: „Kleinv**ie**h macht auch Mist."
13 Willst du l**ie**ber im L**ie**gestuhl oder in der Hängematte lesen?

66

1 Wir **diskutieren** gerade darüber, ob der Test zu schwierig war.
2 Die Wissenschafterinnen und Wissenschafter **experimentieren** mit dem Virus.
3 Die Direktorin **informiert** uns über die neuen Regelungen.
4 Wolfgang Amadeus Mozart hat viele berühmte Stücke **komponiert**.
5 Die Bankräuber waren mit Strümpfen **maskiert**.
6 Bitte **notiert** euch das, es ist wichtig!
7 Mein Bruder muss sich schon fast jeden Tag **rasieren**.
8 Die Sirene **alarmiert** die Feuerwehr.
9 Das Geschenk für meine Freundin will ich schön **dekorieren**.
10 Diese Sätze sind alle **nummeriert**.
11 Wie hat sie denn auf dein Mail **reagiert**?
12 Linus findet Dokumentationen über das Weltall **faszinierend**.
13 Das Pferd **galoppiert unkontrolliert** über die Straße.
14 Die Kellnerin **serviert** uns das bestellt Essen.
15 Oh je, ich glaube, nach dem Sturz kann man das Rad nicht mehr **reparieren**.
16 Wir müssen die Spielsteine nach Farben **sortieren**.

67

A	B	W	I	E	D	E	R	H	O	L	U	N	G
O	W	I	E	D	E	R	S	E	H	E	N	Z	P
W	I	D	E	R	S	I	N	N	I	G	Ü	M	U
W	I	E	D	E	R	A	U	F	B	A	U	A	K
U	H	R	O	K	P	U	A	T	J	A	J	Ü	L
A	I	L	B	L	F	H	I	D	S	P	I	E	A
Q	W	I	D	E	R	S	P	R	U	C	H	A	T
E	S	C	N	W	I	D	E	R	L	E	G	E	N
Q	W	H	Y	T	A	M	V	L	S	F	G	T	Ü
W	I	E	D	E	R	E	R	K	E	N	N	E	N

Wieder/wieder: Wiederholung, Wiedersehen, Wiederaufbau, wiedererkennen
Wider/wider: widersinnig, Widerspruch, widerlegen, widerlich

68

1 Ich kann diese Beschuldigung **widerlegen**.
2 Wann wirst du **wiederkommen**? Ich vermisse dich jetzt schon!
3 Voldemort ist der große **Widersacher** von Harry Potter.
4 „Genug jetzt! Ich dulde keine **Widerrede** mehr!", rief die Trainerin.
5 Das Pferd schnaubte und schüttelte **widerspenstig** den Kopf.
6 Kannst du in eigenen Worten **wiedergeben**, was Tim gesagt hat?
7 Kühe und andere **Wiederkäuer** besitzen verschiedene Mägen.

69 Trotz der w**i**drigen Umstände leistete Viola ihrer Müdigkeit W**i**derstand. Sie schaffte auch abends noch die dritte W**ie**derholung der Vokabeln mit ihrer Lernkartei. Am nächsten Tag konnte sie alle fehlerlos w**ie**dergeben. Damit widerlegte sie ihre Angst, dass die Lehrerin ihre größte W**i**dersacherin sei. Tatsächlich war Frau Kern überhaupt nicht mehr w**i**derspenstig. Nein, ihr Gesicht spiegelte Anerkennung w**i**der! Bis zum Jahresende wollte Viola es w**ie**der auf ein „Gut" bringen und ihre Freude an der Fremdsprache w**ie**derherstellen.

70
1 Widerwillig gab Christopher zu, dass er uns angelogen hatte.
2 Pfui, diese verschimmelte Erdbeere in der Lade ist ja **wid**erlich!
3 Für die Umwelt ist die Wiederverwertung von Rohstoffen sehr wichtig.
4 Die Vortragende startete die Wiedergabe des Filmclips.
5 Kannst du mir das ausgeborgte Buch bitte morgen **wied**erbringen?
6 Richie hat sich verändert. Du wirst ihn kaum wiedererkennen.
7 Trotz seiner vielen **Wid**ersacher stellt sich der Kandidat der Wiederwahl.

71
1 Diese widerliche Suppe werde ich nie wieder probieren.
2 Ein Maß für die Länge ist Meter.
3 Erik beobachtet konzentriert das Spiel.
4 Diese Vase ist im chinesischen Stil bemalt.

72
1 Altar
2 Rivale
3 Fete
4 Planeten
5 Thron
6 Humor
7 Aktion
8 Vakuum
9 reparieren

73
1 W**i**r setzen uns für das Klima und die W**ie**derverwertung von Rohstoffen ein.
2 Bei der W**ie**derholung gab es v**ie**le V**ie**rer.
3 Fr**üh**er s**ie**zten Kinder ihre Eltern, sie zu d**u**zen galt als unh**ö**flich.
4 Ich finde d**ie**se Z**ie**ge s**eh**r s**ü**ß.
5 Die L**eh**rerin ist meistens fr**öh**lich, aber heute verz**ieh**t sie keine M**ie**ne.
6 Nach dem B**a**den im P**oo**l muss ich noch die H**aa**re f**öh**nen.

74 *Lösungsvorschlag für deine Sätze:*
Vor der Operation bekommt der Patient eine **Narkose**.
Unsere Schule hat zwei kleine **Turnsäle**.
Wenn du das sagst, muss ich **widersprechen**.
Für deine Unterstützung bin ich wirklich **dankbar**.

75
1 **Zum** Lernen habe ich jetzt aber wirklich keine Lust!
2 **Fürs** Üben habe ich mir einen eigenen Stift gekauft.
3 **Ein** heftiges Lachen bricht/brach aus Ivo heraus.
4 Evas (**Ihr**) Kichern hatte ihn angesteckt.
5 Es war wirklich **zum** Schreien komisch.
6 Meine Schwester ist mit ihrer Freundin **beim** Shoppen.

76

1 Wie lange brauchst du denn noch zum Abwaschen?
2 Meine Katze genießt das Streicheln und schnurrt.
3 Und ihr Haaren, stört dich das nicht?
4 Naja, regelmäßiges Bürsten hilft.
5 Ich habe beim Üben fast die Zeit vergessen.
6 Lina findet dieses Lied zum Niederknien schön.
7 Oh Mann, sein Nörgeln ist anstrengend.
8 Bei der Prüfung geriet ich plötzlich ins Stocken.
9 Lautes Lärmen und Spielen ist im Hof untersagt.

77

1 Beim **L**aufen muss man auf die Technik achten, sonst **s**chmerzen die Knöchel.
2 Ernesto mag **L**aufen und **L**esen, **S**chwimmen macht ihm weniger Spaß.
3 Nach dem verpatzten Match war allen zum **H**eulen zumute.
4 Meine Eltern lieben das **T**anzen. Sie **b**esuchen wieder einen Kurs.
5 Echt? Darf ich ihnen beim **T**anzen einmal **z**uschauen? Ich möchte es auch **l**ernen!
6 Ja, **k**omm zu uns und wir **t**anzen gemeinsam. Ich habe beim **Z**uschauen und **M**ittanzen schon viel **g**elernt.
7 Ich habe jetzt keine Lust zum **R**eden, kann ich dich später **z**urückrufen?
8 Sein **L**ügen finde ich nicht in Ordnung.
9 Der Wollpullover ist durch das häufige **W**aschen verfilzt. Man sollte bei Wolle häufiges **W**aschen vermeiden. Wolle also bitte nicht zu oft **w**aschen.
10 Ist ja gut. Nach diesem **W**iederholen habe ich es verstanden! ☺
11 Es war dunkel und ich hörte ein fieses **K**ichern. Mir war gar nicht zum **L**achen!

78

1 Philip geht jeden Samstag zum **Fußballspielen**. Dieser Sport macht ihm riesigen Spaß.
2 Meine Mutter muss heute in der Nacht noch arbeiten gehen. Vorm **Arbeitengehen** essen wir immer gemeinsam zu Abend.
3 In vielen Märchen geht es ums **Verlassenwerden**. Wenn Kinder verlassen werden, bestehen sie dann meistens ein Abenteuer und werden Helden.
4 Ich möchte lieber mit dir **gemeinsam lernen**. Fürs Gemeinsamlernen kann ich mich leicht motivieren.

79

1 Beim **S**chwimmen und **L**aufen ist Luisa voll motiviert.
2 Lilos Hobbys sind **L**esen und **T**ennisspielen.
3 Wir brauchen zum **K**ochen mehr Töpfe. Zu **k**ochen ist ganz schön viel Arbeit!
4 Wir müssen noch **a**ufräumen und die **W**äsche **b**ügeln.
5 Ich habe keine Lust aufs **A**ufräumen, kannst du das nicht **a**lleine **m**achen?
6 Meine Schwester geht gerne **r**eiten, aber sie hat ein bisschen Angst vorm **St**ürzen.
7 Miro konnte mit sechs Jahren schon **l**esen, jetzt mag er das **L**esen immer noch.

80

1 Kannst du mir bitte etwas Süßes aus der Lade mitbringen?
2 Ich habe heute viel Neues gelernt.
3 In dem Museum gibt es einiges Altes und Wertvolles zu bestaunen.
4 Mit ihrer Bemerkung traf Alina genau ins Schwarze.
5 Der Neue in der Klasse ist noch recht still.
6 Ich liebe das Unberechenbare an meiner Katze.
7 Dieses Rot ist aber schon sehr auffällig!
8 Die Uniformen der Müllabfuhr sind in leuchtendem Orange gehalten.

81

1 Die **u**nbekannte Täterin flüchtete mit einem Fahrrad.
2 Dieser Weg ist am **s**teilsten, er ist nur für die **G**eübtesten begehbar.
3 Mein Kater ist das **l**iebste Tier, das ich kenne.
4 Tim und Tom waren sich nicht darüber im **K**laren, dass sie in Gefahr waren.
5 Tim und Tom, ist euch **k**lar, dass das gefährlich ist?
6 Mein kleiner Bruder liebt grelles **P**ink.
7 Mag er auch seine **p**inke Kleidung?
8 Von allen in der Gruppe singt Daria am **b**esten.
9 Sie ist die **b**este Sängerin in der Klasse.
10 Das neueste Lied der Band trägt den Titel „Du bist das **B**este, das mir je passiert ist."

82

1 Lina erkennt man am Lachen. Sie lacht von allen am lautesten.
2 Mir gefällt dieser Song am besten. Das ist der beste Song.

83

Petar und ich warten **seit Langem** auf eine Nachricht von Tufan. **Vor Kurzem** noch hat er geschworen, dass wir gemeinsam **durch dick und dünn** gehen würden. Wir wollten Freunde **auf ewig** sein. Tufan, Petar und ich kennen uns **von klein auf**. **Von Nahem** sehen wir aus wie Drillinge, dabei kommen wir drei **von nah und fern**. Tufans Eltern stammen aus Syrien, Petars Eltern aus Montenegro, meine Mutter aus Tschechien und mein Vater aus Deutschland. Doch das sind **bei Weitem** noch nicht alle Unterschiede zwischen uns. Trotz aller Streitigkeiten bekräftigen wir immer wieder **von Neuem** unsere Freundschaft.

84

1 Danke, du hast heute beim Match **H**erausragendes geleistet!
2 Was ist denn so speziell an dem **n**euen Fahrrad? – Das **G**eniale ist, dass man den Lenker stufenlos umstellen kann.
3 OMG, das soll **g**ut aussehen? Das einzig **G**ute ist, dass du das Foto noch nicht auf die Schulwebsite gestellt hast!
4 Schau mal, das sind unsere **r**oten Dressen. – Wow! Dieses **R**ot sieht echt toll aus!
5 Jetzt habe ich dich doch glatt verwechselt! Von **f**ern siehst du aus wie dein Bruder, aber von **N**ahem/**n**ahem natürlich überhaupt nicht mehr.
6 Das war bei **W**eitem/**w**eitem der **b**este Film, den ich seit **L**angem/**l**angem gesehen habe. Am **b**esten spielte die Nebendarstellerin.
7 Wir überlegten uns allerlei **S**paßiges für den Wettbewerb.

85

1 Mein Kater will **morgens** immer ein paar Streicheleinheiten.
2 Kommst du mich am **Freitag** besuchen? …
3 Jeden **Sonntagvormittag** geht meine Tante zum katholischen Gottesdienst.
4 Manchmal vergesse ich **montags** in der Früh, dass das Wochenende vorbei ist.
5 Nach langer Wanderschaft kam der Bursch eines **Morgens** in ein Dorf.
6 Der Trainer lud uns zu **Mittag** zum Essen ein.
7 Er lebt ganz im **Jetzt** und denkt nicht an das **Morgen**.

86

Jeden **Morgen** geht Herr Braun mit seinem Dackel Brownie spazieren. Als er **gestern**, am **Dienstagmorgen**, seine Runde drehte, fühlte sich Brownie wie immer wohl. Er machte sich keine Sorgen und war ganz im **Jetzt**. Glücklich und froh trabte er seine Schnüffelspuren entlang und dachte nicht ans **Morgen**. Auch das **Gestern** war ihm egal. Er wusste, dass er **täglich** sein Fressen und **abends** sein Körbchen hatte.

87

1 Du musst die Salbe **t**äglich **a**bends und **m**orgens auftragen.
2 Mein Vater muss schon sehr **f**rüh aufstehen.
3 Ich bin in der **F**rüh meistens eher schlecht gelaunt.
4 Wir waren **v**orgestern **A**bend im Kino.

88

Am Montagmorgen mussten die Hexenschülerinnen und -schüler schon um 10 Uhr aufstehen, damit sie zu Mittag pünktlich in der Schule waren. Denn montags war die erste Einheit immer Kochen. Nachdem sie das Mittagessen herbeigehext und gegessen hatten, stand am Montagnachmittag Hausarbeit am Programm. Da wurden Haushaltsgeräte erfunden und bewegt, bis zum späten Abend. Die Schülerinnen und Schüler mussten nachts die wilden Tiere im Wald füttern und durften erst am frühen Morgen nach Hause fliegen. Dafür hatten sie jeden Dienstag frei und mussten mittwochs im Homeschooling von früh bis spät Arbeitsblätter ausfüllen.

89

1 Bei der Demonstration waren **T**ausende/**t**ausende Menschen anwesend.
2 Die **m**eisten verhielten sich friedlich.
3 Transparente hatten auch **v**iele dabei und es wurden **H**underte/**h**underte Flugblätter verteilt.
4 Gab es auch Ansprachen? Ja, **e**inige.
5 Der Sieger entschied mit einer **h**undertstel **S**ekunde/einer **H**undertstelsekunde Vorsprung das Rennen für sich.
6 Du brauchst für den Kuchen auch einen **a**chtel **L**iter/einen **A**chtelliter Kirschsaft.
7 Dass du dagegen bist, das ist das **e**ine, das **a**ndere ist, dass uns keine Wahl bleibt.
8 Wo sind denn die anderen? Ich sehe nur so **w**enige!
9 Lina und Lutz! Wo sind denn die **b**eiden?

90

Vor unserer Fahrradtour trafen wir uns Dutzende Male. Es gab vieles zu bedenken: Welche Route wählen wir, was mussten wir alles einpacken? Die Tour sollte für jede und jeden interessant, für keine und keinen zu leicht, aber auch für niemanden zu schwierig sein. Außerdem wollten wir uns entlang des Weges einiges anschauen, damit wir danach vor den anderen auch angeben konnten ☺. Weil es sehr heiß war, packte ich einige große Flaschen Wasser in die Satteltaschen. Die beiden waren mit Essen, Regenausrüstung und dem Wasser rasch gefüllt. Ich hatte aber noch anderes, was ich mitnehmen wollte!

91 Liebe Schülerinnen und Schüler der Klassen 3A und 3B,
für das bevorstehende Schulfest brauchen wir **eure** Klassenräume. Bitte räumt alles, was **euch** persönlich gehört, aus euren Bankfächern. Was Platz hat, könnt **ihr** in den Kästen oder den Spinden versperren. Den Wandschmuck könnt **ihr** belassen. Denkt aber daran, dass **ihr** selbst darauf achten müsst, dass die Gäste **eure** Poster nicht herunterreißen oder beschädigen. Ich danke **euch** sehr für **euer** Verständnis und **eure** Mithilfe!
Liebe Eltern, wir bitten **Sie** und **Ihre** Kinder um Unterstützung: Bitte helfen **Sie Ihren** Kindern beim sicheren Verstauen **ihrer** Schulsachen. Ich danke **Ihnen**,
Rosa Bauer-Öztürk, Direktorin

92
1 Liebe Lina, wie geht es dir?
2 Sehr geehrte Frau Kasparov, wie geht es **I**hnen? Ich habe mich sehr über **I**hr E-Mail gefreut und möchte **I**hnen mitteilen, dass ich **I**hr Angebot annehme.
3 Wo habt **i**hr eure Fahrräder abgestellt?
4 Sag mal, wieso haben **d**eine Freundinnen ihre Sachen hiergelassen?
5 Tom, wo hast **d**u **d**eine Trainingssachen? Ich gebe **e**ure Wäsche jetzt in die Waschmaschine!
6 Hi Reza, ich möchte **d**ich fragen, ob du mir **d**eine Kaninchen zeigen kannst. Ich bekomme vielleicht auch welche und wäre froh über **d**eine Tipps. – LG Tina
7 Aufgrund des erhöhten Verkehrsaufkommens bitte wir **S**ie, den Stau großräumig zu umfahren. Ansonsten müssen **S**ie mit bis zu 45 Minuten Wartezeit rechnen.
8 Frau Markovic, hier spricht **I**hre Babysitterin. Wo haben denn **I**hre Töchter **i**hre Pyjamas? Wir finden **s**ie nicht, können **S**ie uns helfen?
9 Bitte gestatten **S**ie **I**hren Kindern das Radfahren im Hof nicht!

93 Lieber Omar,
ich berichte dir kurz vom Ausflug heute, dabei kann ich gleich die Anreden üben ☺. Die Museumsführerin hat uns nämlich gesiezt ☺! Wenn wir ihr zu laut wurden, hat sie gerufen: „Ich bitte Sie um Ihre Aufmerksamkeit. Hier sehen Sie nämlich etwas ganz Besonderes. Das ist einer unserer Schätze!" OMG – du kannst dir vorstellen, dass wir uns ein bisschen komisch vorkamen. Andererseits fand ich es gar nicht so schlecht. Beim Abschlussfoto meinte sie: „Wir platzieren uns hier auf unserer Feststiege, sie ist im barocken Stil gestaltet und bekannt wegen ihrer wertvollen Vergoldungen. Bitte achten Sie auf Ihre Taschen, damit Sie nichts beschädigen."
Okay, den Gefallen haben wir ihr getan! Bist du morgen wieder in der Schule?
LG Ina

94
1 Ich habe beim **Lesen** die Zeit vergessen. Das ist das **spannendste** Buch, das ich bis jetzt kenne. – Was ist denn das **Spannende** daran?
2 Bei der Unfallstelle versammelten sich **zahlreiche** Schaulustige, um den Kranführer beim Herausheben des beschädigten Schiffes aus dem Wasser zu beobachten.
3 Wir treffen uns morgen in der **Früh** zum Wandern. – Ui, aber bitte nicht zu **früh**, ich bin keine Frühaufsteherin.
4 Wir suchten **viele** Pilze, fanden aber nur **wenige**.
5 Bring bitte einen **Viertelliter** Schlagobers mit.
6 Kommst du am **Mittwochabend** oder doch erst am **Donnerstag** am Morgen?

95 Harry erstarrte. Er wusste, dass Hagrid ihm nie absichtlich etwas Gefährliches schicken würde, allerdings hatte der Wildhüter seine eigenen Auffassungen von dem, was gefährlich war. [...] Aus dem Innern kam erneut ein lautes Schnappen. Er nahm die Lampe vom Nachttisch, packte sie fest mit der einen Hand und hob sie über den Kopf, bereit zum Zuschlagen. Dann nahm er das restliche Packpapier in die Hand und riss es herunter. Und heraus fiel – ein Buch. [...] Geräuschvoll fiel das Buch vom Bett und schlurfte rasch durch das Zimmer. Harry folgte ihm vorsichtig. Das Buch versteckte sich im Dunkeln unter seinem Schreibtisch. Harry flehte zum Himmel, dass die Dursleys noch tief schlafen mochten, ließ sich auf die Knie nieder und streckte die Hand nach dem Buch aus [...] Harry wirbelte herum, warf sich mit einem Sprung auf das Buch und presste es flach auf den Boden. Im Zimmer nebenan ließ Onkel Vernon ein lautes, schlaftrunkenes Grunzen hören. Hedwig und Errol beobachteten interessiert, wie Harry das widerspenstige Buch fest unter den Arm klemmte, zur Kommode hinüberstürzte, einen Gürtel herauszog und ihn stramm um das Buch schnürte. Das Monsterbuch zitterte zornig, doch es konnte jetzt nicht mehr klappen und schnappen.

J. K. Rowling: Harry Potter und der Gefangene von Askaban. Hamburg : Carlsen Verlag GmbH 2017, S. 9

96
1 Elena ist die schnellste Läuferin von uns allen, sie ist einfach die Beste.
2 Sie trainiert schon seit langem und ist eine der wenigen, die man auch bei Bewerben nicht nervös machen kann.
3 Alles Hektische liegt ihr fern. Sie ist gut beim Konzentrieren und beim Einteilen ihrer Kraft.
4 Zu den Wettkämpfen kommen Freundinnen und Freunde von nah und fern, die meisten kennt sie schon von klein auf, aber nicht alle.
5 Auch heute in der Früh hat sie fleißig trainiert. Sie steht gerne früh auf.
6 Am Mittwochabend treffen wir uns und gehen gemeinsam zum Schwimmen.
7 Ich kann schneller schwimmen als Elena, nicht viel, aber doch mehr als nur eine Hundertstelsekunde. ☺
8 Bei der vorigen Siegerehrung meinte der Preisrichter: „Fräulein Elena, erlauben Sie, dass ich Ihnen Ihre Medaille überreiche!" – Von uns fanden das einige übertrieben, aber Elena freute sich, dass ihre Leistung so wertgeschätzt wurde.

Lösungswort: WIRKLICH FABELHAFT!

97
1 Kannst du bitte kurz etwas einkaufen gehen?
2 Bei dem Witz habe ich lachen müssen.
3 Sie durften sich dabei nicht erwischen lassen.
4 Kannst du mich bitte auch mal reden lassen?
5 Wie lange seid ihr denn gestern im Wald wandern gegangen?
6 Schau, das habe ich zum Geburtstag geschenkt bekommen!
7 Wo ist bloß mein Mathebuch verloren gegangen?
8 Der gesuchte Verbrecher wurde gefangen genommen.
9 Ich habe das leider nicht verhindern können.
10 Komm, lass uns noch im See baden gehen!
11 Diese Wörter musst du getrennt schreiben.
12 Sabrina möchte heute Nachmittag noch klettern üben.
13 Pjotr ist noch ziemlich müde, er möchte noch etwas liegen bleiben.

98 klettern üben; schätzen lernen; gefangen genommen; klettern geübt; verloren gegangen

99

Rad	**fahren**	Tim liebt das Radfahren.
Geschirr	**abwaschen**	Ich muss heute Geschirr abwaschen.
Tee	**trinken**	Willst du eine Tasse Tee trinken?
Maß	**nehmen**	Vor dem Nähen muss man Maß nehmen.
Zeitung	**lesen**	Man kann auch online die Zeitung lesen.
Snowboard	**fahren**	Ben übt gerade das Snowbaordfahren.
Gitarre	**spielen**	Linus kann schon gut Gitarre spielen.
Musik	**hören**	Lass uns Musik hören!

100

1 Diät halten
2 Das Diäthalten
3 das Abstandhalten
4 beim Walzertanzen
5 Auto fahren
6 keine Angst haben
7 Alarm schlagen; Feuer gefangen
8 beim Musikhören

101 Zeile 2: das Radfahren; Zeile 7: Schlange stehen; Zeile 8: Musik hören

102

1 Khalid gibt das Geheimnis nicht preis.
2 Mit betrügerischen E-Mails werden immer wieder Leute irregeführt.
3 Wird die Brücke der Last standhalten?
4 Im Winter fahre ich gerne Schi und ich laufe gerne eis.
5 Wann findet denn deine Party statt?
6 Alle wollten an dem Ausflug teilnehmen.
7 Hat die Versammlung schon stattgefunden?

103

1 Achtung, der Stuhl bricht. Er kann dem Gewicht nicht standhalten.
2 Meine kleine Schwester geht nachts öfter schlafwandeln.
3 Wir gehen Rad fahren. Kommst du mit?
4 Beim Musikhören vergesse ich immer die Zeit.
5 Ich will noch nicht heimfahren! Ich will Spaß haben.
6 Hast du alles eingepackt, was du zum Schifahren brauchst?
7 Ich kann leider am Ausflug nicht teilnehmen.
8 Er ist so im Stress. Er steht kopf.
9 Pass auf, dass die Bilder beim Speichern nicht auf dem Kopf stehen.
10 Achtung! Hier müssen wir Abstand halten.
11 Ich habe jetzt keine Lust aufs Klavierspielen.
12 Lola singt mit Leidenschaft beim Geschirrabwaschen.
13 Findet das Rennen auch bei Schlechtwetter statt?
14 Ich weiß nicht, ob es dann stattfinden wird.

104
1 Die Soldaten müssen vor dem Palast wachen und dürfen dabei die Touristen nicht freundlich anlachen/anlächeln.
2 In den Ferien kann ich lange schlafen.
3 Mein Bruder kann wirklich gut kochen.
4 Du sollst nicht so schnell laufen! Ich komme nicht nach!
5 Mein Papa singt laut in der Dusche, er liebt das. Wir nicht. ☺

105
1 festgenommen
2 schwergefallen
3 lahmgelegt
4 gutgeschrieben
5 stilllegen
6 schwarzmalen
7 schwarzgefahren

106
1 Ich will das nicht grün, sondern schwarz malen.
2 Ich will nicht schwarzfahren, das finde ich uncool.
3 Die Übung wird Sanel nicht schwerfallen.
4 Schau wenig auf deine Notizen. Du sollst frei sprechen.
5 Ich kann leider nicht gut kochen.
6 Können Sie mir den Betrag bitte gutschreiben?
7 Du musst die Enden des Seils fest nehmen, sonst rutschen sie davon.
8 Die Spezialeinheit will die Täter festnehmen.

107
Zeile 1: schwe**rg**efallen; Zeile 3: hübsc**h** **m**achen; Zeile 7: gu**t** **g**ehen

108
1 Diese Regeln sind allgemein gültig/allgemeingültig.
2 Kannst du bitte leicht verdauliche/leichtverdauliche Speisen kochen?
3 Rohe Gurken gelten als besonders schwer verdaulich.
4 Autsch! Das Wasser aus der Leitung ist kochend heiß!
5 Ja, und in den Duschen ist es eisig kalt! Brrr!
6 Schau mal! Mit der neuen Handykamera sind die Bilder gestochen scharf.
7 Hm, ich bin mir einfach nicht sicher. Ich sehe das Ganze zwiespältig.

109
1 Am Tag des Rennens schien die Sonne brennend heiß vom Himmel.
2 Ich bin herzlich froh, dass alles gut ausgegangen ist.
3 Bei diesem nasskalten Wetter will niemand nach draußen.
4 Vor dem Referat war ich schrecklich nervös.
5 Oh nein! Ich glaube, ich habe dein Handy kaputt gemacht/kaputtgemacht.
6 Bringst du bitte lauwarmes Wasser zum Saubermachen?
7 Jetzt mach nicht so eine bitterböse Miene!
8 Ich bin aber rasend wütend!
9 Dieses Gebiet war schon in der Antike dicht besiedelt/dichtbesiedelt.
10 Kannst du diese Gebrauchsanleitung entziffern? Ich finde sie sehr schwer verständlich.
11 Was ist daran schwer verständlich/schwerverständlich? Man muss nicht super schlau/superschlau sein, um das zu verstehen.

110

1 Lass uns doch am See rudern gehen.
2 Willst du beim Fußballspielen mitmachen?
3 Im Winter gehe ich oft eislaufen.
4 Wenn Timo heuer sitzenbleibt, muss er in eine andere Klasse.

111

Wenn irgendetwas den Sieg der Gryffindoors **endgültig besiegelte**, dann dies. Ron, der sich zu Harry durchgekämpft hatte, krümmte sich vor Lachen, während sie Malfoy zusahen, wie er sich aus seinem Umhang, in dem immer noch Goyles Kopf steckte, **freizustrampeln** versuchte. „Komm mit, Harry!", sagte George, der sich ebenfalls durchgedrängelt hatte. „Fete ist angesagt! Jetzt gleich im Gemeinschaftsraum!"
„Gut!", sagte Harry, der sich seit Ewigkeiten nicht mehr so **glücklich gefühlt** hatte. Er ging mit den anderen Spielern, immer noch in den **scharlachroten** Umhängen, voran, aus dem Stadion hinaus und zurück ins Schloss. [...] Nur eine nahm nicht an den Festlichkeiten **teil**. Hermine, es war nicht zu fassen, saß tatsächlich in einer Ecke und versuchte [...] zu lesen. Harry löste sich von dem Tisch [...] und ging zu ihr hinüber. „Warst du wenigstens beim Spiel?", fragte er sie. „Natürlich", sagte Hermine, ohne aufzusehen, mit **merkwürdig hoher** Stimme. „Und ich bin sehr froh, dass wir gewonnen haben, und du warst **wirklich gut**, aber ich muss das hier bis Montag gelesen haben."
„Komm schon, Hermine, iss doch wenigstens etwas", sagte Harry, blickte hinüber zu Ron und fragte sich, ob der so **gut gelaunt** war, dass er das Kriegsbeil begraben würde.
J. K. Rowling: Harry Potter und der Gefangene von Askaban. Hamburg : Carlsen Verlag GmbH 2017, S. 200

112

Bald wird mir vom Rechtschreibenüben der Kopf rauchen!
1 Geübte Turnerinnen und Turner können mehrere Minuten auf dem **Kopf** stehen.
2 Das Fest kann leider nicht stattfinden.
3 Das hat mir wirklich **leidgetan**, ich wollte dich nicht kränken!
4 Das E-**Gitarrespielen** gehört zu Johannes' größten Hobbys.
5 Mia kann keinen Kopfstand, aber sie kann super Rad schlagen.
6 Beim **Rechtschreibenüben** brauche ich stets viel Zeit und Ruhe.
7 Ich werde nie Zigaretten **rauchen**, ich finde den Geruch eklig.

113

1 Heute war ich in der Schule**,** beim Gesangunterricht und bei meiner Freundin.
2 Die Startnummern eins**,** zwei**,** drei und vier bitte nach vorne kommen!
3 Das sind schöne und erfreuliche**,** aber sehr überraschende Neuigkeiten.
4 Der Sänger johlte**,** jaulte**,** schrie und hüpfte.
5 Irinas Adresse ist Krumbachstraße 9**,** Stiege 2**,** 3. Stock**,** Tür 12.
6 Selim fand unseren Streich weder witzig noch klug.
7 Leons Schuss war nicht nur super**,** sondern hervorragend.
8 Das sind unsere neu gestalteten Fußballdressen.
9 Wir aßen erfrischend kühle**,** samtige Pfirsiche.

114
1 Danke für eure Hilfe, liebe Freunde!
2 Huch, ich habe dich gar nicht kommen sehen!
3 Nein, Timo, das will ich auf gar keinen Fall!
4 Sehr geehrte Damen und Herren, ich wende mich mit einer Frage an Sie.
5 Schau, Nilay, dort drüben steht Amar!
6 Stopp, ich will sofort aussteigen!

115
1 Wir haben Eier, Mehl und Zucker, aber keine Kuchenform.
2 Achtung, hier ist eine Einbahn!
3 Vorsicht, Ella, die Tasse ist sehr heiß!
4 Liebe Lena, kommst du morgen mit?
5 Nilay, Amar, Stella und Kira werden auch da sein.
6 Sollen wir uns sowohl morgen als auch übermorgen treffen?
7 Hm, ich habe nur entweder morgen oder übermorgen Zeit.
8 Tim ist nicht groß, doch sehr durchsetzungsfähig.

116
1 Lina und Tom sind müde, denn sie waren lange wandern.
2 Das T-Shirt ist alt, trotzdem ziehe ich es am liebsten an.
3 Erkan hatte verschlafen, deshalb kam er zu spät zum Unterricht.
4 Meine Katze ist wirklich nicht sehr schön, doch ich liebe sie über alles.

117
1 Der Hund wartet draußen, während wir einkaufen gehen.
2 Tom und Lina sind müde, weil sie lange wandern waren.
3 Nimm doch bitte Eis mit, falls du bei einem Eissalon vorbeikommst.
4 Du musst hier drücken, damit sich der Verschluss öffnet.
5 Damit sich der Verschluss öffnet, musst du hier drücken.

118
1 Wir feierten ausgelassen, weil wir gewonnen hatten.
2 Wir hatten gewonnen, doch die Verletzung des Tormanns trübte die Stimmung.
3 Heute ist es extrem heiß, deswegen gehen wir schwimmen.
4 Die Kühe trotteten langsam in den Stall, als die Sonne unterging.
5 Während ich fleißig übe, macht mein kleiner Bruder einen Höllenlärm.
6 Wir hatten erst Mathe, dann hatten wir Deutsch und in der letzten Stunde war Turnen.

119
Lieber Umar,
es tut mir sehr leid, dass ich dich beleidigt habe. Ich wollte nicht gemein sein, denn ich finde dich sehr nett. Ich mag dich, weil du immer fair bist. Ich hatte heute einen Streit mit meiner Mutter, dann musste ich aber schon schnell zum Bus laufen, trotzdem kam ich zu spät, sodass die Schule auch noch meine Mutter angerufen hat, weil das schon öfter vorgekommen ist. Ich war also sehr gestresst, deswegen habe ich dich in der Pause so angefahren. Ich würde mich wirklich freuen, wenn du nicht mehr sauer bist. Sorry nochmal! Noah

120
1 Der Komet, ein zarter Lichtschein am Horizont, heißt Neowise.
2 Das ist etwas, das mich sehr freut!
3 Die Kinder, die zum Training fahren, nehmen den Bus.
4 Der Klimaschutz, ein wichtiges Thema, geht uns alle an.
5 Das war eines der besten Matches, die wir je gespielt haben!

121
1 Manpreets Vater, ein eher strenger Mann, war überraschend freundlich.
2 Diese Klasse, eine eingeschworene Gemeinschaft, hat das Fest organisiert.
3 Dr. Prantner, der Leiter der Abteilung, führte uns durch die Räume.
4 Der alte Mann, ein pensionierter Feuerwehrmann, rettete die Katze.
5 Unser Hund, ein kleiner Witzbold, schnappte sich die neuen Schuhe.
6 Diesen Brief hat Karim, unser Klassensprecher, an die Direktorin geschickt.

122
1 Wo sind denn die Erdbeeren, die wir gepflückt haben?
2 Das ist der Film, welchen die Kritikerinnen und Kritiker so gelobt haben.
3 Ist es wirklich das Spiel, das du willst?
4 Timo kann endlich den Star treffen, den er schon so lange bewundert.
5 Mirka sucht die Tasche, die sie im Spind eingesperrt hatte.
6 Hast du dir schon das Kostüm ausgesucht, das du zum Fest anziehen wirst?

123
Mein großer Bruder, ein Tierfreund, und ich gingen gemeinsam in die Tierhandlung, die gerade neu eröffnet worden war. Ein Verkäufer, ein sehr junger Mann, kam auf uns zu und fragte nach unseren Wünschen. „Das große Aquarium, das dort in der Ecke steht, wie viel kostet das?", fragte mein Bruder. Der Verkäufer nannte einen Preis, den wir uns unmöglich leisten konnten. Doch mein Bruder, wie üblich ein ziemliches Großmaul, wollte das nicht zugeben. „Und die bunten Fische, die hier oben ausgestellt sind, wie viel kosten die?", wollte er wissen.
Der junge Verkäufer, ebenfalls etwas frech, grinste ihn an und meinte: „Das sind die Porsches unter den Salzwasserfischen, die ohnehin nicht einfach zu halten sind. Dazu braucht man ein Salzwasseraquarium, das spezielle Messgeräte benötigt. Vielleicht kauft ihr euch einfach Schaufeln?" Ich hatte eine böse Ahnung, die sich bestätigte. – „Warum?", fragte mein Bruder, der Blitzgneißer, doch tatsächlich. – „Dann könnt ihr euch einen Teich buddeln!", grinste der Frechdachs.

124
1 „Das habe ich nicht gewusst", meinte Richi.
2 „Lass das bitte bleiben!", rief meine Mutter.
3 „Bist du dir ganz sicher?", fragte der Polizist.

125
Pharao Artaxerxes tobte vor Wut. Seit beinahe drei Wochen hielt man ihn hier in seinem eigenen Palast gefangen. [...] „Wo ist die Palastwache?", wollte er plötzlich wissen. –
„Es gibt sie nicht mehr, Göttlicher! Die Griechen haben sie entwaffnet." – „Die Griechen, die Griechen, die Griechen!", höhnte der Pharao. „Seit Wochen höre ich nur die Griechen hier, die Griechen da. In meinem eigenen Palast bin ich ein Gefangener. Hat auch nur ein Soldat versucht, mich zu befreien? [...] Los, antworte mir, Pindar!" –„Göttlicher Pharao! Beruhige dich." Er sammelte sich ein wenig und trat dann auf den jungen Herrscher zu. „Alexander hat die ganze Armee entwaffnet und ..." – „Entwaffnet?", fragte der Pharao verblüfft. „Jawohl, Artaxerxes, entwaffnet.

[...] Das ganze Land liegt nun in der Hand der Griechen, und wir alle tun gut daran, uns gut mit ihnen zu stellen. Nur so können uns die Götter beistehen." Die Miene des Pharao wechselte von Überraschung wieder hin zu mühsam unterdrückter Wut [...]. „Dieses Land habe ich einst erobert", begann der Pharao, und er knirschte mit den Zähnen. [...] „Göttlicher Pharao", begann Pindar zu sprechen und während er das tat, trat er noch näher auf ihn zu, „Alexander ist der Herr und er hat Ägypten im Handstreich genommen. Vergiss das nicht. Lass uns klug sein."

Roland Mueller: Der Kundschafter des Königs. Auf den Spuren Alexanders des Großen. München: cbj-Verlag 2005, S. 160ff.

126 **Lösungsvorschlag für deine indirekten Fragesätze:**

Ich möchte gerne wissen, ob du auf Urlaub warst.
Kannst du mir bitte sagen, warum/wieso du mir keine Nachricht und keine Fotos geschickt hast.
Wo du auf Urlaub warst, das würde mich interessieren.
Was du dort gemacht hast, das kannst du mir doch sicher auch erzählen.
Ich frage mich, mit wem du dort warst.
Ich stelle mir die Frage, ob es dir gefallen hat.

127

1 Umar erzählt: „Ich war bei meiner Oma in der Türkei."
2 Ob seine Oma am Meer wohne, will Ina wissen./Ina will wissen, ob seine Oma ...
3 „Meine Oma wohnt nicht am Meer, sondern im Landesteil Yozgat", berichtet Umar./Umar berichtet: „Meine Oma ..."
4 „Ist das nahe bei Ankara oder Istanbul?", fragt Radko./Radko fragt; „Ist das nahe ...?"

128 Als der Staub sich ein wenig legte und gerade eine Lücke zu sehen war, lief er los. Kallimachos und Dareg folgten ihm. „Was hast du vor, Onkel?", rief Kallimachos(,) und Euphiletos lachte nur. „Kommt mit!", rief er noch einmal. Sie eilten alle zurück zu ihrem Lagerplatz. [...] Beide Männer griffen nach ihren Waffen, Kallimachos stülpte sich noch schnell seinen Helm über. Seine Beinschienen ließ er liegen, nur sein Schwert nahm er mit. Euphiletos wuchtete den schweren Schild auf seine linke Schulter. [...] Dann schritt er den Weg entlang, den sie gerade gekommen waren. Auf dem Hauptweg, der quer durch das Lager führte, blieb er stehen und rief [...]:

„Griechen, zu mir! Phalanx! Phalanx!" Kallimachos war der Erste, der sich neben seinen Onkel stellte. [...] Inmitten all dem Lärm und Getümmel eilten plötzlich Hopliten heran. Darek staunte, als er sie beobachtete. Es waren viele Gefährten darunter, die Darek schon seit Jahren kannte: Acheron und Vergil, Freunde aus seinem Nachbardorf, Ageilaos, einziger Sohn einer Witwe, benannt nach einem spartanischen König. [...] Diese und weitere Männer dienten seit ihrem Aufbruch aus Griechenland in Alexanders Heer und sie alle sammelten sich jetzt um Euphiletos und seinen Neffen. Manche kamen barfuß, andere bis auf einen Lendenschutz nackt. Eben so, wie sie den persischen Reitern gerade noch entkommen waren. Aber alle waren mit Schild und Sarissen bewaffnet, die meisten trugen auch ihr Schwert. Kurz darauf stand eine kleine Phalanx von 30 Kriegern unter Euphilestos Kommando.

„Phalanx, geht!", rief er laut(,) und sie setzten sich in Bewegung. Und noch während sie das taten, wurde die Gruppe größer.

Roland Mueller: Der Kundschafter des Königs. Auf den Spuren Alexanders des Großen. München: cbj-Verlag 2005, S. 256f.

129 **Energie – Gewusst wie!**

Lass Waschmaschine und Geschirrspüler lieber nachts laufen und Handys nachts laden. Am späten Nachmittag und frühen Abend verbrauchen wir insgesamt den meisten Strom, wenn nach Feierabend die Fernseher laufen und das Essen auf dem Elektroherd steht. Wenn der Ökostrom nicht reicht, wird bisweilen mit Strom aus Kohle und Atom zugefüttert, selbst wenn du Ökostrom gekauft hast. Haare trocken auch an der Luft, den Stromfresser Föhn kannst du dir sparen.

Übrigens verbraucht auch das Internet Strom und verursacht dabei in etwa so viel CO_2-Ausstoß wie der weltweite Flugverkehr. Wenn du nur eine Sekunde lang googelst, wird so viel CO_2 freigesetzt, dass 23 Bäume nötig sind, um die Emissionen wieder zu binden. Und es verbraucht sogar Strom, wenn du gerade gar nicht im Internet bist. Denn alles, was du online, also auf den Servern und nicht auf der eigenen Festplatte gespeichert hast, braucht Energie. Du kannst daher Strom sparen, indem du das Internet weniger nutzt und ein Buch liest, statt einen Film zu streamen oder tatsächlich – ganz 90er! – in einem Lexikon blätterst oder einen Menschen fragst statt Google. Bis zu 10 Gramm CO_2-Ausstoß verursacht eine Suchanfrage bei Google. Bei mindestens 63 000 Suchanfragen pro Sekunde kommt da einiges zusammen. […]

Lass die Muskeln spielen

Viele Haushalts- und Gartenhelfer gibt es auch als stromlose Alternative. Statt eines elektrischen Rührgeräts nutze einfach Schneebesen, Quirl oder Löffel. Statt eines Laubbläsers nimmst du Harke oder Besen, auch Rasenmäher gibt es als stromlose Variante. Das ist zwar anstrengender, bringt aber Kraft in die Oberarme. Und wenn du die Treppe benutzt, statt den Fahrstuhl, tust du auch noch was für deine Beinmuskeln.

Anja Reumschüssel: Carlsen Klartext: Klima- und Umweltschutz. Hamburg: Carlsen Verlag 2020, S. 148f.

130 „Wer von Ihnen kann mir sagen, wie man einen Werwolf von einem richtigen Wolf unterscheidet?", fragte Snape. Alle saßen sie reglos und schweigend da; alle außer Hermine, deren Hand wie so oft nach oben geschnellt war. „Keiner?", sagt Snape, ohne Hermine eines Blickes zu würdigen. Wieder setzte er sein schiefes Lächeln auf. […] „Schön, schön, schön, ich hätte nie gedacht, dass ich einmal auf eine dritte Klasse stoßen würde, die nicht mal einen Werwolf erkennt, wenn sie einem gegenübersteht. Ich werde Professor Dumbledore ausdrücklich davon in Kenntnis setzen, wie weit Sie hinterher sind …" „Bitte, Sir", sagte Hermine, die Hand immer noch nach oben gestreckt, „der Werwolf ist vom echten Wolf durch mehrere kleine Merkmale zu unterscheiden. Die Schnauze des Werwolfs –" „Das ist das zweite Mal, dass Sie einfach reinreden, Miss Granger", sagt Snape kühl. „Noch einmal fünf Punkte Abzug für Gryffindor, weil Sie eine unerträgliche Alleswisserin sind." Hermine wurde puterrot, ließ die Hand sinken und starrte mit wässrigen Augen zu Boden. Wie sehr sie alle Snape hassten, erwies sich jetzt, als die ganze Klasse ihn mit zornfunkelnden Augen anstarrte, obwohl jeder von ihnen Hermine irgendwann einmal eine Alleswisserin genannt hatte, und Ron, der Hermine mindestens zweimal die Woche so nannte, sagte laut: „Sie haben uns eine Frage gestellt und sie weiß die Antwort! Warum fragen Sie eigentlich, wenn Sie es doch nicht wissen wollen?" Noch während Ron sprach, erkannte die Klasse, dass er zu weit gegangen war. Snape ging langsam auf Ron zu und ringsum hielten sie den Atem an. „Strafarbeit, Weasley", sagte Snape. […]. „Wenn ich noch einmal höre, dass Sie meine Unterrichtsweise kritisieren, dann wird Ihnen das wirklich leidtun." Während der restlichen Stunde machte keiner einen Mucks. Sie saßen da und schrieben […], während Snape die Arbeiten prüfte, die sie bei Professor Lupin geschrieben hatten.

J. K. Rowling: Harry Potter und der Gefangene von Askaban. Hamburg : Carlsen Verlag GmbH 2017, S. 129f.

131 **Klüger kühlen und kochen**

Stelle den Kühlschrank an einem kühlen Ort auf und rücke ihn etwas von der Wand ab, damit warme Luft entweichen und der Rückkühler gut arbeiten kann. Die Tür immer nur kurz öffnen, damit möglichst wenig warme Luft hineinströmt, die dann wieder heruntergekühlt werden muss. Und stelle keine heißen Speisen in den Kühlschrank, auch da muss er mehr arbeiten, um das Essen zu kühlen. Ein vereister Kühlschrank verbraucht mehr Energie, also taue ihn lieber gelegentlich ab. Den Stecker zu ziehen lohnt sich auch, wenn du länger unterwegs bist *(Tür offen stehen lassen, sonst schimmelt es)*. Verzichte auf einen Gefrierschrank, ein Gefrierfach reicht meistens aus. Stelle Kühlgeräte nicht zu kalt ein, 8 Grad im Kühlschrank und –18 Grad im Gefriergerät reichen aus. Auch Mikrowellen sind Stromfresser, für die es bessere Alternativen gibt. Essen lässt sich auch auf kleiner Flamme auf dem Herd aufwärmen. Eingefrorene Lebensmittel kann man auch an der Luft auftauen (dauert nur etwas länger). Oder lass gefrorene Lebensmittel im Kühlschrank auftauen, wenn du die Zeit dazu hast. Dann geben sie die Kälte an den Kühlschrank ab. Decke beim Kochen Töpfe und Pfannen mit einem Deckel ab, das spart Energie und verkürzt die Kochzeit. Auch Schnellkochtöpfe sparen Zeit und Energie. Wasser muss das Gemüse nur knapp bedecken. Heize Kochplatten nur zu Beginn auf, danach auf niedriger Stufe weiterkochen und vor Ende des Kochens ganz ausschalten, die Restwärme reicht noch aus. Im Backofen spart Umluft im Vergleich zu Ober- und Unterhitze bis zu 40 % der Stromkosten. Außerdem solltest du die Tür beim Backen zu lassen, bei jedem Öffnen entweicht sonst ein Drittel der Energie.

Anja Reumschüssel: Carlsen Klartext: Klima- und Umweltschutz. Hamburg: Carlsen Verlag 2020, S. 149f.

132 „Aber warum sollte der seine Spuren in der Nähe des eigenen Lagers verwischen?" Jetzt schwiegen alle und sahen auf Alexander, der nun leise lächelte. „Ich muss schon sagen, Dareg, du hast ein scharfes Auge und einen genauso scharfen Verstand. Ich möchte dir einen Vorschlag machen, aber dafür lasst uns erst zurückreiten." [...]

Dieser Ausbilder, ein großer, breitschultriger Grieche mit einem dichten schwarzen Bart schrie einen Befehl und Darek lief los. Doch kaum hatte er die ersten Schritte in die Gasse hinein gemacht, schwangen die Krieger die Säcke gegen ihn. Dareg musste ihnen ausweichen oder sie mit dem Schild oder Schwert abwehren. Das erste Mal fiel Dareg gleich auf den Boden, denn ein schwerer, mit Erde gefüllter Sack sauste auf ihn zu und warf ihn einfach um. Mikail trat zu ihm und half ihm wieder auf die Beine. Dareg rieb sich die Ellenbogen und das Knie. „Wenn das dein Feind gewesen wäre, wärst du schon tot. Er hätte dich mit seinem Schild umgeworfen und dann mit seinem Speer getötet. Merk dir, niemals darfst du dich von einem Gegner zu Boden werfen lassen. Auf der Erde krauchen nur Schlangen und Würmer, aber keine Griechen. Also auf, probier's nochmal." Dareg gehorchte, den ganzen Vormittag über versuchte er, durch die Gasse zu gelangen, aber vergeblich. Irgendein schwerer Sack warf ihn immer zu Boden, bevor er das Ende des Weges erreicht hatte. Oder er stolperte über einen der Steine oder über an Riemen aufgehängte Äste, die besonders niedrig über dem Boden hingen. Die Sonne brannte heiß und Mikail reichte ihm einen Krug Wasser. Das war frisch und kühl. Darek schwitzte. „Hat es schon mal jemand geschafft?", wollte er wissen, als er lange getrunken hatte, und zeigte auf die Gasse mit den schaukelnden Säcken. „Jeder muss es üben," begann Mikail. Darek sah ihn an. „Sag, Mikail, hat es schon mal einer geschafft?" „Natürlich, ja." Er lächelte und strich sich über seinen Bart. „Aber noch nie ein Kundschafter." Darek verstand. „Ich werde es noch einmal probieren."

Roland Mueller: Der Kundschafter des Königs. Auf den Spuren Alexanders des Großen. München: cbj-Verlag 2005, S. 25; 38f.

133 **Wenn wir so viel Schaden anrichten, warum tut denn kaum jemand etwas dagegen?**
Wir wissen zwar, da**ss** die Klimakrise ein Problem ist, verhalten uns aber nicht entsprechend. Die Aussicht, was mit uns pa**ss**ieren könnte, ist so unvorstellbar, da**ss** wir lieber etwas anderes tun, etwa eine witzige **Serie schauen**, **Computer spielen**, uns mit **Freunden treffen**. Und die leben ja schlie**ß**lich auch weiter wie bi**s**her, fahren **A**uto, fliegen in den **U**rlaub, essen **F**leisch aus Ma**ss**entierhaltung. Warum solltest du auf etwas **v**erzichten? Richtig? Psychologinnen nennen dieses Phänomen Intentions-Verhaltens-Lücke [...]. Wir wissen, was getan werden mu**ss**, verhalten uns aber nicht so, weil andere sich auch nicht so verhalten. Und wir wollen ja gerne wie die anderen sein. Dieses Phänomen lä**ss**t sich aber auch für den **Umweltschutz** nutzen. [...] Wenn du nicht mehr fliegst, kein Fastfood und kein Fleisch mehr i**ss**t *(oder zumindest weniger von all dem)*, dann fällt da**s** irgendwann auch deinen Freunden auf. [...] Aber wenn sie irgendwann *(manchmal dauert das etwas)* kapieren, worum es geht, machen sie mit.
[...]

Wie Staaten zusammenarbeiten
Am 17. Juli 1912 erschien in einer Zeitung im Südwesten Australiens eine winzige Randnotiz. Zwischen der Ankündigung, da**ss** auf dem Marktplatz eine Maschine zum **Seilhüpfen** aufgebaut wurde [...] bringt die Braidwood Dispatch diese **k**leine **M**eldung: „Die Feuerungsanlagen der Welt verbrennen [...] Kohle [...]. Wenn sie verbrannt wird und mit Sauerstoff reagiert, werden jährlich **s**ieben **M**illiarden Tonnen CO_2 [...] ausgestoßen. Dies scheint [...] die Temperatur zu erhöhen."
Anja Reumschüssel: Carlsen Klartext: Klima- und Umweltschutz. Hamburg: Carlsen Verlag 2020, S. 86f.

134 Harry öffnete den Koffer und kramte unter seinen Sachen nach dem Tarnumhang. Doch bevor er ihn gefunden hatte, richtete er sich plötzlich auf und sah sich um. Ein komisches Prickeln im Nacken gab ihm das Gefühl, er würde beobachtet. Doch die Straße schien immer noch menschenleer und kein Fenster der großen, quadratischen Häuser war erleuchtet. Er beugte sich wieder über seinen Koffer, doch fast sofort stand er erneut auf, die Hand um den Zauberstab geklammert. Er ahnte es eher, als dass er es hörte: Jemand oder etwas stand hinter ihm, im schmalen Durchgang zwischen dem Zaun und einer Garage. Harry spähte in die Dunkelheit hinein. Wenn es sich nur bewegen würde, dann würde er sehen, ob es nur eine streunende Katze war – oder etwas anderes. „Lumos", murmelte Harry und an der Spitze seines Zauberstabs erschien ein Licht, das ihn fast blendete. Er hielt den Zauberstab hoch über den Kopf, und die grau verputzten Mauern von Nummer zwei glitzerten plötzlich; die Garagentür schimmerte und dazwischen sah Harry ganz deutlich die mächtigen Umrisse von etwas sehr Großem mit weit aufgerissenen, glühenden Augen. Harry wich zurück – er stieß mit dem Bein gegen seinen Koffer und stolperte. Der Zauberstab flog ihm aus der Hand, als er einen Arm ausstreckte, um den Sturz abzufangen, und er landete schmerzhaft im Rinnstein. Da ertönte ein ohrenbetäubender Knall und Harry riss die Hände vors Gesicht, um seine Augen vor dem jähen, blendenden Licht eines Scheinwerfers zu schützen Mit einem Schrei rollte er zurück auf den Gehweg, gerade noch rechtzeitig. Eine Sekunde später kam ein gigantisches Paar Reifen ebendort quietschend zum Stehen, wo Harry gerade gelegen hatte. Sie gehörten, wie er erkannte, als er den Kopf hob, zu einem grellvioletten Bus, einem Dreidecker, der aus dem Nichts aufgetaucht war. Goldene Lettern über der Windschutzscheibe verkündeten: Der Fahrende Ritter. Einen kurzen Moment lang fragte sich Harry, ob er nach seinem Sturz noch alle Tassen im Schrank hatte.
J. K. Rowling: Harry Potter und der Gefangene von Askaban. Hamburg : Carlsen Verlag GmbH 2017, S. 25

135 *s-Schreibung*
Ähnlich klingende Laute, Dehnung
Groß-/Kleinschreibung
Zusammen-/Getrenntschreibung
Beistrichsetzung

Tornado Alley
Ein Teil der USA wird immer wieder von Tornados heimgesucht. Die schweren Wirbelstürme ziehen eine Schneise der Verwüstung, hauptsächlich durch den Mittleren Westen bis nach Texas und Florida, weshalb das Gebiet als „Tornado Alley" bezeichnet wird. Sie verwandeln dabei ganze Ortschaften in Schutthalden. Die gewaltigste Tornadoserie ereilte die Bundesst**aa**ten Kansas und Oklahoma. Am 3. Mai 1999 en**t**standen allein an einer Gewitterfront innerhalb weniger Stunden weit über 50 Tornados. Der heftigste hielt zwei Stunden an, war 1,6 Kilometer breit und mit 511 km/h der Tornado mit der höchsten *bisher gemessenen* Windgeschwindigkeit. 48 Menschen starben, 10.500 Gebäude wurden zerstört.
Stürmischer *Rüssel*
Tornados gehören zu den heftigsten Winden der Erde. Sie treten immer mit Gewittern auf und bilden sich dort, wo ein Tiefdruckgebiet auf sehr warme Luftmassen trifft. Durch den Temperaturunterschied baut sich eine kreisende Luftsäule auf, die von den Wolken bis runter auf den Boden reicht: der für Tornados typische Schlauch oder Rüssel.
Petra Bachmann: Die gefährlichsten Orte der Welt. München: arsEdition GmbH 2013, S. 36

136 *s-Schreibung*
Ähnlich klingende Laute, Dehnung
Groß-/Kleinschreibung
Zusammen-/Getrenntschreibung
Beistrichsetzung

Immer früher, immer öfter
Normalerweise beginnt die Tornadosaison in den USA im April. 2012 zogen die verh**ee**renden Luftwirbel bereits Anfang März übers Land. Die Behörden mussten Tornadowarnungen für ein halbes Dutzend US-Bundesstaaten ausrufen, da eine ganze Armada von 80 Wirbelstürmen anrückte. Die „Finger Gottes", wie die Tornados von den Amerikanern auch genannt werden, **fe**gten Häuser und Fahrzeuge weg, viele Menschen wurden unter den Trümmern verschüttet, verletzt oder starben. Wetterforscher sagen voraus, dass mit der Klimaerwärmung die Tornadoserien in den USA immer früher auftreten und zunehmen werden.
Nächtliches Grauen
Nicht nur bei Tageslicht tritt die Sturmgewalt auf. Immer öfter verwüsten die seltenen Nacht-Tornados in den USA ganze Siedlungen. Sie tauchen ohne Vorwarnung auf, was aber auch daran liegt, *dass* sie im Dunkeln schwieriger auszumachen sind. Im April 2012 **zo**gen gleich mehrere dieser Tornados über die Kleinstadt Woodward im US-Bundesstaat Oklahoma hinweg. […]
Fujita-Skala
Um die Windstärke eines Tornados angeben zu können, wurde eine eigene Skala entwickelt. Sie ist nach Dr. Ted Fujita benannt, einem der bekanntesten Tornadoforscher in den USA, und reicht von F 0 bis F 5. Sie *erfasst* Windgeschwindigkeiten von unter 117 km/h bis über 419 km/h. Die höchste bisher gemessene Geschwindigkeit eines Tornados liegt bei 511 km/h.
Petra Bachmann: Die gefährlichsten Orte der Welt. München: arsEdition GmbH 2013, S. 36f.

137

1 Ich weiß, dass du gestern dabei warst.
2 Das ist gewiss, dass wir das machen müssen!
3 Was soll das? Lass das, bitte!
4 Sie erwies sich als gewissenhaft, fleißig und belastbar.
5 Mit wessen Roller rast du denn da den Rasen entlang?
6 Weiß die Kommissarin von dem gefassten Verdächtigen?
7 Meine Kusine rülpste und der Griesgram schnitt eine Grimasse.
8 Der Kuss beim Esstisch war unvergesslich nussig.
9 Es war heiß und der Schweiß floss, doch wir hatten Spaß am Floß.
10 Die Diskussion war endlos, aber trotzdem faszinierend.
11 Schau mal, eine süße Echse sonnt sich draußen.
12 Die Brennnesseln sprießen emsig und maßlos.
13 Mit dem Maßband messe ich, ob die Länge passt.
14 Der Aufprall war massiv, die Verunglückte war bewusstlos.
15 Das Ausmaß der massenhaften Masernerkrankungen wurde unterschätzt.
16 Bist du sicher, dass das dein Atlas ist?
17 Das Virus, das du meinst, das heißt Sars-CoV-2.
18 Sie hat Verständnis, dass wir die Frist verpasst haben.
19 Dass das ein Missverständnis gewesen sein muss, kann ich beweisen.
20 Mein Hund ist eine Bestie. ☺ Er hat fast alle Süßigkeiten zerbissen.
21 Der Krebs fasste meine Füße. – Das war gewiss gruselig!
22 Die Hornissen sind aggressiv und fies, das müssen wir büßen.
23 Magst du die Soße kosten, einen Schluck Wasser trinken oder einen Bissen von der Pasta?

138

1 Sie haben das endlose Endspiel endgültig verloren und sind enttäuscht.
2 Seit gestern versuche ich vergeblich, dich auszuforschen und zu erreichen.
3 Mit unendlichem Entsetzen sah sie die entfärbte Haut des Toten.
4 Aus der Ferne naht ein entsetzliches Gewitter! Entfernt euch vom Feldweg!
5 Beim Verhör versuchte das Team vergeblich, den verschmitzten Täter zu einer unvorsichtigen Aussage zu verleiten.
6 Dieses Formular ist unverständlich und entbehrt jeder Logik.
7 Nach dem Vorfall herrschten Totenstille und Entsetzen.
8 Seit wann seid ihr denn schon beim Endspiel?
9 Manpreet fing endlich eine kleine Forelle, aber war enttäuscht.
10 Vor dem Ferkel musst du doch nicht so eine Todesangst haben!
11 Schon seit Jahren fordert er vermehrte Forschung zu tödlichen Krankheiten.
12 Seit dem Biss in die Ferse weiß ich, dass Krebse seitwärts krabbeln.
13 Seit dem Vorfall bist du entsprechend vorausschauend und vorsichtig.
14 Die Entzündung heilt enttäuschend langsam, zum Glück ist sie nicht tödlich.
15 Ich lachte mich in dem vorzüglichen Versteck fast tot, keiner entdeckte mich.
16 Kannst du bitte am Vormittag endlich das Handy entsperren lassen?
17 Totenblasse Untote beißen, aber sie töten nie endgültig. ☺
18 Elena ist todunglücklich, enttäuscht und todsicher, dass ihr beide schuld seid.
19 Geh hier entlang, die Entfernung bis zur Endstation ist nicht groß.
20 Der Entwurf der Forscherin verschlug letztendlich allen die Sprache.
21 Endlich kann ich das entstandene Missverständnis endgültig beseitigen.
22 Der vorzügliche Endspurt war vermutlich der schnellste seit Jahren.

23 Das Endergebnis entsprach endlich den Anforderungen auf dem Formular.
24 Seit dem tödlichen Unfall versucht er, den Vorfall endgültig zu verdrängen.
25 Auf dem Totenschein vermerkt der Arzt die vermutliche Todesursache.

139

1 Hurra, der Schaden am Regal ist nur minimal.
2 Wir werden nach dem Nachtmahl im Saal zum Denkmal fahren.
3 Wir suchten mehrmals, aber das Bargeld war wohl gestohlen worden.
4 Am Badesee tranken manche Kaffee, ich aß Erdbeereis.
5 Die Erbsen aus den Beeten können wir bald verzehren.
6 Der Lehrer ermahnt seine Kollegen wegen der leeren Säle.
7 Ich habe mir nicht wesentlich wehgetan, mir wurde kaum ein Haar gekrümmt.
8 Mira will sich keine Brezel mehr nehmen, sie wehrt die Einladung ab.
9 Es ist also wahr, der Schulwart hat die Warntafel versehentlich umgemäht.
10 Ist hier noch irgendwo Schlagobers für die Beerensoße?
11 Das große Tor am Hafen löste sich und verlor den Halt. Es fiel auf das Boot.
12 Dieses Shampoo finde ich eklig und doof, es riecht nach Moor.
13 Den Stoß in den Pool nahm er mit Humor.
14 Hast du Gusto auf Gemüsegulasch oder auf Gugelhupf?
15 Wir fuhren durch den Nieselregen mühsam bis zum Turnierplatz.
16 Oh, diese karierte Schürze finde ich ziemlich lieb!
17 Der Vampir fliegt mit grimmiger Miene der Biene davon.
18 Beim Spaziergang fraß die niedliche Ziege gierig den Klee.
19 Die Lehrerin informiert uns, dass es eine Wiederholung geben wird.
20 Die Kritik ihres Rivalen findet Elli widersinnig.
21 Das Uhrband hat Kira mit viel Liebe schön verziert.
22 Sei nicht so widerspenstig, Chico, und bring den Ball wieder!
23 Sein Motto: Nicht kritisieren und widerwillig reagieren, aber besser machen!
24 Der Forscher experimentiert mit dem Virus und informiert uns mehrmals täglich.

140

1 Beim Üben ist das genaue Schauen und Konzentrieren am wichtigsten.
2 Dein schnelles Eingreifen hat heute für alle das Schlimmste verhindert.
3 Ich gehe jetzt schwimmen, beim Schwimmen kann ich am besten entspannen.
4 Das satte Gelb des neuen Schirms leuchtet auch im Dunkeln.
5 Der Film ist für Alt und Jung geeignet. Auch die jüngeren Kinder mögen ihn.
6 Wir warten seit langem/Langem darauf, etwas Besonderes zum Lesen zu finden.
7 Lina und ich gehen durch dick und dünn, wir kennen uns von klein auf.
8 Das Grün deines Rades sieht soll aus. Doch Mias gelbes Rad gefällt mir am besten.
9 Im Großen und Ganzen bin ich abends meistens mit dem Tag zufrieden.
10 Nur gestern Abend wollte ich nicht ans Morgen denken: Ich hatte Angst.
11 Wo machst du abends immer so? – Also heute werde ich baden und nach dem Lernen noch lesen.
12 Tiere leben ganz im Hier und Jetzt und kennen kein Gestern und kein Morgen.
13 Mirka ist jetzt schlecht gelaunt, sie ist heute zum Abwaschen dran.
14 Von Montagmorgen bis Dienstagabend tobte ein heftiger Sturm.
15 Immer am Mittwoch ist Training und freitags gehe ich singen und spazieren.
16 Wir alle wollen, dass jede und jeder zum Wandern mitkommen kann.

Bitte umblättern! ↺

17 Meine Katze ist etwas **B**esonderes und ich mag sie am **l**iebsten von allen.
18 Wie viele **H**undert/**h**undert Seiten hast du wohl beim **Z**ugfahren schon gelesen?
19 Zum **t**ausendsten **M**al! Zum **R**ausgehen sind die **g**elben Stiefel, nicht die roten.
20 Nicht für **j**ede und **j**eden war das **W**andern toll, aber die **m**eisten mochten es.
21 Lieber Timo, kannst **d**u mir **h**eute beim **A**ufräumen und **P**utzen helfen?
22 Wo bleibst **d**u denn? Ich habe schon **D**utzende/**d**utzende **M**ale geklingelt!
23 Liebe Eltern, bitte geben **S**ie **I**hren Kindern die Sachen fürs **S**chwimmen mit.
24 Wir brauchen zum **B**acken einen **V**iertelliter/**v**iertel **L**iter Milch zum **V**erdünnen.
25 Das ist noch nicht das **Ä**rgste! Am **ä**rgsten fand ich das **T**anzen und **S**ingen.
26 Wie sie **t**anzten und **s**angen, das war sicher nicht am **b**esten von **a**llen.
27 Aber die **B**esten von **v**ielen zu sein, das ist nicht immer am **s**chönsten.

141

1 Wir wollten **baden gehen**, damit ich **schwimmen üben** konnte.
2 Beim **Schwimmenüben** ist mein Armband **verloren gegangen**.
3 Dieses Jahr wird in unserer Klasse niemand **sitzenbleiben/sitzen bleiben**, keiner wird **verloren gehen**, denn alle haben **fleißig gelernt**.
4 Die Geiseln wurden **gefangen genommen** und in einem Versteck **festgehalten**, erst nach Stunden wurden sie **laufen gelassen/laufengelassen**.
5 Beim **Laufenlassen** Ihrer Tiere bitte die Wiese **sauber halten**.
6 Zum **Geschirrabwaschen** nach dem **Essenkochen** hatte niemand von uns Lust.
7 Lass uns **Kickboard fahren** und dann **schwimmen gehen**.
8 Ich muss leider schon **heimfahren**, auch wenn mir das **leidtut**.
9 Er liebt das **Radfahren**, genießt aber auch die Ruhe beim **Zeitunglesen**.
10 Diese Werbung will bewusst **irreführen**. Sie hat schon viele Leute in die **Irre geführt**.
11 Das Fest wird am Sonntag **stattfinden**, aber alle müssen wegen der Viren **Abstand halten**.
12 Du hast das Geheimnis **preisgegeben**, weil du den Fragen nicht **standgehalten** hast.
13 Bist du beim **Schlafwandeln** schon einmal **Rad gefahren**?
14 Beim **Referathalten** soll man möglichst **frei sprechen**.
15 Du brauchst dir keine **Sorgen zu machen** und sollst nicht **schwarzmalen**, auch wenn es dir **schwerfällt**.
16 Lass es dir **gutgehen**, auch wenn du **Diät hältst** und nur leicht **verdauliche/leichtverdauliche** Speisen zu dir nimmst.
17 Nur mit den Krücken kann er **gut gehen** und am Fest **teilnehmen**.
18 Es gab Stau und alles **stand kopf**, weil der öffentliche Verkehr **lahmgelegt** war.
19 Ihre Hobbys sind das **Eislaufen**, das **Tennisspielen** und das **Lesen**.
20 Dem Einspruch vor Gericht wurde **stattgegeben** und der Verurteilte wurde **freigesprochen**.
21 Deine **bitterböse** Nachricht hat ihn **ordentlich wütend** gemacht.
22 Sie redete in einer **schwer verständlichen/schwerverständlichen** Sprache.
23 Können Sie mir bitte diesen Betrag auf mein Kundenkonto **gutschreiben**?
24 Ich möchte an der Verlosung **teilnehmen**.

142

1 Für den Strudel brauchst du noch Äpfel**,** Rosinen**,** Brösel**,** Zimt**,** Zucker und Obers.
2 Danke für deinen lieben Brief**,** Marianne**,** er hat mich sehr gefreut!
3 Das fand sie weder interessant noch witzig**,** aber es war wichtig.
4 Das hast du nicht einfach gut**,** sondern ganz hervorragend gemacht**,** Kalim!
5 Autsch**,** dass du mir auf die Zehen treten sollst**,** das habe ich aber nicht gesagt!

6 Die Adresse ist Lennergasse 2, Stiege 2, 3. Stock, Tür 12.
7 Ich habe sowohl heute als auch morgen Zeit, aber am Mittwoch kann ich nicht.
8 Weil es gestern so heiß war, mussten wir die Blumen gießen.
9 Dr. Yildiz, unser Hausarzt, ist bis nächste Woche auf Urlaub.
10 Die Übungen, die ich gestern gemacht habe, kann ich schon sehr gut.
11 „He, Svetlana!", rief ihre Freundin. „Komm doch mit, wir gehen schwimmen!"
12 Der Wandersmann zog aus, um den verwunschenen Schatz zu finden.
13 Brr, es ist kalt, trotzdem muss der Hund raus, ob ich will oder nicht.
14 „Ich bitte dich", rief Elmar laut, das kann doch nicht dein Ernst sein!"
15 Wir glaubten, dass wir das Match gewinnen könnten, daher waren wir motiviert.
16 Dass du mitmachen willst, obwohl du krank bist, das kann ich gut verstehen.
17 Um mitmachen zu können, musst du erst gesund werden, dann sehen wir weiter.
18 Während wir schliefen, baute unser Hamster ein kuscheliges Nest.
19 Was, das hast du nicht gesagt, obwohl du Bescheid wusstest?
20 „Das ist ja", stotterte sie empört, „das ist ja kaum zu glauben!"
21 Während ich übte, kaufte meine Schwester Stifte, Papier und Klebstoff für uns.
22 Wir waren mit dem Basteln erst fertig, als es schon dunkel war.
23 Dieses Kuscheltier, es ist uralt, liebe ich noch immer, obwohl es hässlich aussieht.
24 Der Film, den wir gemeinsam sahen, beschäftigte uns noch lange.
25 Elena, komm hier rüber, denn dort drüben ist es zu schattig.

1. Auflage (2021) – Entspricht der Rechtschreibreform 2006.

Auf umweltfreundlichem Papier gedruckt bei: siehe https://produkt.veritas.at/45709#additional
Autorin: Doris Schützeneder
Lektorat: Katrin Elsigan, Klaus Kopinitsch
Bildredaktion: Raffaela Schuster
Umschlaggestaltung und Layout: Kathrin Schager
Herstellung: Sandra Reinhardt
Illustrationen: Sven Aring, Paderborn
Satz: Breiner & Breiner, Maria Theresia / Sollenau
Umschlagfoto: stock.adobe.com / Dima

ISBN 978-3-7101-3773-0

Für weitere Informationen steht Ihnen gerne Ihre VERITAS-Kundenberatung zur Verfügung.
Rufen Sie einfach an, schicken Sie ein Fax oder ein E-Mail!
Tel. +43 732 776451 2280, Fax: +43 732 776451 2239
E-Mail: kundenberatung@veritas.at
Besuchen Sie uns auf unserer Website www.veritas.at